國家古籍整理出版專項經費資助項目
全國高等院校古籍整理研究工作委員會規劃項目

吴震生全集

一

（清）吴震生◎著　王漢民◎編校

北京师范大学出版集团
BEIJING NORMAL UNIVERSITY PUBLISHING GROUP
安徽大学出版社

圖書在版編目(CIP)數據

吴震生全集/(清)吴震生著;王漢民編校. —合肥:安徽大學出版社,2020.5

ISBN 978-7-5664-2050-3

Ⅰ.①吴… Ⅱ.①吴… ②王… Ⅲ.①古典文學—作品綜合集—中國—清代 Ⅳ.①I214.92

中國版本圖書館 CIP 資料核字(2020)第 083875 號

吴震生全集

Wu Zhensheng Quanji

王漢民 編校

出版發行:北京師範大學出版集團
安 徽 大 學 出 版 社
(安徽省合肥市肥西路 3 號 郵編 230039)
www.bnupg.com.cn
www.ahupress.com.cn

印　　刷:合肥遠東印務有限責任公司
經　　銷:全國新華書店
開　　本:148mm×210mm
印　　張:63.75
字　　數:1530 千字
版　　次:2020 年 5 月第 1 版
印　　次:2020 年 5 月第 1 次印刷
定　　價:360.00 圓
ISBN 978-7-5664-2050-3

策劃編輯:齊宏亮　李加凱　吴澤宇　　裝幀設計:李　軍
責任編輯:李加凱　范文娟　姜　萍　　美術編輯:李　軍
責任校對:程中業　　　　　　　　　　責任印製:陳　如　孟獻輝

王漢民（1964–），湖南新寧人。文學博士。温州大學特聘教授。出版《八仙與中國文化》《道教神仙戲曲研究》《福建戲曲海外傳播研究》《清代戲曲史編年》《福建文人戲曲集（元明清卷）》等著作。

玉勾十三種之一

換身榮

第一齣 謊臆

臨江仙【末上】漢子人人誇是牡幾儔眉目能眞榮途大半牝乾坤恩佽如欲報媚妾勝孤臣○不是戲場矜變幻古書舊說猶存有才無地怎呈身除憑仙佛法乘締國家姻【問答照常】

鳳凰臺上憶吹簫 鄭子山栖蜀王殿盱君民何自同居賴觀音施法有實無虛變取男根作女承寵命枕

玉勾十三種之十三

地行仙

第一齣　仙案

水調歌頭（末上）全翻經與史更覽衆稗編平常事夥其間趣事也多般揀盡奇人奇遇莫笑談狐謗鬼妙異亦堪觀正是大千俱戲論那件算誠然（換頭）說傳奇笑人易哭人難化工哭笑更該另着眼見看擱着古人就改卻是翻空命意不向此處論愚賢又道饒他清泰在不是地行仙

嘉慶戊辰年秋鐫

錢塘袁枚子才氏評

牡丹亭傳奇

小倉山房藏板

《牡丹亭傳奇》

無譜曲卷首　樂府題　獅行集

中湖　可堂　吳震生　武封

明周憲王能審音定律製爲新曲自序云余觀鹿鳴等篇皆佐樽歌曲但以聲依永故不必分長短句皆可爲曲命歌雖不似唐後拍彈曼吟無宮徵要不及今曲之川轉清越日益精妙也粤稽漢魏以來古法猶存卽唐尚以詩作歌自太白輩有憶秦娥菩薩蠻等詞遂違聲依永之傳漸入腔調律吕乃全唐宋唱詞其抑揚卽今南曲自金元以彼俗行于中國乃有女真體之作而董解元等體南曲而更以北腔于是詩自詩樂府自樂府矣元人欲救當時專尚優曲之弊集古樂府而截然舍唐以下蓋謂古之樂府雖皆采詩入樂然實無不可奏者卽借用古題而皆易其意旨如董逃行言逃董卓而陸機但言當及時行樂

前言

吴震生（一六九五—一七六九），字長公，又字祚榮，號可堂、中湖、武封、讓溪居士、玉勾詞客等，室名玉勾書屋，安徽歙縣人。

一、生平事迹

吴震生生平事迹，吴震生的《笠閣叢書》及杭世駿《朝議大夫刑部貴州司主事吴君墓表》、史震林《西青散記》《華陽散稿》等書有記載。據記載，吴震生曾祖父吴茂吉，國子監生；祖父吴豹然，寄籍仁和，諸生；父吴之駿，號舟庵，貢生。吴震生年輕時，『才氣坌涌，千言立就』，十五歲時，夢玉女以雙玉帶勾命其爲詞，醒而喜，生平所爲詞，皆以玉勾名之。從武進舉人秦宫璧學，弱冠受知於江夏胡潤鬱。五次參加鄉試，均未中。後捐貲爲刑部貴州司主事，不久即辭官歸里。曾居揚州、無錫，因父喜西湖山水，請厲鶚代購西湖邊小屋，以父之號『舟庵』名之，遂居杭州。與厲鶚、史震林、曹學詩、杭世駿、丁敬身等人交往密切。厲鶚《樊榭山房集》有《吴可堂十二種傳奇序》《舟庵記》及多首詩述及二人交誼。史震林《西青散記》《華陽散稿》有很多篇章記述吴震生、程瓊生平事迹，吴震生爲史震林刊刻《西青散記》，并撰《西青散記序之前》

《西青散記序之後》《西青散記跋》三文。吴震生乾隆三十四年（一七六九）卒，年七十五，乾隆三十五年（一七七〇）歸葬安徽休寧。

吴震生十六岁娶妻程瓊。程瓊字飛仙，號轉華夫人、安定君，安徽休寧人。程瓊『秀外慧中，幽貞縹緲』（《西青散記》卷一），『書畫算弈，無不精敏； 論事評理，微妙獨絶』（《西青散記》卷四）。生子慶詒（一作慶詒），幼殤，程瓊心傷痛病而卒。吴震生《貽孫詩集序》云『余年二十舉嫡長子，無禄早世』，可知慶貽生於康熙五十三年（一七一四）。慶貽『五齡受書輒成誦』，程瓊爲編《雜流必讀》，序署『康熙己亥穀雨日』（《西青散記》卷一）。程瓊康熙六十一年（一七二二）爲吴震生序《地行仙》傳奇。史震林《西青散記》自序於乾隆二年（一七三七），吴震生爲《西青散記》作的序跋署『玉勾詞客吴震生鰥叟』，則可知程瓊當卒於雍正年間。吴震生繼娶無錫秦氏，生子封英； 娶側室虞氏，生女蕙貽。

吴震生著作今存《笠閣叢書》七卷、《太平樂府玉勾十三種》及與程瓊合批《才子牡丹亭》。據《（民國）杭州府志》卷八十七、八十八、八十九記載，吴震生還著有《豐南人事考》《性學私談》《葬書或問》《金箱璧言》《大藏摘髓》《太上吟》等著作，今未見傳本。

二、《太平樂府玉勾十三種》

《西青散記》録有吴震生與史震林札。吴震生在札中言及作劇： 『聞鄰莊演俗劇，牛鬼蛇神，恒遥作惡。復刺人間大喜詫事，已載正史，而世多未聞者。窮搜天稟人事，殊特艷絶之端，以緣澤之。延集詞豪，共爲新曲數十種。中間推理轉生，若宋高錢繆諸例，亦多附見焉。别有《詩仙會》等十餘劇，則從「今古才人總在天，詩魂不死便成仙」句得門徑。』（《西青散記》卷一）從中可知吴震生曾與朋友共同作劇，這些朋友姓名今已難考，《詩仙會》等劇亦未見傳本。

吴震生所作傳奇今存十三種：《換身榮》《天降福》《世外歡》《秦州樂》《成雙譜》《樂安春》《生平足》《萬年希》《鬧華州》《臨濠喜》《人難賽》《三多全》《地行仙》，刻本版心題『太平樂府』，目録題《玉勾十三種》。《地行仙》傳奇前有程瓊序，署『元默攝提格雲開淑節，轉華氏書於柳於莊院松間茅屋之選夢閣』。『元默攝提格』乃壬寅，即康熙六十一年（一七二二）。程瓊在序中云『此《西青散記》中玉勾詞客十三種之所以名也』，則可知《玉勾十三種》當在康熙六十一年已有成稿。吴震生《悼樊榭十二絶句》第九首：『我將舊曲變新文，戲絶非關鬥齒芬。君頗相然題品在，故知夙世本同群。』自注云：『少作樂府甚多，今以君序而坊人板行之。』則亦可知其劇作作於年輕之時。《才子牡丹亭》『特附』中有『若余得見《東游記》後，復自製《地行仙》劇』語，從『復』字來看，《地行仙》當是其較後創作的劇本。

（一）《換身榮》，十四齣。劇叙戰國時武都書生鄭藐才貌雙全，被土豪强知文欺辱，含冤莫報，氣得祇是昏睡。睡夢中，觀音將他變爲女身，後被蜀王選爲正宫。鄭藐授計平叛，并報舊仇； 輔蜀王理朝政，共同宴請諸國使節。

（二）《天降福》，十三齣。劇叙漢代平陽荀賓妻亡後，遍訪孔碩才高佳人續配，後與寡婦王大娘成親。

王大娘宫中女兒爲皇后，荀賓封侯，一門榮貴。

（三）《世外歡》，十三齣。劇叙漢末襄陽蔡瑁游洛陽，與曹操等交好。曹操平荆州，厚賜田園。魏帝封爲逍遥公，倍享榮華。

（四）《秦州樂》，十三齣。劇叙北魏弘農李洪之妻與鄰居李氏交好，奇李氏之貌，李洪之拜之爲姐。李氏因祖父妄行，被没入東宫，後生子得寵，子即位後被立爲皇太后。李洪之被封秦州刺史，文治武功，多有政聲。

（五）《成雙譜》，十三齣。劇叙北魏李冲十三歲上萬言策，知姚素娥文武雙全，請富媒婆説親。後得朝廷重用，拜平章，奉旨與素娥成親。率兵直搗劉宋，功成入昭陽殿慶壽。

（六）《樂安春》，十三齣。劇叙後魏樂安徐紇諂事趙修得中狀元，趨奉鄭儼，得授黄門侍郎，御賜趙修、鄭儼兩族閨秀爲夫人。後帶兵平定馬爾榮叛亂，授樞密兼平章，總領兵務政務。慶壽家宴時，告誡子孫不得學自己阿附行徑。

（七）《生平足》，十三齣。劇叙南朝梁襄陽人李遷哲世守襄陽，因觸怒豪門離鄉至北周。北周賜遷哲文武狀元，賜婚富平公主。平梁後，李遷哲爲襄陽節度使，廣娶妻妾，家族繁盛，享盡榮華。

（八）《萬年希》，十四齣。劇叙隋河東柳䛒因詩風爲時不容，發奮出游。後得宇文述推薦，隋煬帝賞識柳䛒詩，賜爲狀元。柳䛒見天下將亂，遁隱。

（九）《鬧華州》，十三齣。劇叙唐德宗時山西李國士因邊亂應召入伍，欽點武狀元，挂將軍印討党項，功成封侯。

（十）《臨濠喜》，十三齣。劇叙五代淮安劉崇俊因祖宅被朱温女婿趙立巖奪，出外謀生，謁吴王楊行密，上守淮策，得授濠州太守，頗有政聲。

（十一）《人難賽》，十三齣。劇叙北宋張耆爲殿前都指揮，隨真宗征遼，勝蕭太后，官至太師，封徐國公，一家榮貴。

（十二）《三多全》，十三齣。劇叙元廣陵趙輝入明爲駙馬，因蒙古也先入侵，英宗親征，讓趙輝監國。趙輝將太監王振及其義子鄢懋卿充軍正法，收鄢妻爲妾，盡情享樂。

（十三）《地行仙》，又名《後曇花》，四十六齣。劇叙馬鳴生仙長弟子李常在、孔豈然學成别師，游行四海。娶妻生子，行俠仗義。後與衆道友赴盧駙馬府參加道場，爲恒河沙劫淫欲衆生滅罪。

吴震生傳奇多選取歷史上奇聞异事來進行創作，他在自序中云：『蕭閒多暇，亦嘗與朋儕持論，謂史册甘腴，世曾不覽，傳奇家尚忍其雖有而若無，復何暇索諸烏有之鄉，爲子虚無味之劇，冀以無而爲有也。』《天降福》荀賓事取材於《漢書》卷八十三，《秦州樂》李洪之事取材於《魏書》卷八十九《李洪之傳》，《成雙譜》李冲事取材於《魏書》卷五十三《李冲傳》，《樂安春》徐紇事取材於《魏書》卷九十三《徐紇傳》，《生平足》李遷哲事取材於《周書》卷四十四《李遷哲傳》，《萬年希》柳晉事取材於《隋書》卷五十八《柳晉傳》，《人難賽》張耆事取材於《宋史》卷二百九十《張耆傳》，《三多全》趙輝事取材於萬斯同《明史》卷一百二十一《寶慶公主傳》。《换身榮》《世外歡》《臨濠喜》《地行仙》亦取材於歷史人物傳説。雖然取材於歷史，但作者根據體裁的需要進行了合理的虛構。《成雙譜》第一齣《譜由》云：『【西江月】才子緣由夙世，佳人事遠千年。稀奇雙俊并登天，子女因成美眷。猶惜月中譜缺，胡將足上絲牽。戲場配合未須天，要問風情掌院。【前詞】若據史書本傳，未言誰氏姻連。隨時度勢使成緣，死後别留生面。以及鑽媒兼室，不妨任意相牽。文章無謊不成篇，衹要古人情願。』從這兩首詞可知作者傳奇寫情、寫事雖取材於史實與傳説，但不拘泥於史實。『文章無謊不成篇，衹要古人情願』正是作者的創作態度。

吴震生的《玉勾十三種》除《地行仙》外，十二種都是寫落魄英才的發迹變泰。這些英才之所以能發迹變泰，與女性的相助密切相關。《换身榮》劇中，鄭藐才貌雙全，文武兼備，却處僻隘之鄉被惡霸欺辱；鄭藐轉爲女子後，被蜀王姊皇英公主選中，蜀王立其爲后，鄭藐得以施展自己的文武才能。《天降福》劇中，荀賓妻亡，落魄無依，因被王大娘看中，又因王大娘女爲皇后而得封侯。《世外歡》劇中，蔡琩落魄洛陽，因董卓之亂，得娶趙禯華爲妻，家用豐足，安享尊榮。《秦州樂》劇中，李洪之之所以富貴，是因其妻張氏慧眼識鄰居李氏，讓李洪之拜其爲姊。李氏入宫生子得寵，李洪之因而得到重用。《生平足》劇中，李遷哲至北周爲文武狀元，娶富平公主，又得陽翟公主相助而家族繁盛。《萬年希》劇中，柳晢詩風獨特，爲世俗不容，行游四方，得女參軍唐氏推薦而得至御前，受帝賞識。《鬧華州》劇中，因邊境動亂，朝廷開武科選拔賢才。落魄的李國士中狀元，娶老女孟氏爲妻，又得孟氏女友相助而成就功名。《臨濠喜》劇中，劉崇俊落難外游，諸慧英慧眼識之，托以終身，劉崇俊後爲臨濠太守。《人難賽》劇中，張耆通相法，善待寄居家中的女子劉寄寄，并推薦給太子劉恒。劉寄寄得寵後，張耆得享尊榮。《三多全》劇中，趙輝明初被選爲駙馬，成就功名。吴震生劇中的男子都是國士、英才，却落魄無由得達，因得女子相助而得以成就功名，妻妾成群，家族繁盛。作者在寫男子落魄的同時，對女性的才能進行了褒揚。女性識見超群，特别是老婦孟還童、寡婦王大娘等女性慧眼識人，主動追求幸福。她們的行爲打破了封建禮教『餓死事小，失節事大』的束縛，在當時可以説是驚世駭俗的。

三、《才子牡丹亭》

《才子牡丹亭》，學術界認爲是吴震生、程瓊夫妻的批評本。

（一）《才子牡丹亭》版本

《才子牡丹亭》的版本，學術界有雍正本、乾隆本、嘉慶本之説。

其一，雍正本。傅惜華《明代傳奇全目》著録云：『清雍正間刻本，北京圖書館、傅惜華均藏之，不分卷。正文首行書名標作《才子牡丹亭》。首載「笠閣漁翁」之「刻才子牡丹亭序」。此本在乾隆時曾被禁毁。』〔一〕爲何定爲雍正本，未有説明。『禁毁』之説，估計源於吴梅《瞿安讀曲記》『特批本《牡丹亭》，爲清代

〔一〕傅惜華：《明代傳奇全目》，北京：人民文學出版社，一九五九年版，第六十五頁。

禁書』之語。徐扶明在《牡丹亭研究資料考釋》中亦云：『笠閣漁翁的《才子牡丹亭》，亦名《箋注牡丹亭》，今存有清雍正年間刻本，另有乾隆二十七年刻本。卷首載笠閣漁翁的《刻才子牡丹亭序》，每齣均有評語。』〔一〕雍正本之説，估計采用傅惜華之説。郭英德先生《〈牡丹亭〉傳奇現存明清版本叙録》『清單刻、石印本』中提到：『《才子牡丹亭》，題笠閣漁翁評，清雍正間刻本。四册。……中國國家圖書館藏（善本：索書號：○四一二五，微卷同號。此本有吴梅跋語）；傅惜華原藏。……華瑋、江巨榮據此本點校。』〔二〕據郭英德先生提供的索書號提書，書標『清刻本（吴梅跋）』，扉頁上標『嘉慶戊辰年秋鐫』，可知乃嘉慶刻本，并非華瑋、江巨榮點校所據本，郭英德文或誤。

華瑋、江巨榮點校所據本，乃美國加州大學柏克萊校區東亞圖書館所藏的《才子牡丹亭》複印本。據華瑋介紹，該本乃據北京某位著名學者珍藏本複印。華瑋在《〈才子牡丹亭〉作者考述——兼及〈笠閣批評舊戲目〉的作者問題》文中云：『由《才子牡丹亭》中文字多數避康熙名諱（凡「玄」字，多半少最後一點），絶對避雍正名諱（凡「胤」字出現都缺最後一筆），而不避「弘曆」名諱來看，此書付刻，誠如傅惜華所言，應

〔一〕徐扶明：《牡丹亭研究資料考釋》，上海：上海古籍出版社，一九八七年版，第七十三頁。
〔二〕郭英德：《〈牡丹亭〉傳奇現存明清版本叙録》，《戲曲研究》總第七十一輯，北京：文化藝術出版社，二〇〇六年版，第三十二頁。

在雍正年間（一七二三——一七三五）。』〔一〕該版本分上下欄，下欄劇本，上欄批注，批注之後依次附刻《〈南柯夢〉附證》《〈四聲猿〉附證》《〈西厢〉并附證》《〈水滸〉并附證》《笠閣批評舊戲目》《南都要曲秦炙箋》，以龔鼎孳《香嚴詞》中『問蒼天』句跋之。之後刻拍彈及四聲等内容，與劇本正文同頁結束。

其二，乾隆刻本。乾隆刻本，傅惜華《明代傳奇全目》未提及，徐扶明《牡丹亭研究資料考釋》提及。華瑋的《〈才子牡丹亭〉作者考述——兼及〈笠閣批評舊戲目〉的作者問題》、郭英德的《〈牡丹亭〉傳奇現存明清版本叙録》等文提及。郭英德文、華瑋文均云，該書存中國國家圖書館、上海圖書館。郭英德文云，此書『中國國家圖書館藏（善本，索書號：A〇三五四八）、上海圖書館藏（書名題《牡丹亭批注》，索書號：綫善八〇二三一二一一九）』。現上海圖書館藏本因損毁不能出庫，國家圖書館藏本因『提存』不能借閲。華瑋、江巨榮點校本附書影，封面題『乾隆壬午年鐫／箋注牡丹亭／本衙藏板』。華瑋曾見國圖藏本，認爲國家圖書館藏本：『無論版式、字體、行款、版框缺損處、前所舉避諱處等，皆與柏克萊藏《才子牡丹亭》影本，并無兩樣。書口亦作《才子牡丹亭》，故當係同一書版。唯紙張與印刷質量皆差，屢有整頁墨色不均，以致字迹無法辨識者。』

其三，嘉慶本。嘉慶本《才子牡丹亭》，國家圖書館藏（索書號：〇四一二五）。封面題『嘉慶戊辰年秋鐫／錢塘袁枚子才氏評／牡丹亭傳奇／小倉山房藏板』。嘉慶戊辰，嘉慶十三年（一八〇八）。上欄批

〔一〕華瑋：《〈才子牡丹亭〉作者考述——兼及〈笠閣批評舊戲目〉的作者問題》，《戲曲研究》總第五十五輯，北京：文化藝術出版社，二〇〇〇年版，第二百零五頁。

注後依次附刻《〈南柯夢〉附證》《〈四聲猿〉附證》《〈西厢〉并附證》《〈水滸〉并附證》《笠閣批評舊戲目》《南都耍曲秦炙箋》，以龔鼎孳《香嚴詞》中『問蒼天』句跋箋。後空上欄至下欄劇本結束。接下來，上欄刻『後來新翻鶯唱聲亦有似爲襄成龍陽賃妾傅婢傳情者（姑采其百一於此，庶喜厥端緒者勿加剗削焉）』等内容，下欄刻『誰人有謂而作（溜板吹彈合手）』等内容，至二百八十五頁結束。之後不分欄，刊『特附』。

（二）雍正本、嘉慶本比較

華瑋、江巨榮點校本以雍正本爲底本。承蒙華瑋老師惠贈，本人得睹柏克萊所藏複印本。以柏克萊所藏的複印本與國圖藏嘉慶本進行比較，發現兩種版本的劇本及批語無論版式、字體、行款、印刷斷板以及污穢不清之處皆相同，很明顯源於同一刻板。華瑋云雍正本與乾隆本『并無兩樣』，『故當係同一書板』。則雍正本、乾隆本、嘉慶本當源於同一刻板無疑。三種本是否爲遞修本，因乾隆本不能借閲，衹得存疑。雍正本、嘉慶本兩種版本源於同一刻板，又有不同，主要表現在内容的增、删兩個方面。

其一，删。嘉慶本對雍正本中一些不太相關的内容予以删除。如，雍正本第十五B頁上欄第十六行『易曰』以下二十七字，嘉慶本删除留空。雍正本第二十九B頁上欄第二十一行『始知』以下二十三字，嘉慶本删除留空。雍正本第一百六十九B頁上欄第四行『推其義』以下十四字，嘉慶本删除留空。第二百七十七B頁上欄批語『以跋此箋』後，雍正本刊有關於拍彈、四聲等内容，直至第二百七十八B頁《牡丹亭》下場詩結束；嘉慶本删除留空。嘉慶本四處删除文字，均有留空，筆者猜測是重印時鏟去。

其二，增。嘉慶本在雍正本後增印一些内容。雍正本第二百七十八頁結束，嘉慶本從第二百七十九頁開始印『後來新翻鬻唱聲亦有似爲襄成龍陽賃妾傳婢傳情者（姑采其百一於此，庶喜厥端緒者勿加剗削焉）』及『誰人有謂而作（溜板吹彈合手）』等内容，至第二百八十五頁結束。據華瑋、江巨榮點校本，這些内容據乾隆本增入，則可知乾隆本已有這些内容。嘉慶本第二百八十五頁版心刻『二百八十五』，下頁『特附』則從『三百八十六』頁開始，『四百』頁結束。其中實缺一百個頁碼。第二百八十五頁，版心上端爲『才子牡丹亭』，中部爲『圓駕』。第三百八十六頁開始，版心上端仍爲『才子牡丹亭』，中部爲『特附』。或是『特附』刻版頁碼弄錯，衹得在第二百八十五頁版心刻『二百八十五至三百八十五』以示内容無闕。

綜上，可知雍正本、乾隆本、嘉慶本的主體部分（劇本與批語）的版式、文字并没有大的區别，三種本子應爲同一刻板增删印刷。

（三）《才子牡丹亭》的刊刻時間

傅惜華、徐扶明認爲《才子牡丹亭》今存清雍正本，不詳所據。華瑋《〈才子牡丹亭〉作者考述——兼及〈笠閣批評舊戲目〉的作者問題》文據《才子牡丹亭》中避諱來考證刊刻時間，認爲柏克萊複印本多數避康熙名諱，絶對避雍正名諱，不避乾隆名諱，因而認定爲雍正本。古代避諱有缺筆諱、同音字諱等方式，是考證版本的重要方法。

清雍正皇帝、乾隆皇帝對廟諱與御名諱曾有諭旨。

雍正元年(一七二三)十一月諭:

古制凡遇廟諱字樣,於本字内,但缺一筆,恐未足以伸敬心。昨朕偶閲時憲曆二月月令内,見聖祖仁皇帝聖諱上一字,不覺感痛。嗣後中外奏章文移,遇聖諱上一字,則寫元字,遇聖諱下一字,則寫爗字。〔一〕

雍正十三年(一七三五),乾隆皇帝即位之初,即有諭旨:

據大學士鄂爾泰等奏請回避朕之御名,上一字擬書宏字,下一字擬書歷字。朕思尊君親上,臣子分誼當然。但須務其大者,以將恭敬。至於避名之典,雖歷代相沿,而實乃文字末節,無關於大義也。中外臣工,如身膺文職者,當思宣猷布化,裨益於國計民生。官居武職者,當思效力抒忠,奏績於疆埸牧圉。士子讀書勵行,黎民守法奉公,方爲克盡愛戴尊崇之實。若但於御名謹避,將字畫更改,并失其字之本義。揆諸古人二名不偏諱之理,既不相符,且區區拘泥之見,亦不足以明敬悃,甚無取焉。

〔一〕《清世宗憲皇帝實録》卷十三,鈔本。

所請改寫宏字曆字，不必行。嗣後凡遇朕御名之處，不必諱。若臣工名字有同朕，心自不安者，上一字著少寫一點，下一字將中間禾字書爲木字，即可以存回避之意矣。爾部可傳諭中外，一體遵行。〔一〕

乾隆十三年（一七四八）四月初三又諭：

我朝凡遇列祖廟諱，清漢字樣，概行敬避，此亦臣子尊崇敬謹之道。但漢字較多，避寫尚易，清字無幾，如同漢字一體避寫，難得本音之字，不得不另用音聲相似者，以至去本音太遠，不能成文。且古有二名不偏諱之義，嗣後繕寫清字，如遇人名，以及二字相連者，仍行避寫外，若獨遇一字，仍用原字，不必避寫。〔二〕

乾隆十八年（一七五三）八月初三諭中又强調：『若漢字同者，各有字義，尤不應諱。而此字亦并非同音，必拘嫌名而故爲更改，是轉將應諱之字顯出矣。朕從前降旨申飭甚明。』〔三〕從幾次聖諭可知，乾隆皇帝比較重廟諱，以示對祖先的尊敬，而對御名諱并没有嚴格要求。『胤』在《才子牡丹亭》僅出現七次，比

〔一〕《清高宗純皇帝實録》卷三，鈔本。
〔二〕《清高宗純皇帝實録》卷三百十二，鈔本。
〔三〕《清高宗純皇帝實録》卷三百四十六，鈔本。

較易避。

事實上，《才子牡丹亭》中亦有避乾隆『弘曆』名諱。如，第一B、九十八A頁，『萬曆』刻作『萬曆』；第七十八B頁，『玉曆』刻作『玉曆』；第八十一A頁，『大曆』刻作『大曆』；又如，第六十九A頁，『宋弘』的『弘』字缺點；第十四A、十七A頁用牛弘，第二十A頁則用牛宏。諸如此類尚多。避乾隆名諱，但也不够嚴格。

筆者認爲華瑋、江巨榮所依的雍正本，應是乾隆年間刻本。從乾隆二十七年刻本增刻不少内容來看，柏克萊所藏複印本當爲《才子牡丹亭》的初刻本。

《才子牡丹亭》卷首下欄有《刻才子牡丹亭序》，署『笠閣漁翁』；上欄有《批才子牡丹亭序》兩序，序一文末署『阿傍』，序二文首有『笠閣漁翁曰』。華瑋通過考證認爲《才子牡丹亭》批語的作者爲吴震生與程瓊。程瓊批點《牡丹亭》首見於史震林《西青散記》：『自批一本，出文長、季重、眉公知解之外，題曰「綉牡丹」。』後來的研究者大都認爲《才子牡丹亭》即以《綉牡丹》爲藍本。令人疑惑的是史震林《西青散記》引用的一些批語，如：『《幽媾》折「莫不是人家彩鳳暗隨鴉」一句，固已明明注出，不容等閒藉口。其云：「但思莫負者，母本懷者鳳，而遷就者鴉也。有些僥幸者，得夢中之鳳已足，於博地之鴉無羨也。願都似咱者，寧與夢中之鳳偕死，不與博地之輩俱生也。」』等等，并未見於《才子牡丹亭》批語中。

四、《笠閣叢書》

《笠閣叢書》是吴震生的詩文集，上海圖書館存嘉慶間刻本。其中《無譜曲》七卷：首卷《獅行集》（含《繹經集》）、卷一《熱謾集》、卷二《花骨集》、卷三《一醉語花集》、卷四《近有集》、卷五《携家集》、卷六《消暑集》，後附《擬摘入藏〈南華經〉》《〈老子〉附證》一卷。據嚴元桂《序吴中湖〈無譜曲〉》文，吴震生在杭州有《携家集》《啖炙集》，今僅見《携家集》。嚴元桂文提到吴震生《梁溪竹枝詞》（又叫《人間細事詩》），亦未見。嚴元桂評吴震生晚年詩作，『清深閒淡，七情雜遣，并自悠圓，非漸臻極界，而能彈丸脱手』。

本次編集校點，《太平樂府玉勾十三種》以國家圖書館藏乾隆刻本點校。《才子牡丹亭》以嘉慶十三年刻本爲底本，參校柏克萊東亞圖書館所藏《才子牡丹亭》複印本（初刻本）及華瑋、江巨榮點校本。《笠閣叢書》以上海圖書館藏嘉慶刻本點校。輯録《西青散記》《華陽散稿》及方志文獻的相關資料，附詩文後爲一卷。

校點凡例

一、本書合《太平樂府玉勾十三種》《才子牡丹亭》《笠閣叢書》等編校而成。《太平樂府玉勾十三種》以乾隆刻本爲底本。《笠閣叢書》以嘉慶刻本爲底本。《才子牡丹亭》以嘉慶刻本爲底本，參校美國加州大學柏克萊校區東亞圖書館所藏《才子牡丹亭》複印本（校記中標『初刻本』），標點參華瑋、江巨榮點校本。

二、底本中异體字、俗寫字比較多，如荅、襍、滄、壻、踈、帬、徧等，儘量統一用規範繁體字，不出注。字義有分歧者，予以保留。

三、底本中明顯的錯字、别字，徑改不出注。如通假或語意兩可，則保留原貌或校改出注。

四、《才子牡丹亭》批語涉及的史事很多，不少與史實有出入，除特别明顯的錯誤予以糾正外，保留原貌。

五、《才子牡丹亭》引用前代作家詩詞，多憑記憶，有混用現象，能辨清楚者用引號標出。但對文字不做修改，保留原貌。

六、《才子牡丹亭》下欄劇本用宋體字，上欄批注用仿宋體字，以示區别。

七、版本上的變化，用脚注予以説明。

八、輯存的詩文及相關的史料，在後面括號内標明出處。

九、本書索引的編排方式參考《漢語大字典》（第二版）的索引。

十、本書正文奇數頁書眉，第一、二册的設爲『太平樂府玉勾十三種』，第三、四册的設爲『才子牡丹亭』，第五册的設爲『詩文集』『吴震生行實繫年』等。

總目

第一册

世外歡

世外歡目録

秦州樂

秦州樂目録

成雙譜

成雙譜目録

樂安春

樂安春目録

生平足

生平足目録

萬年希

萬年希目録

鬧華州

鬧華州目録

第二册

玉勾十三種（之十至十三）

臨濠喜

臨濠喜目録

人難賽

人難賽目録

三多全

三多全目録

後曇花

後曇花目録

第十齣　判冥
第十一齣　導楊
第十二齣　勸曹
第十三齣　教猱
第十四齣　媒韋
第十五齣　賽僧
第十六齣　訝葬
第十七齣　嬲嫗
第十八齣　戰姑
第十九齣　逐叉
第二十齣　除羊
第二十一齣　遊江
第二十二齣　鬥雷
第二十三齣　相胎
第二十四齣　曉郭
第二十五齣　聳尉
第二十六齣　助墓
第二十七齣　喻令
第二十八齣　謁尼
第二十九齣　絮影
第三十齣　諍卿
第三十一齣　戲湜
第三十二齣　談屍
第三十三齣　誡尹
第三十四齣　説牟
第三十五齣　誨鄭
第三十六齣　證祇
第三十七齣　醒源
第三十八齣　得蘇
第三十九齣　獵狗

第三册

第四册

第五册

詩文集卷六

詩六　携家集

擬晉人《苦相篇》

擬《大人先生歌》

擬樂府《巫山高》

擬樂府《採桑歌》

擬樂府《古別離》

擬樂府《愛妾換馬》

擬樂府《山人勸酒》

擬樂府《貞女引爲性比邱》

擬樂府《春江花月夜》

次盧君備《三見贈》韻，時爲余課子也

附原作

次韻息溟湖隄看桃

盧敬甫用息溟韻投詩，奉答四絶

春盡有感次息溟韻

息溟又叠前韻，吐音悽惻，因再和之

汪晴江過訪，且用息溟韻投詩，依韻報謝

概鹵湖口占同晴江

南圻書來，云已約玉井至杭偕余酹樊榭像，復得六絶

人生

溪上

鏡裏

同人集桂花下，息溟用陶詩爲起句見贈。因廣其意爲四首，起句悉用陶詩。沾沾擬陶者，去之轉遠。以不擬擬似反近之

重陽後二日，友人邀飲湖濱，過竹素園看桂而返，玉岩表丈以『秋雲不雨常陰』分韻得陰字

詩文集卷七

詩七　消暑集

目録

目録

玉勾十三種（之一至九）

玉勾十三種總目

太平樂府玉勾十三種

太平樂府自序

鍾嗣成序《録鬼簿》，極言元人雜劇非才子不能作。余既於楊柳莊外構誰園，收伶伎，偶爲《生平足》一劇，付所善優師演之。已而憶眉公作文之訣，一曰歡喜，深以爲然。又有通闊之士往還觴咏，香銷燭擒，捨筆墨將無所寄。每日一齣，遂至如是之多焉。雖恐見黜於登場，遂命題之從俗。且自傷湮没，無所見才。欲姑以此小技，備雲韶一日之用，不得不取人間歡幸喧豗之境，譜入宫商，庶契乎貢禹之言。是爲賢耳。蕭閒多暇，亦嘗與朋儕持論，謂史册甘腴，世曾不覽，傳奇家尚忍其雖有而若無，復何暇索諸烏有之鄉，爲子虚無味之劇，冀以無而爲有也。曲分陰陽清濁，讀來拗者，唱來方順。而應去用上則不合腔，應上用去則不起調。傾八斗才一斗而已。僅十二折者，四序一年之數。時尚雜，單爲留餘地。顧文章之筆筆風來，層層空到。意則孤沈而深往，氣則奔放而飄飛。覺古今綺語，先後英辭，六合以外，方寸以内，遂無才之所不能盡者。戲用李本而動吾天機，不知所以。然如天厨禁臠，異方雜俎，有旁出之味，與氍毹熟習諸本霄壤殊别。縱俗説膠，固亦真見。在人心目，自有不約而同者。嗚呼！穹鑱鉅刻，無能爲役，乃似以此自鳴，其亦可愧也。已如龍湖所云：世之真能文者，其初皆非有意於爲文也。當其時，必有大不得意於朋友伉儷之間者，蓄極積久，勢不能遏。一旦見景生情，觸目興嘆。奪他人之酒杯，澆自己之磊塊。訴心中之不平，感數奇於千載。其喉間有如許欲吐而不敢吐之物，其口頭又時有如許欲語而莫可告語之處。意者宇宙之内本有如此可詫可喜之人，既已噴玉吐珠，昭回雲漢，爲章於天矣。遂亦自負發狂大叫，流涕痛哭，不能自止，則非所敢承。

演習凡例

鍾簿序言：登甲第隱巖穴者，世多有之。若於學問之餘，事務之暇，心機靈變，世法通疎實，能以文章爲戲玩者，須真才子。良由傳奇一家，通融入化，無劉知幾所誚『怯書今語，劣效昔言』。喜用古文撰序，今事事不類古，改從雅言。悦夫似史，憎夫真史之病也。若復傳歐蘇之文心，以綿駒之純技，則弦聲曲意皆非舊得，不無翼而飛乎？

一、事難復古，即樂可知。未論雅部，秖日用十七宫調，識其美劣是非者幾士。數十年前尚有之，今殆絶矣。北曲出金元，已非雅製。且十七宫調，今但十一，而律又過高。高則哀急，其病本由於絲肉。若今所謂戲文南曲，本出南宋温州。全無絲髮可成音律，殆禽噪耳。其調果在，何處許當世所云。今之曲譜，大抵譸張附會者十八九。夷考其調，僅有黄鐘、南吕二家。諸如仙吕、大石、越調、雙調之名，不知從何根據。如仍出諸十二律，則宫調之首，當自黄鐘，而南譜獨首仙吕，何耶？又今譜但有宫、商、羽三調，而無角徵二音，果何説歟？流傳者之殘缺耶？或曰由魏三祖清商等樂，存者無幾，隋氏遂以胡樂定雅樂。因龜兹人善琵琶而翻七調，故有大石等國名也。大抵譜法之妙，全在平仄間究心。且要唱出各樣曲名理趣，如【不是路】等要馳驟，【刷子序】等要抑揚，【紅綉鞋】等雖疾而無腔，板眼自在。南北曲雖大相懸絶，有磨調、弦索調之分。北曲字多而調促，南曲字少而調緩。而北曲之弦索，南曲之鼓板，猶方圓之必資規矩。

有專主腔調而不顧板眼者，又有弦索唱作磨調，南曲配入弦索者，皆未知南曲不可雜北腔，北曲不可雜南字者也。入弦者，須句字流利，健捷激裊。用鼓者，必字清腔純板正。簫管以尺工儷曲，猶琴之勾剔以度詩歌。不可以簫之高低湊曲之高低。又不若毛西河詞話，古以七聲乘十二律，今以四聲乘十二律，蓋去徵聲與變宮、變徵不用焉。善歌者以曲爲主，歌出而譜隨以成。宋末始以事實譜詞，猶無演白。金時扮演者猶隨唱者作舉止，至元而歌舞合一人。顧雜色入場，猶有白無唱。雜色皆唱，自元末改北曲爲南曲始。然北曲有韵，南曲猶詞之無韵，任意雜通，近始以北曲之韵限之等説。

一、諸本之作，本由里有伶人，聊作隨身竿木，專爲場上之悦，非圖案上之觀。故爛熳流便，簡至酣暢。晲噉名兒，憐而唾之。而賓白甚少之齣，必是關目可多，亦在師家會意而已。

一、古事之有趣有致時不可行者，惟有借戲場以存。羊古時男子尚且傅粉，今生旦反不傅粉，是大昧古制一事。況使年邁優伶竟無掩著之法，尤爲千古缺典。又女脚有與旦稍別，且因班止數人，不得不用净丑扮者，意只取其憨佻，絶非取其惡醜。若抹花面，大悖題旨。亦惟濃施脂粉，庶幾稱情。請從此始，永以爲例。以一脚色扮數人者，亦惟傅粉之厚薄赤白可別。

一、女人肅拜，則以從今爲美。徐文長云『站堂堂矬到裙邊』，可謂善寫其態者矣。演劇一事，全爲娱悦時人，何得反執舊制。翻然易轍，亦斷自今。

一、弓鞋一種，本反天以悦目。矯揉造作，真境尚不爲怪，何况戲場之設，尤以悦目爲先。未有裙之下無襪，襪之下無鸞而能悦目者也。未有裙之下見襪，襪之下又見鸞，因其稍大而反不悦目者也。斷以優人赤足、籠襪、捲綃爲是。況高其跟則長鞋似小，軟其幫而多釘蚌珠，則趾大不覺。如閩中優旦，必少年蓄髮者，稍將枝趾斂束，勝今直露本色萬倍。亦悦容編未盡之興也。如不見從，定爲蠢物。

一、鞋襪既妥，則手加套袖，髻合堆花之類，皆可類推。又紅裙、緑裙、綉裙、翠裙，皆古詩詞所必用，何得戲場反不如是。此後浄、丑當著緋裙及背子，旦富貴者淺絳或緋而金綉，小旦緑裙，老旦翠裙，最爲當理。全望同志擴而充之，猶紙砲爲戲場必不可少之物耳。

一、世人尚假富貴，戲場益宜效法。況珠衣珠帽，書史所有，豈可戲場反無。女脚之宜於滿頭珠翠，尤不待言矣。更有請者，假蚌珠甚賤，齊整行頭斷不可用糯珠作鳳冠。猶女履宜紅，只可以緞布别貴賤。

一、古時帝王有短衣朱衣，時不必全用黄。而扮丞相者，紫蟒紫袍尤不可少。生所穿鞋亦可朱緑。

一、凡事莫不由創而傳，以從前無是格也。生面忽開，即俳詞儘堪膾炙。天縱之，使創腐般迂倕，烏得而繩墨之。矧蓄歌童，請優師作行頭，主尤爲可以日異月新之事，安得反以吾創爲非耶？諸本褻意盡施於曲，而不施於白，使知音有拊掌之資，而衆人無惑志之慮，最爲獨創之解。例用老媪旁襯，刺裝生者之髓，亦頗奇瑰。

一、我、俺、哩、了等字，正不必以細分爲能。遇蘇白處，不妨説。演戲處土語，至於稱呼人，已或用古，或從時，各有所宜，莫拘舊例。

一、戲場唱演脚色，可以極少。而旁觀旁襯，有時必用多人。豪家非止一班，固爲歌舞本色，否則用班外雜人權時相助，亦斷不可少。之一法，請以此十三本爲之鼻祖。

換身榮

換身榮目録

第一齣　詎臆

【臨江仙】（末上）漢子人人誇是牡，幾儔眉目能真。榮途大半牝乾坤。恩仇如欲報，媚妾勝孤臣。　不是戲場矜變幻，古書舊說猶存。有才無地怎呈身？除憑仙佛法，永締國家姻。（問答照常）

【鳳凰臺上憶吹簫】鄭子山栖，蜀王殿貯，君民何自同居。賴觀音施法，有實無虛。變取男根作女。承寵命，枕席相俱。齊楚鄭，約期差使，共拜嬌姝。　歌呼，受人屈抑，拚置身粧閣，免觸庸奴。又幾乎誤字，嚇見軍書。夙緣合皇英，之野剿凶頑，聽受閨謨。雖自獻，上卿致聘，壓殺村夫。

受凌辱的小書生欲貴無飛翼，
解慈悲的真大士變女用神通。
策賊情的新閨秀位據公卿上，
没識見的舊鄉豪身入縲紲中。

第二齣　嗟卑

【意難忘】（旦巾服扮書生上）枉度朝昏，嘆精符縱好，智慧難伸。危峰圍僻郡，裸玃與同群。居偪仄，復囂塵，富貴兩無根。空羡彼紫宫白面，將相青春。

〔鷓鴣天〕水險山重况處貧，舟車何日載王孫。解衣欲陋何郎貌，下筆還嗤李白文。　誰識貨，自捫身。志高思抱聖明君。腹中甲仗安排在，不羡尋常要路津。小生鄭藐，字姑山，武都人也。身處山阿，貌魁海内。頰上不須重傅粉，稱此錦心；步高也恐欲凌波，幸存綉口。美麗遺從父母，羞董賢張放之榮華；才名未出户庭，似賈島孟郊之寒瘦。不幸萱堂去世，椿樹喪明。四壁空留，六親無靠。有人説有才者未必有貌，似你走出去考，就是肺腑裏不知文的主試，也不忍不中你狀元。有人説有貌者難得有才，若你善與人交，就是骨髓裏都好色的豪强，也不敢不將你敬重。争奈分文無措，遊藝爲難。父親雙目不明，離家未忍。咳，只這蝸角之地，也就有多少妒俺出名的。見有幾人稱贊小生，他便眼睛裏火爆。何况通邑大都場所，争名奪利地方，他怕你形容下來，巴不得排擠開去。那來管你有才，那來管你有才而且有貌。因此仔細思量，不但躲在這山閣落裏永無發迹之期，就是到了東西二京，也决不能十分出人頭地了。却難得一個從出入門便奶哺俺的乳母，叫做陳姥姥，夜卧談心，語言相合。不免叫他出房，與他徹底議論一翻，以消長日。（向内叫介）阿媽，你來！

【掛真兒】（净傅粉，戴鮮花，籠藕襪，外高跟鳳頭棗履上）體胖身長無處隱，幸阿囝纔像三分。俊偉偏韶，端嚴能麗，秀異須從齠齔。

阿官，喚媽做甚？大白日裏也要抱著纔不怕鬼麽？（旦）不是這般緣故。俺想，就是娘在的時候，日裏雖然倚他雙膝，夜間原是和你同眠。你那種疼愛俺的形狀，只怕從古以來也没有第二個人。就生一千張嘴，也説不盡這些事。俺娘抛舍俺去早又一週，毛裏深恩已是不能報了。俺爺如今就是皇封御勑到來，也看不見，就該重重報你。不想年紀日大一日，十四歲已過了頭，富貴榮華還不曾有點影響。因此請你同來這菜園裏坐地，重複計較還是竟走出去的好，還是慢些出去的好。（净）俺的乖乖，乖兒子，你年紀何曾叫大。只是長成得早，已有七尺多長。難道説你不該出去？你媽心裏却終有那些憂慮，日裏想頭原和夜裏一樣。（坐介）

【宜春獅子】〖宜春令〗（旦）才雖准，命不均，豈先天分來未勻？（净）一來你爺又聾又瞽，雖然體氣强健，兒子若不在家，他越發要燥悶。（旦）恨椿庭耳目俱無，者玉似琅玕笋。空賽他珠顆蘭芽，會調弄金徽玉軫。（净）二來你家無僮僕，若雇窮人跟隨，途路之事未必果然在行。况且没有重賞，恐不心腹。〖獅子序〗（旦）正窮愁久忍，彼何人，侍史就途婚，跟無數家僮奴棍。還趁那攤坊村艷，艣後殘春。

俺的媽媽雖然言之有理，却是光陰迅速，轉眼就成老翁。終不然做這井底群蛙，竟把年華虛擲在這無聞無見所在，過了一世不成？（净）俺這武都雖然偏僻，學政三年一次，一般也都按臨。倘或遇個知音，因見你的面貌，細看你的文章，竟把你放在身邊帶去復命，豈不比搭那商佑的貨船，雇那騾夫的頭口倒强幾倍？

【太師圍醉】〖太師引〗（旦）論緣姻，本不先郵信。那朝臣常臨箐邨。這一句話，也可聊以自慰。阿媽却不知道世間買假貨的最多，收真貨的甚少。相貌妍媸也無一定，至於文章深淺，越發天淵。將淺眼看深文，怎能保他見不顛倒？（净）據俺看來，世上東西到了真好的地步，畢竟十人九愛，就是算不得十分知己，也要被他摸著兩分兒。真賞鑒天壤有幾，識皮毛斯世多人。（旦）你兒子心上恨不得一飛冲天。若是三年之内專等一人知己，萬一他竟不知，又是三年過撇了。别要説他就曉得兩分，也未必那般另眼。不過照常隨例，給你一個秀才。再等鄉試、會試，撞那冬烘試官的巧，又好不費力哩！〖醉太平〗（净）論人生，各有果和因，只要這人兒神駿。你恁説來，恰像入學中舉，都不是你耐心守候的事。莫非他州外府，就有個識寶的回回在那裹專候你麽？倘若受盡窮途之苦，依舊身無著落，那時節進又不能，退又不可，豈不悔之無及？只靠著你這樣美貌，憑著你這副高才，還是循分而行，以逸待勞的是呢！（旦）兒子意思，不如一路賣字，直往京師，向那人海之中脱鋒露穎，或者有些奇遇也不可定。（净）人海去尤難問津，有幾個貂蟬龍衮肯招鄰。

《千家詩》上説：九月風到面，羞汗成冰片。求名俟公道，名與公道遠。又道：長安訪故人，正逢下朝歸。蹇驢避路立，肥馬當風嘶。那些走去便發的，都是預先納過財賄，先年通過聲氣的。講到極頂，也不過總成他個舉人進士。到那名位相等之時，依舊百般阻撓，肯容你一飛冲天哩？（旦）媽這般想

得到，直叫你兒子無計可施，你也替俺氣悶麽？（起介）

【解三甌】〖解三酲〗（合）隱隆隆雄圖不盡，起層層妄想如鱗。人輕物侮傷心暈，看玉石幾時分。畦蔬且遇膏霖發，閥閱難教氣象新。（净）俺的乖乖兒，你還不知長途遠路之苦。第一要禱告的是，好人相逢，惡人遠避。不曾出門慣的，身邊有一兩五錢，梢氣也吃人騙了去。那些開飯店、做船户的，全靠這件養家，那個肯白留你。那些做買賣販貨物的人，一文也是性命，那個肯白帶你。如今民窮財盡，十個倒有九個餓著肚皮。穿件華衣，誰來將那銅錢買這字紙？况且還有一件，你這五官四體忒煞生的標致了，遇著那不老成的强徒，怎生放得你過？就是他放得你過，你媽從血胞裏直偎抱到如今，除非也伴了你去，不然怎麽捨得？你爺的衣裳酒飯，却叫誰差發與他？〖東甌令〗（旦）教儂坐待遠人聞，却有許云云。

你如此説，把俺這點念頭越發翦斷了。且和你窩伴幾年，過了二十歲再講罷！

【阮二郎】〖阮郎歸〗（合）恩纏久，光陰迅。秖髮膚肌肉，抱合無痕。似這般過日子，不想紅鸞佳信，休言是但爲功名非秦晋。争值得拆散慈親，真實話何須藏隱。與其受欺强暴呵，〖賀新郎〗實不如身與媽媽近，依塢畔，戀溪濱。

（净）聞得新提學是個新科狀元，一定眼睛靈妙。你只安心等考便了。

【尾聲】（合）日還長，年方閏。熬他十載面猶新，倒不如和你夜傍朝偎待自春。

詩　若待三元更九還，致君不識幾多年。
身非於越耶溪物，安得登時上榻眠。

第三齣　王勢

【西地錦】（外扮金吾，黃蓋引衆，班外雜人兩執金瓜、兩人執幢、兩執赤棒、兩執旛、兩執戟、兩執旗、兩執鉞、兩執槍、兩執長刀上）山國偏開赤壤，門庭坐擁黃旄。應聲接響似風濤，花綉襖幾層排抱。

錦衣司隸古金吾，坐鎮門庭聽陛呼。宿衛虎賁皆九尺，箕張翼展殿前趨。下官，蜀國閤帥是也，姓古字金吾。今日五更三點，主公升殿辦事。俺做殿前司的，例該坐門伺候。因此統領三千驍勇，排列丹墀，放那文武百官入朝陳奏。饒他當朝一品，也要長刀夾挾方到御前。國家法制好不威尊也。咳咳。（坐場前左偏介）孩兒們，但看中嚴牌。出外辨牌，進便要悄然無聲，依次排列者。（衆）有。（案上設假椽燭）

【前腔】（生珠帽紫袍扮蜀王，衆太監引從上，退立，生坐介）緑鬢朱顏玉體，黃甍紫禁天高。胸中錦綉賽鮫綃，只少個可人談笑。

孤家蜀地之主，髫齡即位，十一歲襲爵稱王。龍種多才，五六年爲歡享國。詩詞一揮而就，恥倩宮僚。風月無所不諳，全虧保后。咳。人間福分，沒有才情來受用他，好似珠璣埋糞壤；世上才情，沒有福分來湊合你，也如金寶擲污泥。像孤家這様才福俱全，也算今古無雙，前生修到的了。奈欲求覓等比，顯已殊類。是以遍遴王謝，竟乏中宫。據孤家的見解，饒他嬪御如林，全在這做領頭的好。任你嬙媛滿眼，當不得緊幫身的歪。况且做孤家的對頭，須要才字相扶，不是一個色字了得！只這一件便有些由天不由人哩！

【玉芙蓉】（旦傅粉扮昭容，頭囊，挑牌套袍、籠藕襪、高跟鳳頭朱履）（小旦傅粉扮昭儀，高髻鳳冠裙帔，籠藕襪，高跟鳳頭朱履，負屏門立）（宫女各二，左右夾侍介）（合）宫衣異繭繅，喬扮雙身導。上官垂紫袖，合德紅綃。季龍採選當窗隱，孫讚傳宣沸海潮。（生）都年少，笑梅難止渴，却因甚輕他，實美重虚嬌。

秦惠王送來五女，一個奇才，一個絶色。要笑孤家太不知足，必要再尋一個兩件兼全，和孤家的品格一般無二的，却是人各有心，也顧他不得了。

【前腔】（浄、老旦傅粉貂蟬高髻，珠勒額，蟒衫蟒裙，籠藕襪，外高跟鳳頭朱履，扮女侍中上）（對立案左右介）（合）年華未甚高，弓玉非全小。看貂蟬，日射粉面桃。天光親在，古多雲髻，貴重而今讓翠翹。（小生、副浄傅粉施朱，貂蟬蟒服，扮男侍中上）（對立案前介）輸忠抱，論恩私褻黷，許和那嬌嬈寵貴較分毫。

【傾杯序】（末紫袍扮丞相，丑朱衣扮尚書，小丑藍袍扮御史，執笏上）（面北立介）（合）同袍當樞軸，須自標，豸綉秦臺照。才力相均，勢焰相當，年誼相憐，門閥相高。論難遮醜處，是望那昭容提拔，中爺扶靠。弄波濤，千官請過咱三橋。（昭容、昭儀依言輕宣）（女侍中接宣略重）（男侍中接宣加重）（生）著殿前都督還將鐵櫃抬出午門。（衛士齊聲傳説，響震戲場介）（生）倘有才色兼全和身軀豐偉，願做侍中的，不論遠近婦女。（衆照前遞宣介）（生）聽他遣人投櫃，以便差官往迎。（衆又照前遞宣介）

【朱奴兒犯】（末、丑、小丑舞蹈山呼介）（合）願無論山湖水島，都容上鳳舸星軺。揀少須多，任入朝。衆賢淑，衆賢淑，霎時間到。（净、老旦合）歸深幕，俺村姑店嫂，願躋踐帳外，未無聊。

（生）卿等九列大臣，見孤家好逑淑女，這般轉展反側，不但不來迂腐，還幫孤家費心，恐怕求之不得。將來加一級的，都許你們添一大族女爲妻；紀録一次的，也許你們典雇一賤家婦爲妾，並加封號，聽作家臣。這叫做太王好色，與官同之。卿等以爲然否？（末、丑、小丑）主公恩典如此，臣等千載難逢。但願殿下世世爲國王，臣等生生作臣宰。殿下宫裏鐘鼓樂之，臣等家裏也去琴瑟友之。真乃五帝三王，不曾行過的德政，豈非堯舜湯武不曾想到的恩波。再不捐糜圖報，便就禽獸不如矣！

【尾聲】（通場合）君臣共把華封禱，鼓幾曲《關雎》雅操，看歲歲迎親一兩遭。

詩

有國多才少厥妃，作威玉食不能肥。
肯推與衆同之意，臣宰誰來説道非。

第四齣　豪凌

【字字雙】（丑扮土豪，花衣上）積貯金繒屋幾間，强漢。進衙走線弄機關，已慣。出門黄馬紫絨鞍，有幹。食客天天有幾餐，湯飯。

小子武都村裏一個有錢有勢的大爺，叫做强知文的便是。俺家父江湖貿易，單言勤檢，積攢下幾萬家私。俺家兄拉扯鋪張，廣結交遊，支撑出加倍架子。一個家兄援納個公主府常侍職銜，一個家兄援納個皇親府常侍職銜，拜節度都用帖子。俺這一家，雖然讀書不上幾卷，生下的許多宰子，那一年不請嚴師。俺這晚輩雖然出仕且待他年，新出的無數官紳那一個不來拜我。若論四海之内，自然勝於我的還有幾家。像俺一般的，也有幾萬。咦，只俺這山村裏就要立個村王村帝，也脱不得區區哩！有要告狀的，不先問俺，誰人敢告？有要置産的，不先儘俺，誰人敢買？天下事却又有逆料不著的。西巷裏一個小衆生，纔十幾歲，自家不曾見過世面，竟像是天下第一個通文的人，連村王村帝他也恰像不在意裏。咳，别要説比你還通些的車載斗量，竟就饒你極通，可拿來當得錢用？你也想想看看，這些外來的新科，本地的舊甲，爲什麽見著區區都不見棄呢？近日爲了一點點田房，被個鄰居盜賣，竟自妄行結訟。被俺略施小計，叫那城門口的臧節度轉替俺和縣官説，審理之時著實呵叱他一番，把田房斷與人去。如今且到臧府裏去問他已經轉達不曾。（作下馬介）門上有人麽？（末扮門公上）原

來是强大爺，老爺吩咐過，但是强大爺來，徑請進書房裏坐。（丑隨末入介）

【前腔】（净上）時世爲官要耐煩，休嘆。名兒雖好得錢難，憂患。弄將金帛騙丫鬟，一粲。結識財翁只當頑，豈但。

强大哥，又好幾日不會了。小弟聯的義學，承大哥慨助百金。館裏師徒，個個感激哩！（招坐介）看茶來。（丑）來問老先生，前日所談小鄭那話，可曾轉達了麽？（净）那一天，大哥轉背，小弟就進去和他説了。他問知年紀，説竹板是不好打，只把驚堂亂拍，叫人踹去帽子，嚇他一個臭死。立刻押同啚正，出去交業便了。小弟説，强大哥到那送節時候，也决不虧了父母。聞得已經掛牌，今日晚堂要審哩！（丑）若是晚生自己進去，恐他還有一兩分做難。老先生就放個屁，他敢不依麽？

【四邊静】（丑）將嬌臀下楚從他綻，如花要開瓣。只肯踹冠巾，教伊看模範。敢愛這膏腴美産，初荒未旱。雖未快吾心，然而不河漢。

（净）你這一場之後，貴村的子弟略有聰明知識的，越發要敬畏你了，遠遠看見打躬作揖。你只把眼角斜一斜，嘴皮歪一歪，他就動手的動手，動脚的動脚，去替你奔走效勞哩！（丑）他們肯歸依佛、歸依僧、歸依法的，晚生原極肯照顧他。要做買賣的，便薦去習小販。情願讀書的，不是薦去坐館，就是附學舍間。下至琴棋書畫、方響琵琶、養魚插花、跑馬打彈，舍下都有教師，供飯請他來學。據老先生説，這們樣一種作用，他們便宜不便宜？獨有這背時的小業種，不想實際勝人，只知閒争小氣的，却像時時要與晚生犯對一樣，晚生如何容得他。（净）别要説與你犯對，自古道國無二君，村無二霸。大哥有這些大作用，通是別處學來，村塢裏稀罕得極的。他只心眼裏有那第二個，就是他不是了。

【前腔】（净）鸞凰栖處，觀鶄雁毛羽誰璀璨。妄想較高低，也該抬面看。大哥呵，府上威風已慣，何人不憚。小小弄機關，令渠哭還嘆。

（門公上）回老爺，鄭藐那件事，縣裏方纔審完，頭役特來報知。他奶娘扶著在門前哭過去了。（内作女人聲哭駡介）天可憐見呀！老子眼睛瞎了，兒子就被人欺管了。百十年的産業，如今叫是别人家的，有天没有了日頭呀！（丑）老先生這書房墻外，原來就是巷路。他這奶娘敢於爲主，也就恁地可惡！晚生返舍也還要叫門下的打降把勢，早晚到他門前，候他出來鬥他一鬥。扯去他的脚帶，拉下他的袴子。等這個老花娘也曉得晚生的手段。（净）也妙，也妙！

【前腔】（净）占强行勢須教慣，天天照例辦。一件不施威，多般討輕慢。（丑）老先生，再看俺鄉下鬧了婦人，連衙門前都説新聞哩！（净）他駡弄手脚的狗奴才，豈不連小弟在内？連我也惱這騷姆不過，看你又怎麽做作。（丑）揪鞋丢案。（净）且叫他賣粽子哩！（丑）拉裩斷絆。（净）又叫他開鲞魚行麽。

（齊笑介）（合）賣個笑呵呵，人生樂無限。

詩

一村必有一村豪，童嫗何知白哭號。

等你得官來報復，除非位比老臧高。

第五齣　化女

【番卜算】(净乳母上)抱養鳳凰雛，貼肉粘皮久。秖因前日受人欺，卧病令眉皺。

咳，俺賈婆婆的命薄之處不説出來，連這做一家住的人也不曉得。(内)胖姊，你説説看。(净)四十三春便喪夫，無兒賣女作人奴。典雇鄭家爲乳母，家貧婢僕有如無。厨房靠個張扭捏，種菜剩個李糊塗。(内)我們老了，不扭捏了，再讓你扭捏哩！(净)主公又要將褌洗，主母又要把頭梳。生平最愛花和粉，嫌疑偏遇醋葫蘆。(内)你那様描眉畫眼，也怪不得人疑心哩！(净)受淡挨清十餘載，除非夢裏覓歡娱。去歲葫蘆剛跌倒，險教蓋老送殘軀。病得耳聾眼又瞎，誰人還想那張書。幸喜冤家得成長，好眉好眼好肌膚。能言快語真聰俊，不枉推乾卧濕鋪。至今抱在懷中睡，只當湯婆錫暖壺。滿擬將來有靠傍，誰知訟棍恣欺誣。似醉如癡叫不醒，百般摩弄未曾蘇。倘有一差還二錯，(頓足介)只教槌碎我胸脯。(哭介)前日那一件訟事，若不叫人去告狀，又恐怕一時離不開這地方，將來連栖巢都吃人占了去，何處安身立命？不曾周旋得村中勢要，告一告便弄出這樣把勢。孩兒想道，我要出這口惡氣，就是做了詞林進士，也還没奈他何，豈不是終身不能報了？若要全家搬去，直到那幾千里外另做人家，不把眼睛看這强暴。父親老了，眼睛不便。氣得昏昏沈沈，只是睡卧，已經兩三日了。他若不活，俺也只好尋死。難道這様年紀，還到别處去吃飯不成？豈不是天下命薄，再薄不似俺呢！

（暫下）

【園林見姐姐】〖園林好〗（小旦扮觀音，白綃綉兜頭，金綉白綃衫，袒胸露背，手足金釧，大紅袴管，凌波綉襪，高跟鳳頭朱履上）綉褊衫盤金素兜，赤金環圍肢軟柔。緋裩管斑斕舞袖。〖好姐姐〗前曾作髻，而今更鳳勾。全隨順，慈悲願納衆生垢。給他個，喜見身兒待禱求。

我乃世尊大士，只因立願慈悲，特降佛尊行菩薩事。和這娑婆世界，偏生有情。所以化身千億，聞聲赴感，度出苦海愁城，教他發心回向。好笑閻浮衆生，癡迷已極。見俺浄體修長，法身廣博，仙肌素浄，慈容可喜，方纔獨來親近。全不知道法王之身，可男可女，非女非男。硬把俺堆上烏雲，梳起特髻來，塑在妙蓮臺上。近日更加怪誕，道姑們要騙錢，竟把娘子每穿的弓鞋來，削了俺的脚去湊上，巧取名色是活觀音。又有一個白門女子叫做徐驚鴻，創出一種舞法來，唤做觀音之舞。愚夫愚婦又就説俺世尊是真個會舞的。俺想有意度生，絲毫和他執拗不得。他只因是執拗，所以名爲衆生。俺若學他樣子，如何做得大士？惟有妙隨順智、異方便智是俺佛家的精理名言。他叫梳髻，俺就梳髻；他叫弓脚，俺就弓脚。他愛那長大婦人偏能軟舞，俺就只當在金沙灘上舞他幾回，有何不可？（舞介）

【姐姐插交枝】〖好姐姐〗打點開蒙話頭，須看我循循善誘。（將前反却介）欲前且却，（舒袖翼旋介）天身不害羞。〖玉交枝〗（頓足介）金蓮也學假灣兜，裝長作短跟抬就。（分手呈足介）你看麽，霜膚腯修。（旦卧呈足介）你看麽，霜膚腯修。

（磨起復小舞介）閒話且不要説。今日降凡的意思，只爲這裏有個書生，含寃莫報，患病欲死。他家三世至心持咒，俺但救活了他，有何難處。却是他今生命裏没有紗帽之分，怨不能伸，終久還要尋死。况且查其因果，他前世原是個大老，名字叫做李神儁，如今這個蜀王是他門生。不合貪著分桃，因此今生無禄。到了來世，蜀王該做衙官，鄭蒍該做書吏，酬還宿債，其案方結。再四思惟纔有個不可思議的主意，不如把他羞隱處所改變起來，教他來生之事，今生便了。他既做了女兒，那裏還記前怨，即使必要尋仇，也就極乎容易了。（笑介）只消俺手指略動，要什麼楮錠酬勞哩！

【交枝作供養】〔玉交枝〕人間師友，學庖丁多將刃遊。便房胡掩簫韶奏，也學那僧家姻媾。不知三世要相仇，饒逃國法神憎殠。〔五供養〕不若把身根换，活水帶源流，那愁怨對狠赳赳。

他那奶娘萬分疼愛，生怕他忽然氣絶。光身赤肉緊緊把他抱在懷裏，兩隻手遍身上下不住的到處摩挲，惟恐魂去氣冷。俺且叫他忽然摸著，陡地一驚。方信道世間真有神通之事也。（下）（净上）世上的事真正怪多著哩！俺夜夜抱著阿官睡覺，往時摸他下身，五更以後便像大人發急的樣子。昨夜天明摸著，恰似和老娘腿拗裏邊一樣的貨色。俺半睡半醒，還疑是夢。直至日頭進窗，把他細細一看，與俺不曾嫁的時候一般無二。非但外邊形像，擘開覷覷，馨香笑貌，無有不同。終不然强知文那狗頭，曾到木邦苗洞裏去過，學了些什麼妖法，來把他如此做弄不成？

【供養入江水】〔五供養〕共眠已久，摸到三更似欲綢繆。誰知娘與你，今日物相猶。後歸甥館，真要俺韜鈐相授。（旦仍巾服上）（净）你幾日不曾醒了，如今醒哩，可知道麽？（旦）全不知道。只像是昨夜睡的。（净）還有件奇事報你知道，叫你怪著惱過了，又怪喜歡哩！（旦）媽媽試説。（净）你不知被何人使了妖法，竟變做雌的了！百足蟲變了没脚蟹，豈不要怪惱？今生今世該出力奉承人，還要討人嫌長道短的人，忽然静以待動，止叫别人使勁了，豈不倒要喜歡？做男子的，有時要别人出力，人還要笑。像老娘一樣理之當然，誰來笑得？（旦）阿媽恐俺氣悶，故此取笑。只是離經脱母了。（净）你媽是摸了幾千回，看了幾萬遍了。你不信自己看。（旦叫介）真個不好了！也不用摸，也不用看，果然下邊作怪起來了。罷罷，你那些話都是混話。俺如今既然如此，免得與那狗頭相見，倒也是件好事。俺如今另有個主見了。（净）且慢些告知你爹爹。娘的衣服散與人了。等他三日不變還原，再把我的裙衫改與你穿將起來。只是一件，俺的鞋子雖大，你那匾脚也還穿不得。只得要去尋那猫猴狗骨洗了捆他起來。至不如要六七寸小，穿得俺的鞋子纔好，打點將來喜事。〖江兒水〗（旦）只這東西不要形如箕帚。媽媽，過了幾日，便就把你的舊脚帶替俺纏裹。給别人受用，要他十分小做什麽？只照你一樣大儘彀了，不叫俺痛就是。

【江水中撥棹】〖江兒水〗（合）粉醭荑拳笋，桃緋水滴溝。既開血沁蟠桃口，須教齒捲弓灣走。全憑雪疊蟬紗手。〖川撥棹〗渴由消，醉可齁，好朝天便罷休。（旦）初次見人羞殺，怎好？（净）豈不聞醜媳婦終要見公。一時難過，久後也索罷了。（旦）俺如今仍舊用俺男子心腸，竟老起面皮來就是哩！

【尾聲】（合）出頭露面謀婚媾。（旦）不怕旁人掣肘。（净）倒要尋個美滿分明硬對頭。

詩

玉凌波底撒雙蓮，便可登時到日邊。
畢竟武都勝越雋，風流不數建安年。

第六齣　誤字

【傳言玉女】（末扮瞽人上）鼓了盆來，病苦全難寬解。既聾瞽，竟該世外。（嘆介）佳兒何在，爭變做中郎冤債。乾坤稀有，天公相害。

老夫鄭仁基，自從荆妻亡後，感傷成疾。山村苦無佗扁，燥劑亂投。卧床者三月有餘，發燒了七十餘日。頭風忽動，雙目失明。虛火上升，兩耳閉塞。雖有一個兒子，玉雪其面，錦綉其心。無奈他這老親，書聲不聞，斑衣不見。這也不必復道。近來更有一件奇禍，被仇家使了妖法，竟變做個女兒子了。俺這川裏進去，滇緬交界之處，有種苗子叫做木邦。他要和這個人作對，便把你變做驢兒變做猪子。如今只差得一點點，雖然强似畜生，爭奈老夫没有第二個指望。下邊又不會生了，將來接代更待何人？況且人家單靠女兒，便要挑選快婿。俺既没有耳朵，又没眼睛，叫俺何處去尋，那村去訪？只有鄰村一個周家和俺一樣都是宦後，曾見我兒標致，通疏聞知此事。著人來説，情願不要妝奩，娶去爲媳。老夫細想，知根見脚的人家不許，將來倒去信人哄騙不成？因此一口應允了，且待女兒出來和他説知。（旦籠藕襪，高底鳳鞋上）未報恩仇不丈夫，竟該巾幗自稱奴。生綃收束纔彌月，已稱鯉庭蓮步趨。（見介）爹爹萬福！（末）女兒來得正好。你既爲之子，便要于歸。適纔有個人家來説，恰好門當户對。你爹已把你許過了。（旦）爹爹差矣！

【啄木兒】（旦）寧時誤，莫事乖，一例名門何足採。（末）我不差，還是你差。我不能出去尋覓，你是曉得。你如今既變了女貌，難道還好照依從前做男子的樣範，自己出去行事不成？這樣人家不許，那還有高是他的，上門來尋你？（旦）女兒家便不能待？孩兒譬如原是男子，便候他許久何妨？女兒家不好出頭，孩兒實在做過男子，竟自己揀人也不怕。待曹丕愿坐茅廬，覓苻登拚歷都街。裙釵不學裙釵態，英豪還用英豪派，肯要那道韞王郎不滿懷。

（末）女兒有所不知。自你有這怪異，人家説也不信。許多人疑心原是雌雄的，恐怕娶了回去，有時候討了便宜，有時候倒要吃虧，一也。你若放膽出去，不比原是女兒，人怕官法不敢調戲。他只説你假冒惑衆，借這由頭行强欺侮，二也。你若不曾做過男子，便只知女身如此，不識男身怎樣。或者還難動情，如今本是男身，又與你娘睡久，男女不同之處都是看見過的了。萬一興不可遏，做出醜事却怎麽處，三也。（旦）這個，爹請放心，女兒另有主見。

【前腔】（旦）离鄉里别營臺，身到他方將珮解。（末）聞你做男子的時候，要想出去，且知百般憂慮，何況如今？（旦）做男子時，要在功名路上求人帶挈。有多少的層次，中間恐遇翻覆。如今女隨夫貴，只要認著一個人就是哩！做男子時俺既不肯苟且，人不知你的才，便用不著你的貌。如今换了女身，人只要你的貌，俺越發好露我的才哩！得能彀頭昂昂並體齊高，全賴這軟濃濃肉蚌含胎。（末）就是女人裏邊，也不少數奇不偶、紅顔薄命的。（旦）女人家的才思到底有限，即如那鍾夫人只好拉住小郎，打他屁股罷了。你女兒全用男子機謀，去顯那女人相貌，自然易於濟事哩！　盟山不怕桑田改，荆州不怕劉家賴。（末）萬一不如所料呢？（旦）真個如此命窮呵，拚個終身没鏡臺。

（净上）老阿爹，藐姑娘，你爺兒們所説的話，俺在房中也都聽見了。據老娘的見識也都不消如此，老爹怕人疑是雌雄的，不知那真正高才的人，他何難娶妾生子？若顯出姑娘才貌，就是雌雄的，他也肯娶。況且一人能當兩用，他嘴裏不好明求，心裏有不暗喜的麽？怕人説是假冒借端欺侮，如今强奸男子不和强奸女人一般，也是立决的罪麽？怕姑娘曉得兩物不同，易於動興，他一生有爲有守，和老娘睡了多少年，何曾見他敢動一動興呢？

【二段子】（引旦裙帶介）把珍奇摸來，是雌雄尤其暢懷。（旦）阿媽休得取笑。（旦轉身，净執其後裾介）把霜膚看來，這丫叉容誰亂揌？（末）你這老娘只愛打諢。（净自拈裙帶介）只俺這婆婆也有迷魂寨，未見他癡腸敢納多情塊。這等根由莫費猜。

老娘看來，天下事自有定分。像姑娘這般才貌，别人要一件也不能彀，老天就把兩件都給了你。好端端一個男子，天又會把你變個女人。難道你要一個才貌雙全、又富又貴的老公，他又就不肯了？也不消去撞府衝州，也不消得離鄉背父，只依老娘攛掇，睡在俺被窩裏，專候就是哩！（末）只是已經許允，怎好回他？（旦）未曾受聘，口説無憑。只説女兒恐怕仍舊變轉，待俺去世，要做尼姑便了。

【歸朝歡】（合）爹雙瞽，爹雙瞽，本難撇開。守一處，相思休害。媽陪宿，媽陪宿，一般體才。

再幾載，有何妨礙？丹爐燒笋姑同耐，朱扉磨蚧聊相待。老天，老天，倘有奇緣快送來。

詩

誤娶家婆妾可群，女兒嫁賤更休云。

文君幸寡猶堪惜，幾個翻身似政君。

第七齣　主訪

【玉女步瑞雲】〖傳言玉女〗（小旦籠藕襪，高底鳳鞋上）宮外淒凉，昵貴未知遊況。〖瑞雲濃〗準備著月明歸舫。

本爵皇英公主，乃今蜀王女兒。八尺家僮三尺箠，沁水疏園繁華煇。赫嫁同昌，粉侯並枕。富貴甲於四海，安逸勝於九重。這也是俺每做公主的應得之福了。本爵却比別家更有不同所在。訛傳抱養宗女，姊弟實只兩人。年紀本差二旬，血親更無別個。俺又生來乖巧，善體人情，所以俺這弟王一刻離俺不得。非但朝廷庶務備細商量，連他宮裏私情隱微告訴。自從國婚遲誤，越發夜不容歸。不過握麈閒談，要訪良家淑女。且看他今日來俺院中，差俺幾時出去。正是權將骨肉團欒景，暫抵纏綿婉轉人。

【鳳凰閣】（生飄帶、珠帽、朱衣上）湘裙飄蕩，掛膝蓮浮水上。（小旦）珮聲輕曳也叮噹，驚起錦鴛西向。（生）與家人同樣，恁脱俗王宫少雙。

姊姊拜揖。（小旦）弟王萬福。（生）姐姐水廊坐玩，俺還猜是昭容哩！（小旦）你昨日所言要覓個百年佳偶，叫别人出去訪求，一來恐不甚心腹，二來恐眼力不濟，要叫你姐遍遊四方，替你幹這件事。俺昨夜細想一番，也有幾樁不便處。（生）姐姐試説。

【獅子序】（小旦）都嬌俊，實婉揚，眼睁睁醋瓶兒，把俺這大姑娘埋冤怎當？（生）姐姐怕的是昭儀、昭容兩個以後要埋怨你麽？他自知一個有貌無才，一個有才無貌，情願叫俺再尋一個雙全的，情願照做小規矩替他鋪床疊被、梳頭纏脚哩！（小旦）更色難才僞，怎辨微茫？（生）這個越發容易。姊姊只把自己做了一個樣本，頭面脚手，像阿姊七八九分；剔透玲瓏，有阿姊三五六件，就和你弟弟也有一半相同，一半遠勝，是俺滿心滿意的人物了。（小旦）你又來胡説了。俺正愁的是孤陋寡聞，眼裏從不曾有那十全俱足的樣子。恐怕以己之心度人之心，以己之面度人之面，就如古來的瞎眼主司一樣，要屈殺天下英材哩！鎮日在蜀國内癡養，何曾見人世間子房心、南威身，堪憎模樣。則這王妃新式大費裁量。

（生）姐姐只照俺言語行事，回來之時俺决無怨於你。（小旦）賢弟，還有些差。就是愚姐樣子果然使得，難道天下的人竟有個處處相同、絲毫無二的麽？眼一般了，嘴又或者不像。手無二了，脚又未必一般。我説有八分像了，人説還没有二分。那裏去和你較正。至於才情兩字尤其難辨，何以見得他就是我？俺年紀倒有淺四十歲了，設使這一件也像怎處？

【太平歌】投胎異非共腹中央，手製的金蓮尤各樣。待相同纔把絲蘿講。還有那才情怎地圖形狀，胸襟非但隔衣裳，安用老王嬙？

（生）姊姊休要取笑！自古道，疑人不用，用人不疑。俺深信的既是姊姊，不消待俺説像，只你説是像你就罷了。

【賞宫花】温柔似本鄉，纔將綉幕張。（小旦）更有一件人想不到。外面的頭面手脚，萬一竟與俺大同小異了。那裏面還有許多節目，俺又不曾奉著便宜行事的令旨，難道就好用那吴姁的選法，把人家剥了細看不成。美玉難量，看非若漢家梁。（生）這個也不必。得你如今擺著鑾儀去，經過地方，官員迎送，住宿去處，伺候支更，聽你要住驛站，就住驛站，要住民房，就住民房。難道看見了合式婦人，公主娘娘叫他同床共被，還愁他不肯麽？玉體合參同異處，饞喉更嗽口脂香。

（小旦）這也都説得有理。只是我嬌養慣了，一向享福。如今官河大路，自有笙歌畫舫，到也自在。假如上湍下溜，官船難以來往，那一點舠子，叫俺如何生受？况且這件寶貝，算不定生在何處。水鄉没有，就要往山鄉去。過橋過棧，多有容不得大轎的地方。玉膳雖然擔走，帳房也費撑持。雖然承你盛意，一向只行家人父子之禮，不用那君王臣妾的舊套。俺這一行情理上推辭不得，百般樣的辛苦也要賢弟知道纔好。

【降黄龍】徜徉，心口相商。情理雖該，勞辛須講。他人受用，我體疲煩，而魂飄蕩。休狂，似君癡姊，伊人未堪相傍。管令你心知世上别有瓊漿。

（生）小舠小轎，地方官探聽得知，自然預備合式，教阿姊稱身受用。你也只當遨遊山水，見多少笑殺人的村莊，知多少想不到的陋俗，也是人生在世不可必得之事呢！

【前腔】（生）争忘，情短情長。巽日相酬，自來無誑。憐香至性，惜玉真情，何時完暢？輿航，遊山玩水，聽看遍柳街花巷。抱一個歸來，金屋甲帳深藏。

（净扮侍中上）千歲叩頭，娘娘萬福。（生）孤也只喜萬福，倒不要你叩頭。（净）稟上主主，方纔中政院回話，殿下出遊的車船、樂户、儀衛、軍人，以及一切應備之物，侍姆、嫗監、厨娘、綉婢等類，該部俱已撥覓齊全，點發前去。擇期今日酉刻上船，明日子時開走。千歲登舟，餞送諸事大吉。駙馬爺和那王侯勳戚、文武百官都已曾到御河邊伺候去了。（生）怎麽擇期恁速？（小旦）既然應允了你，遲早總是一般。竟叫雲韶院行首進來鼓吹導引便了。只有一言囑付：俺既不在禁中，你和昭儀、昭容，千萬日夜盡心伏侍得千歲歡天喜地，休叫愁煩。（净）這個卑職們自要討好，不勞主主相託。倒只有一句話，要啓主主得知。殿下出去尋人，務必揀一個藏垢納污、泛愛容衆的來。若有一毫醋意，却了不得。（小旦笑介）這個全看你們的運氣。（生亦大笑介）雨露從來遍，何須預備防？（小旦）真情難强制。（净）不是舌偏長。（女樂宫燈上，引行介）請千歲娘娘起駕。

【大聖樂】（合）似無厭夢覺襄王，幾巫峰在這厢。珠多且把先擎掌。左妖冶，右矜莊，積薪所慮人增上。捐扇猶思日在旁。輸誠不妄，未可把真情實話，猜做奇謊。

（小旦）俺只揀像侍中一樣長大的選來。（生）雖然不宜短小，像他也太覺可怕了。

詩
欲採良家遍土濱，無如貴主出求詢。
喜親樂就人無畏，免得驚婚錯對親。

第八齣　緬叛

（副净籠藕襪、鸞鞋扮女將，班外長壯隨執雙刀上）爲語來人看認旗，統諸掠婦用雙劉。專司捆剥好男女，單管搜牢釓蛤蜊。自家，緬王帳内搜牢女將是也。統領八百媳婦女兵和一路掠來的健婦，單管擄掠捆剥之事，兼替國王换衣洗脚，不叫上陣。奉吾王軍令，在雞足山下聚齊，來此已是，佇立伺候。（旦扮男將，班外少嫩隨執長柄丫叉上）我本王門一幸童，掠來同類助威風。唱歌聒帳兼書檄，君子成營自古通。自家，緬王部下簇帳少將是也。統領本國勳豪子弟，和一路掠來美少，單管寫算吹唱之事，兼替國王斟酒添飯，不教上陣。奉吾王軍令，在雞足山下聚齊，來此已是，佇立伺候。（内放編砲，丑執旗領班外四人或二人執鳥槍上）自家，緬王軍前鳥銃手是也。奉吾王軍令，到此聚齊，只索伺候。（小丑領班外人執長柄大斧上）自家，緬王軍前大斧手是也。奉吾王軍令，到此聚齊，只索伺候。（末領班外人執長槍上）自家，緬王軍前長槍手是也。奉吾王軍令，在此聚齊，只索伺候。（副末領班外人執闗刀上）自家，緬王軍前闗刀手是也。奉吾王軍令，在此聚齊，只索伺候。

【北黄鐘醉花陰】（净唱衆合）白晝轟轟到昏暮，山路上辟撲許多戰鼓，拖翻剥出好形模。遍地裏，女哭男呼。儘著俺渾身打滾，咀咂遍蜫笋盆盂。有什麽叱吒風雲，惹不得的英雄怒。

（衆）稟大王，已到山下了。（净）扎住營盤。（衆應介）（净）寡人緬國之君，建都萬山之表。溯瀾滄、金沙而上，總俺新疆；窮南北盤江之源，是吾舊治。一向不敢擅離本國，但候客人到來，便把一個婦人去蠱住他，不放回去。一個蠱不住的，叫兩個去。兩個蠱不住的，叫三五個去。有名叫做人蠱。只因前日蠱住一客詭譎多謀，他説蜀國邊界的子女玉帛，比俺這裏强多，可以用兵去取。俺這裏世代進貢於彼，問之去使，所説相符。俺想，殺得過他，便儘著向前擄掠。殺不過時，寸步退守，不失爲萬全之策。似這蠶叢鳥道，怕他一直追趕進來不成。只是俺的來意，本不爲争占江山，所以斟酌軍令，該與別家不同。一來兼取龍陽，不但擄掠婦女。除吞吸了他的精髓，還要叫他們學俺幹那選用的婦女一樣，在俺後面替寡人煞癢醫風。標致童女，寡人留著每日自賞。二來軍中擄掠人口，定例只用女將，如有男軍擅掠，立正軍法。直要等寡人揀選過了，然後分與他們。却又聽憑這選剩的男婦，自揀人跟，不許他們混搶。三來上用的男婦有爺娘姊妹同入網羅的，就便叫他們幹與寡人看玩，令衆龍陽各各交易。四來並不賫糧。但是陣亡和那掠來老醜没人肯要的，無論蜀國軍民、自己隸卒，盡把四肢割取，醃載車中。大小三軍聽見没有？（衆應介）都聽見了。（净）自從今日以後，四件之中絲毫違誤，定行開肚去臟懸竿示衆。（衆應介）謹遵軍令。

【喜遷鶯】（净）一個個捐軀争赴，只照這妙藥靈符。吞吸的飲遍醍醐，甘露浸肝腸藏府。煞癢的長滑樂土窟遊魚，走旱路的慢焚鬞，先擎鼓。破西瓜的生扢擦，裂肌膚。看玩的一個個笑吟吟，願學妻夫。

（二將登雲介）你看那塵頭起處，許多逃難的男女過去了。（净）衆女將可去橫截去路。標致的少年一個也不要被他漏網。婦人們除了麻黑矮醜都要拿著，就是五六十歲頭髮未白，俺也不嫌。（副净衆應介）只是忘記備繩了，權且解下脚帶便了。

【水底魚兒】（副净衆合）矮黑麻膚，其人盡可誅。要嫖婆子，不棄胖長粗。

（净）俺的兒，你們又快有替身了。寡人用過的美男子，少不得賞他們女將嘗新；用過的老婦人，少不得賞你們少將洩火哩！（旦衆應介）謝賞。

【前腔】（小旦衆合）老胖長粗，勝充煞癢奴。他人賞將，權讓舊風爐。（齊下）

（生、小生、外、小外、老旦、貼領班外老少亂踏上）不好了，不不好了。大家快走，大家快走。（外）你聽喇叭吹響，金鼓齊鳴，不是緬兵將近了麽？（老旦）聞得這個賊頭王連五六十歲的婦人也要，不但走你的水路，還要走你的旱路。俺要被他拿著，却怎麽好？（生）聞得他們在前面擄掠住了美少年，吮吃了你的前頭，還要叫你鬆爽他的後面。俺要被他掠去，怎幹得來？（貼）聞得却有一件好處，不許男兵捉人。自古惺惺惜惺惺，既是和俺們一樣的蚌殼，拚得送些財物，求他賣放或者也肯。（小生）俺們靠著標致，笑到他面上去，拚得使些力氣，給他一個喜歡，好放我走。（小外）列位想頭一概都左了。他捉了標致小官，去留著時刻受用，倒不好圖你一回。捉住老娘們，又請了功，又落得日日剥看你。你的錢物，怕不是他的？（内吹螺放砲介）（衆）不好了，不不好了。（又亂踏介）（副净等上）（揀數人用脚帶套頸）（餘用刀背趕走介）（衆跪求饒介）（副净）哇，但違將令者開肚去臟，誰敢饒你。

【出隊子】恁與俺相逢狹路，休將那假殷勤眷字呼。漫想著口如糖，騙去肉葫蘆。瞧瞧你後和前該遇主。憑吾剥得你渾身赤膚。（净領衆上）

（副净）禀大王，擄掠的男婦，俱已揀擇現成，分別明白，候大王軍令。（净）將上用的男婦童女，趕進寡人帳裏去。

【刮地風】看剥出精光雪白膚，俺何曾兩眼模糊。（老旦拗掙不行介）（净）從古至今，蠢再蠢不似董卓、唐宗。一個皇甫氏，一個元載妻，竟捨得真個打殺。罷了，如今有不走的，且叫女將脱光了脚，踢響屁股。這嬌音勝似笙簫譜。（副净踢介）（老旦仍掙不行介）（净）再不走，夾肉夾棍。將這如玉雙髀夾得伊酥。（副净用兩腿夾小旦一腿介）禀大王，夾過了。（净）偏不要拉，要自家走。再不走，打肉丁。兩個洞都把金蓮距。（副净將脚挑老旦前後衣介）（老旦喊哭介）（净）罰他替人吃屎。玉山泉賞賜含餔。（副净按老旦首至裾底介）（老旦頓足介）（净）罰他替人吃脚。玉笋般玉笋般試遣嗚嗚。（老旦叫饒命介）（净）剃了他下邊的毛，撒尿淋他。（副净以手入旦前裾，又自揭前裾，冒老旦首介）（净）剃了你蝴蝶鬚，更淋漓精赤肌膚。俺也偏要嚼你那玉弓灣，恨不得啖了你胭脂户，更驀進後花園，把俺怒氣舒。

（小旦領衆向前介）禀大王，這些揀剩下來的男婦，怎麼樣分賞將士？待小將們好上册。（净）聽他們自己去看，相中了那一個，就賞那一個。有幾個人都要跟這一個的，也就是他造化，不許他人争執。也有一個不肯跟他的將士，便留著配那情願跟人人都不要的男女。這些男女，不比寡人自用之人。如有敢違嚴令，不肯自去揀人的，相貌還好，著些頂健軍士一個在他前邊，一個在他後面，齊把他擺佈起來。幾班輪換，死了方休。若本奇醜不堪，即時割取四肢醃爲糧草。却待處分完畢，你們再去問名上簿。（小旦）各尋對偶之後，許他們怎地行爲？

【四門子】（净）他若是有肛風，也就休嫌污。别樣人就有錢也買不去這雞巴露。最妙的是纔出前門，後又投爐。還要曉得個太監嫖法，單用舌頭嘴唇那兩個所在。最妙緋桃玉笋消魂處。還有一著要緊的棋，吩咐你們去幹。美少年裏邊有像要逃走的，叫女將們替他弓起脚了來，俺自有妙法娱身，巧罪償辜，女和男一般添嫵。

（内放砲介）（净）這裏離城不遠，敢是蜀兵衝殺出來了。孩兒們，整齊隊伍，大家齊往前迎，趁他城門未閉把頭顱掙將進去。（丑）我們鳥銃手衝風。（小丑）俺每大斧手緊跟，著他如墻而進，上斫人胸，下斫馬足。（末）咱這勾槍手做第三排，以便救應。斫倒的，便勾將來。（副末）洒家鬬刀手做第四排，專防敵兵直犯主帥。（副净）我們按甲執兵，專保護住上用男女。（小旦）我把住帳角，單候收兵取樂。

（同下即上，繞場疾走，上一回唱一句介）

【古水仙子】（合）看風頭，返虎嵎，無勍敵，軍機休自阻。做做做，做一回太胡謅，没人信的小説村書。莫莫莫，莫笑我是個無聊説鬼徒。有有有，有甚的萬年基不拔成都。且且且，且混他娘樂彼妻孥。你你你，你真個謀王室開齊府。也也也，也免不得後代被人圖。

（净）吩咐衆將，浮生誰爲巨黠，玩物別有雄夫。寡人今日惟圖一笑，他若不來，也不必苦苦尋殺也。

【尾聲】（合）全假無真家與國，儘癡人去説夢，滿口糊塗。休自詡大英雄，嫌人打諢，裝賢者，做迂儒。（衆隨下）

（雜扮男婦上）我們一路逃亂，且喜躲在箐中没被拿去。這賊雖然可惡，却還有一件好處。只殺矮醜麻鬍，略有一分相貌的都不忍殺。就是殺的，也不過借你四肢去當小菜，並不切頭破肚，仍舊聽你自死。到處百姓，還該替他念佛囉！

詩　戲場征戰本圖嬉，索性詼諧近出奇。
　　只要信男和信女，人人看得笑嘻嘻。

第九齣　止宿

【北新水令】（旦青衣翠裙、籠藕襪、高底鳳頭青履上）初旬茅舍月光微，要冰輪鏡圓猶未。萱椿俱萎謝，境况轉凄迷。更覺情癡女，眷馬真無轡。

兒家自從變女，倏忽三年。喜信全無，嚴親又逝。正不知待到何日，方纔遂厥初心。左右行坐無聊，

不免早早進房，和奶娘吃飯睡覺去，還有些少趣味。（暫下）

【南步步嬌】（小旦濃妝、籠藕襪、高跟鳳頭朱履）（男女各二隨上）佳人未卜何方會，千里遥相覓。奔馳信馬蹄，漸少安居，真成兒戲。弟王呵，那裏正攢眉，豈知你令姊辛勤倍覺無情緒。

本爵出京訪女，穿過無數軍州。説明要選正宫，家家搶先送看。雖然可喜之人到處都有幾個，争奈才貌兩字真正兼之者難。倒是長大能幹的侍中材料不一而足。他們曉得這種前程，反可封夫廕子，有許多情愿自備盤川進宫求用的，俺都付與奏摺差發動身了。單這正面文章破題未做，却怎麽處？本爵又因通衢大路未曾遇著，竟往偏僻處走。曉得近來軍書旁午，所以吩咐縣官不必預借公館。若没庵院可住，自己也宿帳房。弟王弟王，你真是可已不已哩！今日天色已晚，竟連尼寺俱無，只得先將人馬安插又作道理。叫近侍，前面那所民房，問他可有空屋麽。（雜應介）（浄扮乳母上）説什麽話？（雜）朝廷公主娘娘朝香經過這裏，要問你家借住一宵，你家可有空處麽？（浄）俺家並無主子男人，待俺去問小姐。（暫下）（旦上）這個想非假充就是天大的事，奶娘快去跪禀，家裏並無男丁，千歲娘娘可住。只是前呼後擁，恐怕挨擠不下。（浄禀復介）（小旦）人馬自有營帳，只將侍姆嫗監各帶一名打攪打攪你家便了。（浄引進）（旦跪迎介）（小旦）房主免禮。（旦跪不起介）此房雖還潔浄，禀過没有華床，待小妮子移往柴房，請殿下進去住宿。（小旦拉起同行介）我自去看。（進房介）我雖帶有繩床，倒是此床文雅。你也不必搬去，住我床前不妨。（老旦扮侍姆向外叫介）吩咐該班的送鋪陳進來。（丑扮嫗監向外叫介）吩咐該班的送晚膳進來。（旦）且請殿下外廳少坐。（小旦坐，旦立侍介）

【北折桂令】（小旦）我瞧你面首風姿，又配上這裊娜腰肢，瓌偉形儀。（旦）山村女兒驟親至貴，嚇得手足無措，敢承娘娘贊譽。（小旦）非但是浣帛佳人，宋鄰閨秀，竟有些我輩參差。（旦）小妮子做娘娘的侍婢，尚覺自嫌醜陋。娘娘贊譽過情，妮子越發折福。（小旦上下細看介）細看來，非惟吾輩，比吾儕還好些兒。（旦）娘娘生長天家，千般萬樣的人物怕没見過，什麽緣法就恁般青目起女兒來，竟到把自家來比的地位。（小旦）何曾慣輕易驚奇，賤用諛詞。休要説把親身較量，平人只今朝難禁思惟。

（旦背介）自古道，爲悦己容，爲知己死。俺從前心意，既然變做女身，便做個一品夫人，也還未遂吾志。如今不幸遇著這們個作怪冤家，却就論不得了。（轉向福介）娘娘既恁地説，女兒情願跟隨去做殿下侍婢。（小旦）好説。且慢！俺還要問你，住在這山僻之鄉，針指女工，琴棋書畫也都學過不曾？（旦）這些事，女兒倒不甚愛，單喜作文做詩。（小旦）越發妙哩！只把新稿快借來看。（旦）奶娘取來。（小旦揭讀介）本是龍行虎步人，化成媧氏不曾嗔。平生婉附纏綿意，雅稱柔靡艷冶身。（嘆介）真才女也！才、情兩字，原是可合不可分的。無情之才，才不真；無才之情，情不深。俺細看你的姿容體態，就像個一往情深的。原來婉附綿纏，是你僻好。打做一家，一定可以相愛到老的了。罷罷罷，要你拜俺做娘，又還生你不出。依俺主意，權且姊妹相叫。（旦又背介）打做一家，四個字又好又不好。也罷也罷，和這樣有情知己、天上佳人同衾共枕，陪正作偏，雖然還屈了俺，誠恐現杯不吃，後悔難追，竟不得不情願了。（轉向福介）只是女兒怎敢。（雜鋪筵送酒介）（小旦）且坐了説。（旦）無有此理！（小旦正坐，拉旦横坐介）坐坐不妨。如今俺坐，你不敢坐，恐怕將來你不坐，俺也不敢坐哩！

【南江兒水】細看多才面，低吟有欲詩。堪摟可抱生來媚，爲妻做妾都堪戲。同衾到老方酣睡。（旦）貴賤才容一致，也令我愛煞天嬌，拚拉住大舒情智。

（小旦）喜心所感，易於成醉。俺和你面上不覺都有八分哩！誰耐煩夜坐？話多得緊，抵足而談便了。叫俺侍姆嫗監也到這奶娘床上去睡。（旦）女兒床前打鋪。（小旦）俺怎麽捨得？你也老實些罷。（同入帳登鋪）（並頭横坐）（帳不須下，衾加半身介）（旦）似這們的，女兒豈不喜歡。只是過於無狀，要求娘娘恕罪呀！（小旦）睡得合我的意，説定恕你。

【北雁兒落】這便是賽羊酥平曼肌。（旦）怎一般飽雙毬君垂地。（小旦）這是那日光中顯渥丹。（旦）怎一樣淡春山蝴蝶翅。（小旦）愛更愛熊肪雪阜兩堆脂。（旦）好教俺恨女子難相孌。（小旦）嗚嘬你這弓長齒瞑魚兒脊。（旦）不及你這捲瓣瓊枝醒酒飴。（合）驚疑，首至末全没曾絲毫異。真奇，合今生綁成一隻飛。

（小旦）天下人相貌仿佛的也有，怎麽渾身上下都有一般無二的。不瞞你説，俺這番出來，雖則名山勝刹到處朝香，其實爲俺弟王完姻要緊。也走過多少所在，並無第二個才貌雙全比得你上的。明早差人馳驛啓奏俺家千歲。你這子時初刻已是國母皇妃了。（旦）原來如此。教人意想不到！既恁地時，却是有話要禀，娘娘不可造次。（小旦）俺容你説。（旦）女兒也不敢瞞。其實三年前是個男子，不知怎麽，一病昏沈，竟就變了個女體。萬一你家千歲疑爲妖怪，不但賤妾萬死，連殿下也有處分了。

（小旦）真個如此麼？　這也詫異極了！　咳，倒難得如今這事一毫無碍，省得俺重受辛苦哩！　俺家千歲他是個博古通今的人，豈不知道古來也有。　况且好色非常，憐才入骨，今既兩件俱全，還顧得你做過男子麽？

【南僥僥令】往日行曾牡，而今體已雌。　太陽照隙無迴避，一聽他運神机，恣侮欺。

（旦）他若不疑妖怪，俺到起親附愛之時，倒更不好意思。（小旦）若恁地説，俺和你此刻同眠，先就腼腆了。（旦）也不過如此閒説。

【北收江南】雖則是前面的領教呵，渾如韓董受凌夷。　第一件可醜的事，是生教滋潤變淋漓。　你試想來初終受樂怎裝癡。　他見我竟用起女人的常規來，也要笑死。　笑休時不依，笑非時唤騎。　他敢倒不耐煩起來，似主家駙馬厭人嬉。（内作雞鳴介）

（小旦）天待明了，休還胡講。　且同鼾睡片時，纔好起來寫本。

【南園林好】玉交枝權時屬體，情相入縈如素絲。　從此有三旬共宿，睡熟了再還伊，睡化了再還伊。（微作鼾聲介）（同起出帳介）

（旦）妮子想來到底原是男身，近於變異。　不好遽然唐突要作王妃。　竟要女兒自己附一奏章，只説臣妾鄭仁基女，曾經許字，不願嫁與凡民。　請作充華以待中宫正位，或者因其位下衆肯相容，直待見面之後愛有所鍾，也像娘娘一様，不怕你不拿俺那們好哩！（小旦）極是極是！　俺却説你不但有貌，而且有才。　不但有情，而且有智。　若是本來女子，决無如此萬全便了。（老旦、丑、净同上）殿下和姑娘昨晚噴噥了半夜，所喜事已停當。再加大家歡聚兩月，奴婢們在房隔壁一一都聽見哩！（小旦）你們三個，也説些兒不曾？（老旦）奴婢三個，事事照娘娘行。多一個人，更加高興。這位奶娘倒比俺那對食宫人還愛風月哩！

【北沽美酒】（合）手摩挲，各皺眉，體牽磨，欲噬臍。三四粉堆雙笋芝，竟不但出金蓮比玉蕤。也都知蹴窩窩，把神情虚費。捲刮盡碗旁邊瓊漿滋味。吞吸盡下風頭温香氣息。結空緣早斯夕斯，有誰查你知俺知。呀，各自想，算從古來的癡婆第幾。

【清江引】（旦）今朝嘗怕風流味，已是鴛鴦會。男兒固有情，婦女寧無技。又何必急避香囊親麈尾。

詩

只怕才虚貌不真，豈無尋訪上門人。
諸君不復能齊列，飛上九霄天下春。

第十齣　相聘

（副净扮丞相蟒衣，二從官領衆上）村莊聘婦競釵鈿，金鐲珠冠值甚錢。請看至尊行六禮，衣裙鞋褲滚盤聯。下官非别，欽奉蜀王令旨充押禮行聘使，當朝元老是也。主公新差王姊訪著一個變相女人，説他才色俱全，要請他去做個正宮王后。因爲慎重其事，特著首輔前來。崎嶇跋涉，已到武都。該司可叫左右擺齊儀杖，就此鼓吹前行便了。（衆應介）是。

【二犯江兒水】（合）街衢輝耀，明晃晃，街衢輝耀。要知道王宮多異寶，小可的是珠衣十襲，珠履千雙，緞多箱，金幾窖。還有那鮫人手織綃。豈但這猩紅海罽袍褲面圖嬌，意似春宵。有佳名百男千媳襖，門高閥高。怎比這姿高命高，財饒禮饒。方信道情饒意饒，比董卓聘甫氏的儀文不止千倍了。（作進門介）

【上林春】（小旦領侍姆上）鑾儀只在此時到，挪蓮步前聽音耗。果然草市山村，忽見笳吹喧鬧。

（副凈上，跪見介）主公有旨，著呈殿下覽奏。人能變化，方爲天賜奇緣，便當聘作中宮，請作充華不准。故差上柱國某充部署六禮，兼奉迎使，押禮前來，理宜即日上道。其舊禮有公主統率皇親暨諸內外命婦親至妃家迎從之制，只因道遠途艱，即以現在彼處長公主一人代衆。（小旦）既然令旨如此，國相陳列禮物之後，便可安排鑾駕。待俺入稟嫂妃，立刻梳粧上輦。（副凈）小官知道。

【望吾鄉】（内垂簾，副凈等向簾内行叩首禮介）（小旦）宰執儀曹，同來駕鵲橋。簾前泥首，彤曦照。待伴佳人上彩軺，夾路笙歌導。舟車備，水陸交，不日皇都到。（下）

（副凈）該司吩咐吏役，外邊一面升砲起馬，裏邊一面奏樂催請。待俺等衆人飲膳完畢之時，一切人夫馬匹，便可陸續發盡，單候娘娘升輦也。（從官應介）（内放大紙砲介）（場外吹打介）（小旦上）嫂妃懿旨，吩咐國相。目下緬寇猖獗，前鋒將近武都。誠恐州縣庸才機謀未善，國相身爲樞宰，適當此境，决無委去不顧之理。著暫免導從，在此抵敵。恪遵留下錦囊，臨事决無貽誤。比該司等扈駕到京，國相亦當馳驛奏凱也。（副净跪叩頭介）蒙娘娘俯垂教訓，仰見才智過人。非但尊重朝廷，有益小官名節。情願送出縣界，再交該司代辦。（小旦）吩咐捲簾。（旦出登車）（衆行介）

【二犯江兒水】（副净、衆官合）群嬈擁少，粉峨峨，群姬捧脚，珠圍而翠繞。却遠勝梯山弋翠，航海求珠，走遐荒徵異寶。男質態閨妖，風姿別是嬌。誰説道奇福難消，奇貴難叨。這繁華困人應不少。人牢物牢，從此後，人牢物牢。心豪意豪，不枉了心豪意豪。倒有些像那回鶻的佳人，入唐娶嫂。

詩　女子呈身較不難，閹人闍體爲求官。
　　笑他空有三千鏡，不肯教人自獻看。

第十一齣　破寇

【北仙吕點絳唇】（副净裹甲戰袍上）暫滯溪濱，開囊殲寇須風迅。隨便經綸，用不著英雄恨。

下官奉妃主之命，權留武都禦敵。前夜硬探回來，賊人離此僅五百里山路，四日可到。只得欽此欽遵，將國母娘娘留下的錦囊燈下開看。他説蠻人所恃筋骨異於中土，履險如行平地。今若誘至寬場，千戰千勝。蠻人所長步兵，善於跳刀，貪得不甚畏死。必須蹂以車騎，使無孑遺。蠻人最貪色欲，可將健軍餙爲美婦。步步詐敗，遥遥引之，蠻人不肯捨棄，可使游卒奪其俘獲。彼護所愛，鈍滯難前。果然句句都有道理，下官何消徒自費心。况且依他行去，便僨了事，他官人也不怪。州縣奉檄來會，已曾調集官兵，只叫他們如此如此便了。

【混江龍】（雜扮二將，濃塗脂粉，領卒上）操戈演陣，近日不同那往歲的閒身。跑來些瘟蠻猓猪，撞進些勇暴猖神。戰鼓轟轟驚棧壁，槍雷剥剥震乾坤。丞相爺叩頭。（副净）叫你們裝的女將可合式麽？（雜）有去得的在。（副净）他那雌兵最寵，女將尤尊。俺便把金剛抹粉引誘前奔，叫你們挑的游兵曾准備麽？（雜）都打點了。（副净）趁他們心疼俘獲包藏定，攫得他將前恐失，將退難存。（雜）請問丞相爺，小將們如今往何處伺敵，到何處縱馬？（副净）去此六十里迎著，只可略戰便走。等他看得輕易，又要來搶女將，自然墮我計中了。預先埋伏戰車千輛在城西三十里寬空地方，藏在山後。只待女兵引到，便就團團圍定，再看俺山巔旗鼓左麾便鬆，右麾便緊。若三麾至地，死生以之。（雜應介）得令。（暫下）

【油葫蘆】（净引衆上，且唱且行介）滿帳盈營由目瞬，只匡床非幻蜃。憑吾嫪戀任眉顰，筋骸一似全牛運。精神不像雛雞混。須信這看盡烏雲，掀盡綉裙，是前生修種該當分，不但靠諸臣。（雜扮游卒横衝上，奪一脂粉男將下）（净）此處離城不遠，怎麽官兵不來厮殺。這山塢裏蛇似一徑，反横衝出些人來奪了俺一個乖乖去。莫非土人一向做那翦徑强盗，知道俺大軍前進，没工夫到僻塢裏去趕他，故敢如此放肆。大小將官，快將寡人收用過的男女緊緊防護。萬一路有踈虞，連這些女將也被劫去個把，還了得麽。他們也該知道搶去了一個，就是割了俺一片心肝哩。

【天下樂】須知俺個個心肝似的疼他們，願苦辛。都知吾爲費精神。要暫躲又難辭，要暫別也難分。全要把衆乖乖牢護緊。

（雜扮女將上戰，即佯敗下）（浄）好好好，又有兩個絶妙的心肝寶貝來了。大小三軍，快些緊追向前。我們的女將一個不要叫他劫去，他們的女將個個都要被俺捉來。

【那叱令】他待劫去，俺保護要勤。他待來呵，俺擒追要准。他要和呵，俺佯聾不聞。捉將來剥個光，把全軀認個真。只爲要把俺轉車輪的伎倆來伸。（追到寬場介）（雜裝戰車上）

（浄）哎喲，爲什麽他那邊許多女將都不見了，倒有這許多大車在此？（車四圍介）（浄）不好了，俺中了奸計也。這些拉車子的牲口脚上拴了鐵甲，四面衝踏將來，俺這步兵如何立脚得住。況且還有那些女將少將護著整齊男婦，都被隔斷在後，俺白費了一場心。左挑右選如今不能相顧。他們倘遭戕害，九泉之下豈不埋怨寡人？就有個把生全的想俺恩情，也要病死，不能活著了。大小三軍，替寡人出一把力，拚命衝出條路。就是你們，也有你們捨不得的人兒哩！（衆應介）今日死休！

【鵲踏枝】（副浄上登高麾旗介）第一指把堅車圍定，第二指把驂雁驅奔，第三指把砲石齊施，亂箭穿鱗。趕入湖使渾身浸潤，積成堆使火把燒焚。（大戰介）

【寄生草】（浄）殺得俺腿顫東西倒，頭迷左右蹲。唧刮答輪轉魂靈震。悶昏昏衝搗陰陽混，氣吁吁妄想且隱遁。險些兒入汪中，竟把大王沈，還虧俺猛抬頭忙把旗門認。

（副净）妙呀妙呀，你看幾萬賊兵一大半偪入水中了。

【么篇】計把雄兵困，心將毛賊吞。你看那衆樓羅湮没無投奔，老騷精力憊筋疲甚。紫戎袍，淖污淋漓盡。請將軍死在蓼兒洼，免吾朝費力磨雙刃。

（雜）遵丞相爺成算，如今連緬王都在水裏，一個也不存哩！（副净）這一場大功立得著也！

【賺煞】妙計實超倫，老朽沾酬潤。怎敢忘却了椒房大恩？這賊呵，死有餘辜誰見憫，便宜你淖泥中浸得昏昏。（衆合）未見流血，命已無根。生平樂足君何恨。艷雨豪雲，誠過本分，休還説大英雄成敗總休論。

（女將復上）回覆相爺，賊人許多女將、無數少男都被俺們喝降了。也有十分之四是他緬國的人。還是聽還鄉里，還是俵賞軍士，候丞相爺斟酌，待軍正司處分。（副净）這些人大概家已殘破，無處可歸了。如今也不放還，也不俵散，一概帶回京師，歸殿前統轄。主公秘密坐静也都可以參用，就是本督師所愛的，也並不敢擅留。或者有得餕餘，悉聽朝廷之意便了。

詩

賊未傷人不必誅，只教魂魄水中居。

戲場收拾圖乾净，全要詼諧最忌迂。

第十二齣　受册

〔長相思〕（浄乳母上）畏君威，愛君威，今日居高又不危，知宫被首推。　富忘歸，貴忘歸，富貴如儂四海稀，教人魂夢疑。　老身跟隨小姐來到宫中，千歲爺一見姿容，十分得意。　説道你就不曾變女，俺也要封你個外妃。　到的那一刻，就成其好事，定了終身。　倒也照依民間一樣，要俺呈上眠鞋襯以拭帨。日午合歡，夜起飲宴，也和俺武都百姓家風俗相似。　只有一兩件不同：　第一夜，親親族族的太太奶奶，也不敢逐一逐二罰新郎跪著接酒，逞説風騷；　第二夜，親親族族的官人相公，也不敢脱男家遮娘、女家伴娘的鳳鞋代杯逼飲。　如今下旨，又叫俺與奉聖夫人陸大姬同居共宿，真是吃不盡，穿不盡，多所見，多所聞。　那一個官員的老婆不來鑽刺，那一個使唤的宫女不來奉承。　真正是，人生在世，前和後不能預定，禍與福注在命中哩。

【賽觀音】（旦上）俺雖然變了女體呵，原只是舊時身、當年色，被嫁孔拖翻孽骸。　女兒事，如親蜂蠆。　初次相逢，全把這命兒挨。

（浄）聞得當朝元老昨已凱旋，千歲爺曉得全是小姐計策。　收回無數人口，不叫那緬王擄去受用，越發喜出望外，決意今朝册拜了。　恭喜賀喜。

【前腔】（旦）小童尊王居，大人滿暢，心花更開。　見縟禮，你休驚駭。　高顯榮華，難得的是伴兒乖。

（外、末、生、小生蟒服上）今日正宫國母受册。俺蜀國的舊例，妃主册拜之日，必要四相肩輿，因此徑進内門，伏侍娘娘上殿。（雜扮宫女導引）（旦入轎行介）（副净扮司禮監贊唱介）請娘娘升寶座。（外、末等下）（旦坐介）（副净）西鐘擊起，東鐘應之。（場上照式鳴鐘介）（副净）奏樂。（場上鼓吹介）（副净）請娘娘降座受册。（旦立介）（副净）册寶進。（生、小生分捧上）（副净）進寶讀册。（小生置印於案）（生讀册介）咨爾鄭氏，體質本與孤同。改變自天，妙合允宜上匹。况乃略加約束，蓮步已工，堪任捧持。温馨可近，賢能多子，當符晋代之言。美白而長大，似衛家之種。是以悉遵典禮，用册爾爲正妃。從此澤被六宫，紅榴競薦。風流千載，白首同眠。欽哉，謝恩。（副净）謝恩。（旦拜興介）（副净）請娘娘復升寶座。（旦坐介）（副净）堂上樂作，堂下樂止。（場上笙簫介）

【人月圓】（衆官合）頭一座合把奇人待，大内平章非他宰。牡才牝樣方堪采。任憑他皋與契終爲奴婢。每端然在，不比那有筋頭的董賢，終久難諧。（齊下）（外、生、小生、小旦女扮同上）

（副净）王姨、王嫂率領外命婦朝拜。（外爲首，三人立其後，同拜介）（副净）受拜扇開，拜畢扇合。（雜執扇者如言開合介）（副净）王姑、王姊率領内命婦朝拜。（换小旦爲首，三人立其後，同拜介）（副净）受拜扇開，禮畢扇合。（扇又開合介）（副净）娘娘懿旨，照例賜撰册狀元之妻金五百兩。（雜應介）（副净）娘娘照例分賜王姨等金錠。（外等復叩頭介）千歲千千歲！

【前腔】（外、生等合）當日董倘束金蓮，對真住宫中，便把那生太子的陽施代。到後來倒也做得個垂簾聽政親親太。單則爲古没例的而今難附會。須瞞昧，争如你正大光明的，竟來受個龍胎。

我們生小就有勝人處，倒還有天壤王郎之恨。不如你大來鑿個窟隆，承的笋頭反好。（旦）姑娘們先王遺體，玉葉金枝，俺蜀家老婆，如何比得？（副净）請娘娘降座回宫，各位陪輦候宴。

【尾聲】（旦）怨腸寬，愁眉解，惡緣斷去好姻來。（衆合）還只怕有復變轉的時光惹外猜。

詩

我看世上没常儀，女扮男裝本逐時。

天欲爲伊傳阿堵，恐人盡説俺男兒。

第十三齣　懲仇

（小丑扮刑官，人從隨上）前世我曾修，青年衣錦遊。灾星不能害，反得做牢頭。自家非别，新任正宫娘娘特放的提刑千户可助威便是。只因爺娘當日不合生得俺標致伶俐，被那緬王賊頭叫幾個金剛似的婆娘就家擄掠了去。這賊頭不是用嘴，就是用丫，把俺那潔净精微吸個髓枯血竭。捉俺的那妖婦，天要拜什麽老師，也照賊頭一樣。還要添上前邊一個大洞。不上幾日，盤得俺膝軟腰疼，一生九死。天大的造化，丞相爺奏凱回京，帶了俺們同走。（坐憑案介）豈知新任的正宫本來是個男子，未曾到任之時，曾受了一個土豪的氣。前月差了一個專會呵臀捧屁的女侍中，到他武都去，替那太上鄭公建祠修墓。還説是有限無由展敬，把武都一府永遠免了丁糧，叫百姓們輪流管他的祭祀。官祭之後，民都要祭。如今又把小子挑放了一個大大的提刑，抗著奉勑馳驛欽差報冤的金字紅牌，一路好不威赫。據堂翁轉傳懿旨，不必了他性命，只要叫他羞辱。即就娘娘住宅，權做衙門。本提刑半夜趕到，就把强知文一家男婦拿在監中了。今日施行完畢，纔好走馬復命。皂役提他出來者。（雜應下）

【懶畫眉】（小丑）三般鯨吸髓還充，奉勑提刑僻郡東。土豪村霸命該窮。夫男婦女鋃鐺重，腦袋難留莫怨儂。

（丑、雜扮男婦如舊，華衣帶索上，伏地介）（小丑）强知文，你的威風那裏去了？（丑）老爺還説什麽威風，自從娘娘正位之後，小人原就胆戰心驚。又説大人未必還記小人之過了，就是有罪也只小的一個。不料在夜裏拿人，只消打開門來一片鐵索聲響，合家男婦就個個嚇得魂不附體，莫知來歷。可憐都從被窩裏拉出來就上鐵鏁，女人們的睡鞋都被衙役脱去藏了。如今只求爺爺原情定罪，末減得一分兒，也是爺爺的天恩。情愿把田房變賣，一概送與殿前司，聽憑爺爺分俵。（小丑拍棋介）哇！你一家兒都是立决的罪，故此也不打你也不夾你。午時三刻，就是你們升天的時候了，還全不知道麽？（丑、雜大哭介）爺爺萬代公侯，筆下超生呀！（小丑）也罷！你既然願把家私都送與俺，這些女眷又嚎叫得慘傷，待本提刑拚性命造一點福。只替娘娘出氣，不把你們殺頭罷了。左右，把這些女人帶出去剥得上下無絲，連脚帶也不許留。放些春欖聽他坐著，將繩子當肩膀繫住，都吊在衙門前柳樹上。一切人等來調戲者有賞。就把强知文家裏的古玩器皿給他。聽他用文用武，都不許禁，也不許争。（丑）青天爺爺，似這等時，又不如殺了。（小丑）還是殺罷，就綁起來。（衆應綁介）（丑）殺也怪怕，且聽爺爺便了。

【前腔】（衆婦哭合）笄荑生怕嘴唇風，洞户尤愁口舌攻。後園也怕脚尖凶，男横女未由他用，罪累君須念阿儂。

（小丑）左也不肯，右也不依，俺這官倒不如讓你們做罷了。左右快帶出去。（雜應帶下）（小丑）抬個猪食槽過來。（雜應抬介）（小丑）女的處分過了，男的剥去衣襪，把猪皮驢皮與他披上，將他親眷送來的監飯倒在裏邊，餓極時候乂他與猪同食。（丑）這個還是俺老婆們便宜。

【前腔】（衆男哭合）光身披著臭猪騣，餓極腸鳴胃府空。食槽封豕共飱饔，當時意氣真豪縱。今日冤家算放鬆。

（小丑）這個處法，還不足以盡其辜。皂隸，可將前日吩咐木頭做成的龜殼牽將過來，叫他戴個光尖黑帽鑽將進去。龜背上壓一塊大大石頭，用繩拉著遍遊村市。（雜應，將大紙匣布包代石，壓龜背介）（丑從殼中説介）小人從前無惡不作，却没有做過此道。倒是老爺總成把他們的脚吊在樹上，今日纔得實受。

【前腔】（小丑）此生等是一場空，報怨何須實逞凶。原該遊戲當神通，烏龜殼裏將他送。何必全膏我劍鋒。

吩咐掩門，退堂用膳。（雜掩門，吆喝下）（復扮看審人，吊場）今日這本戲看得發笑。强知文那奴才，平日也忒受用了。層層細軟，頓頓珍饈，專一幸灾樂禍。不消等到來世，就披猪皮吃猪食了。俺們吃青菜豆腐的，就到閻王跟前，也可以不消憂慮。（雜）他平日動不動將勢壓人，以計害物。今朝這塊大石頭，倒也殼他一背。（雜）我前年也被他臭罵一頓，不是走得快，幾乎被他那家人打了嘴巴。今日是我把那些婆娘惡心細膩的玩弄了一會，渾身的毛孔都吃俺數清了。大家齊東道，吃夜消去罷！

詩

戲場戲耳煞時過，一視寃親莫太苛。

何况詞人無怨毒，只該將就薩摩訶。

第十四齣　花宴

【夜行船】（生黄袍導從上）佳人穴隙來天際，非畫餅竟可充飢。各國傳聞，大臣奉使，要睹殊尤光氣。

孤家自得鄭氏，婉孌勝於董公。由他本具奇才，萬幾竟能專美。孤家只消打叠精神，頻相賞味。一切本章奏議，都不用自己費心了。男人作相，還怕弄權。妻室代天，豈懷貳意？這也就樂不可言哩！近日各國聞知，都差能臣聘問。怎麽款待來使，且與妃子商量。

【好事近】（旦上）寢殿賦于歸，不枉絳雲佳會。閨人福分，男兒若個堪比？只看他捧盈執玉，有頭面只向觀音禮。受人抬，勝似抬人，是誰言吃虧到底。

（生）各國進貢之意，雖説是天賜奇人，特來稱賀。其實要來看看你的容顏體段，還是原像男人，還是竟像女人。俺想你這樣品貌，别家的國母未必有第二個。不如竟和孤家並坐龍床，聽他們上來瞻仰禮拜便了。（旦）這也使得。

【前腔】休提體竅已蒙羞，説甚容顏。慚愧金蓮難隱，拚教諸臣量擬。儼然碩大，堂堂聽看伊佳配。若他邦果鮮其儔，可知君良緣非易。

（生）聞得各國行人，都是風流之輩。因其自請，特遣前來。孤家意思，要叫那上廳行首進來，供應在丹墀内，共奏雲韶。賜他花宴沾醉之後，各與插花。你我同臨前殿，他們席設門庭。昭儀侍中人等，聽他們在屏後。連俺姐姐和你乳母，也請來坐在旁邊看。這勝會載上國史，豈非俺蜀都稀罕之事麽？（旦）亦無不可。（左上右下並坐介）（末扮太監隨上）（衆官同上）（外）臣楚國子重。（副净）臣楚國景陽。（丑）臣齊國孟卯。（小生）臣衛國端木叔。（小旦）臣鄭國公孫朝。一同朝見。（舞蹈介）千歲，千歲，千千歲！（生）敝邑蘋蘩得主，勞各大夫遠臨。菲宴爲歡，屈即就位。（衆）大王千歲，國母千歲！（分左右當簷口朝上坐介）（老旦領班外雜人女扮上）教坊叩頭。（照常鋪十番棹，上加紅氈，列樂器）（分左右坐）（擊鼓人朝上坐介）

【千秋歲】（小旦扮公主，净扮乳母同上，坐生旦兩旁介）（合）感神祇二聖參天地，人才貌變更靈奇。俊傑來賓，俊傑來賓，寶座上開出瓊花並蒂。陪眠的叨恩惠，訪求的酬功績，不怕神仙忌。人間異事，闕右留碑。（老旦掌鼓，雜打十番）（小旦等上斟衆官酒介）

【前腔】（衆官合）覷神躬隔遠如天際，雖聞見一半希夷。恨不能梯上雲端，梯上雲端，伸隻手牽

住仙家衣袂。願軀殼如斯蜕，向人世嘗雌味，兩盡交歡理。再蹬翻苦海，永斷癡迷。（復打十番斟酒介）

【越恁好】（生、旦合）良緣雖締，良緣雖締，不忘却做男時。願從今以後，金石似，不相移。綉裙長領金蓮隊，是誰説男子占便宜。爲雄勞乏雌安睡，爲雄勞乏雌安睡。

（生）各國大夫，替俺蜀家助喜，也都當杯不辭。姐姐、乳娘，該再陪俺夫妻酌一大斗。（小旦）請。

【前腔】（小旦、净合）眼看歡會，眼看歡會，却是没艱危。但羨你前生結定，叨天惠，狎君威。只無奈聲鄰鄭衛情如沸，教我欲踦跜，誰還慚愧。鞋兒謎，誰還耽閣鴛鴦被。

（衆官先起，撤席介）（生）聞得子重先生兼人之室。列位都是風流豪邁之士，其賜戴花歸館。明日各回貴國，傳爲美談。（老旦等各爲插花介）（衆拜介）千歲，千歲，千千歲！（場上鼓吹介）

【紅綉鞋】（衆官合）人間無二，夫妻夫妻。輪身反得，便宜便宜。主快樂，客歡嬉。歸本國，詫娘兒。想來都是神仙賜，想來都是神仙賜。（同下）

（生）姐姐已有醉態，也不必回府去。竟就同到宫中，翦燭夜話便了。（小旦）使得。

【前腔】（小旦、净合）燈窗幾載，相依相依。洞房今喜，同歸同歸。紅看倚，翠看偎。珠作窖，錦成堆。豪華須把君王婿，豪華須把君王婿。

【尾聲】（場上衆合）魏時穢嫚歡娛戲，當不得鄙褻隋家笑樂嬉。似這等的積習，還好似書講封神坡説鬼。

詩

教頭先出拜君王，花蕊宫詞麗句香。

不是鑿空成此曲，無過换柱更移梁。

天降福

天降福目録

第一齣 福概

【西江月】（末上）頗有人稱駙馬，從來戒娶孤孀。乾爲天子丈人行，端的古今無兩。遍采書中樂事，欲尋極頂歡場。不妨正旦減貞芳，只要尊榮安享。（問答照常）

【鳳凰臺上憶吹簫】后母孀居，誠求續命。摧弦恰有荀賓，正行游秦晋，遍訪妻身。寺寓横遭薛況來放獵，驅辱生嗔。造化是夙緣，已定户倚佳人。窺見令媒説合，彼還忘分，量嫌是文君。賴曹郎慫慂，繾綈姻親。王家嬪方居正位，竟封侯，俯視朝紳。皇親薛漁船修好，反拜車塵。

做了鰥夫要續弦，荀秀才的禍翻是福。
從來寡婦許招賢，王大娘的心原未足。
白衣封侯能幾個，凑女子的勝養男兒。
翻雲覆雨本常談，呵氣脬的曾争小秃。

第二齣　悼往

【念奴嬌】（生上）太平盛世，只深閨邃閣，操兵談戰，忽似吾家癡奉倩。遺履日看千遍。不喜寒香，生憎硬玉，一旦亡温軟。問父天母地，幾時重遂斯願。

〔鷓鴣天〕明月深更到緑窗，阿誰相對解衣裳。斑貍已閉芙蓉肉，彩鳳空餘履舄香。僮狡猾，婢倡狂，終年難與共匡床。寧教並卧牛衣底，莫遺孤眠枕褥旁。小生荀賓，表字仙客，平陽人也。薄有田園，已無父母。兄偏早逝，嫂故分居。出則巾履紛遺，殊勝潘家之果。入則户庭寂静，深攻景氏之書。居之安然，過人遠矣。豈意美中不足，寒荆忽爾仙游，以致小生癡癡迷迷，如有所失，悠悠忽忽，漸少生机。方纔知道韋蘇州悼亡詩内『暄凉同寡趣，朗晦俱無理』兩句之妙。小生要想續弦，也還不怕没有。無奈先室在時，迥非凡品。孔曼且碩，碩人一首是全身。敏幹能文，文字千篇曾上口。正所謂既觀滄海難爲水，除却巫山不是雲。後來的人只消比他輕一兩，短一分，黑一點，呆蠢一絲毫，就要使小生思想從前，食不下咽了。

【碧玉令】論才數貌堪冠冕，覓鸞膠有人持獻。争奈前人，高出世人邊。心警敏，體祁頎，沈詳嬌孌。

（小旦扮僮上）相公！（生）做什麽？（小旦）今日早膳還没有用。不在書房裏坐，倒來這空屋裏踱來踱去，難道肚皮裏飢也不曉得？這也叫人解説不出。（生）各人肚裏有事，你這小蠢才懂得什麽？（小旦）俺小則小，也有十五歲了。蠢則蠢，你也替我開過竅。不過是爲大娘没了，夜裏没有人陪睡覺，千思萬想，有什麽難猜之處。前日俺跟你在那一家門前過，倒把菓子放在舊鞋汗巾裏，在樓窗前丢下來打你。何不叫個牽馬的接他來住住呢？（生）小蠢才，我雖然收了他的來，你也見我瞧他一瞧不曾？（小旦）再不就尋幾個媒婆來，叫他揀這平陽城裏頂好的姑娘，請兩個庚帖來兑。雖則俺山西地方富家男女十一二歲就嫁娶了，窮人家也還有十三四歲的女兒。那黄花幼女，不比大娘還好麽？這些媒奶奶，那一個不是要掂頭錢、嘗鹹淡的？你只摸著這個竅，管情拚命替你鑽。（生）蠢才！狗屁！大娘在時，日日有媒婆來，我笑也不和他笑一笑。（小旦）再不像前日一樣，你日裏把俺當得老婆，難道夜裏就當不得？竟是俺陪你住兩年罷！（生）哇，狗才！恁没廉耻！我從今後，不許你近身了。（小旦）啐，倒罵俺蠢才，就是恁地也不消著急。

【念奴嬌序】剛差不育，别椿都一樣，在人會得邀憐。妓廣媒多俱怕近，合貪小户堅弦。（生）黄花我也不貪，貪你？（小旦）相纏。徒爲今春把儂生做，其時喜愛兩般全。誰信道而今便厭，嗔字當前。

小狗才竟去了，你以後再不許叫。（下）（丑扮婢上）相公，又和那小狗才在這裏噥噥唧唧做什麽？（生）啐，見你的鬼！（丑）大娘在時，總是俺們三兩個人伏侍。自從大娘去了，連他抬舉的人，也只當死了一樣。成日在書房裏，只叫小厮做伴。（生）叫你們伏侍我，是你大娘賢惠。如今没他叫了，我有力氣來叫你們不成？（丑）那時候，叫俺們伏侍是大娘，拚命使力氣原是你。莫不大娘有力氣貼你不成？如今就連叫人的力氣都没有了？（生）你們都孌長孌大的了，不比當初。立在旁邊，怪怕人的，故此叫那小厮。（丑）我們長大些，替你擦浴洗脚，也乾净許多。他十來歲，曉得怎麽是疼你。况且他有的，俺們也有，俺們有的，他没有得。

【前腔】差遠，便和衣不脱，比指頭恁地，也還雙起雙眠。何况紅娘説過，惟瞧見瘦底尖鞋，莫不偷看稱羡。（生）非是我前後異同，只因見了你們，就要想著大娘。想著大娘，就要氣惱。故此立定主意，將來把你們送往大房去了。（丑）見了俺想大娘，把俺權當一當大娘，就是不忘大娘了。嗟怨。株守深閨，却便似銀河阻隔。你看俺暑天偏卧你床邊，怕不算金鞍駿馬，今世良緣。

俺們不到大房去，新大娘來，還要人教導教導哩。（生推介）且到叫過去時再説。（丑下）（生）也罷也罷！這些厭物都去哩！我想娘子的肢體形狀，雖然逐分逐段還都模擬得出，却再不能喂我的眼睛了。他那巧笑美盼，頰上三毫，從前却難得一個女工畫在手卷上，不免尋出来玩味一番，也就如见故人也。（取卷展看介）

【古輪臺】畫神仙，當日正芳年。徐陵同隱風流擅，經師素女，圖盡皇軒。即是而今庭院。雖然寸馬豆人，那通身的肥瘦短長，原存其意。厚粉堆塗，鮮脂襯染，宛然雨露潤藍田。方纔箱裏的鞋也還有他幾雙，這件東西的分寸氣息，却也大同小異。他只是他的人亡物在，不可不留玩味。（取鞋置棹上介）思量忖度，奇擘呼吸，喉嚨吞嚥。不由俺不玉醴瀉如泉，情非淺，怪不得閨房亦復戒沈湎。

（收鞋並卷介）説便是這等説，天下之大，也還該有相似的，且再作道理便了。

【尾聲】誰人可復上肩，且憑我偷閒息喘，做個遍地遨遊的散誕仙。

詩

昔日閨房樂事濃，將來誰可躡芳蹤。
無知僮婢閒相聒，彩鳳青鸞乃共籠。

第三齣　憂孀

【紫蘇丸】（旦籠藕襪、高跟鳳頭朱履上）浮生可恨年趨老，更堪嗟，枉成衰耄。負虚名，有女在宮幃，榮華無益心情鉸。

心面相籌不等閒，空將薄命怨紅顔。從來貴賤天生定，不許山雞把鳳攀。我王大娘爲何道這幾句，只因父母當時生得奴家太好。身幾七尺，不讓男兒出頭。面具五官，未許婦人比色。而且年纔十二，即能幹理家庭。卷有五千，都已隱藏腹笥。就做個王侯姻眷，也不叫僥倖功名了。争奈我生不辰，以致所天極弱，終年近藥，錮疾亡身。守著一個女兒，倏忽過了幾載。今春大採秀女，又被選入宮中。是以奴家目下，更覺無依無倚。（嘆介）咳，我想男子女人没得才貌也就罷哩，既有才貌，就要有個用他的所在。竟是人有三世，來世算不得今世的。何况輪迴之説有些荒唐，混悉出來，只此一世。即使來世有個所在，可以使得才貌，又未必有才貌可使了。休説女兒進宮，不過挨班逐隊。就到做了皇后，也只面上好看，却與我身無干。今日中秋佳節，鄰舍人家有什麽丢百病的例，邀去走了一會，回來憶著心事，好難斟酌也呵！

【桂枝香】深宵欲卯，走歸來鞋弓彎蹻。眠不鼾的醒眼猶睁，伸不直的纖腰無靠。年華不小，年華不小，儘心上遲疑煩擾。有何人堪告，因此上悶難消。也知道枉自愁成病，誰來惜我嬌？（净盛粧弓鞋）（太監提宫燈照上）（敲門介）（旦）丫頭，叫門公問什麽人。（内應）（净進介）老公公，你在前廳去坐罷！（旦）原來一位女賢人，夜静何故到此？（相福介）（净）小女與令愛説得來，所以咱今日從裏面回家，令愛捎個月餅到宅。（旦）勞動了中大人。（自傾壺奉甌介）夜暮没有好茶，好生得罪。（净）多承令愛不棄，酷喜和我閒談。倒也時常念你寂寞。（旦）命當如此，也不必提了。（净）咱到四十幾歲，方纔守節，你還比我小十來年哩！又生得恁地齊整，虧了你，虧了你！

【前腔】（净）身軀嬈眺，團圓方好。花貌楊腰，怎没得那扶與襯的佳人持抱。好似那月餅上畫的嫦娥哩！徒然光皎，徒然光皎，被烏雲罩了。因此上粧華似槁悶多嬌。既缺了后羿提金縷，怎不覓個吴剛整翠翹。

（旦）這樣事，雖然天下頗多，中大人却不知道原有許多難處。（净）倒要請教。（旦）要曉得自頭至足，由表徹裏，有毫釐絲忽比不上自家，便是自尋氣惱了。

【長拍】可耻當爐，可耻當爐，桑榆騶儈，尤覺伊人堪吊。又不如無瑕貞玉，圖他旌奬，守個堅牢。忍欲矢冰操，勝擲珠溷厠，輕依輕靠。除非是貌肖才均同命種，方值得再成交。有知心的月老呵，便該當做嫡母親爺呼叫。竟終身頂戴，盡壽懷包。

（净）世間那些庸惡陋劣的醜百怪，他就熬清受淡也不爲奇，他就屡醮重婚也不足惜。或者丈夫在日，品地甚高，恩情極厚，這也萬無二天之理。却又有許多不合這兩番説話的，不是爲迂所惑，咬住牙斷送一生；就是渴不擇漿，塌倒身遺恨千載。像你大娘，將來既然説不得浪，却又説不得愚，真個是權能合經，不失爲禮以遂欲。伶俐伶俐，妥當妥當。

【短拍】（净）千醜圖呈，千醜圖呈，幽閨豈惜，便私奔也不須嘲。愛厚品原高，這就不終吾事，也不許重謀偕老。除却這兩般呵，惟要鸞膠絶勝，焉用抱牢騷。

（旦）賢人再進宫時，相煩和小女説，窮是不怕了，只俺自他去後寂寞些兒。

【尾聲】雖則把悶腸寬愁眉掃，知有個嬌娃可靠，却無奈那清晝黄昏意不聊。

詩

勸人守節是常規，却厭嗔人咒自時。
寧可直談同酌量，勝於暗做與胡思。

第四齣　遍訪

【浪淘沙】（生上）忘却旅人憂，鄉想温柔，幾番欲返又還留。怕聽一聲歸去也，復病添愁。

小生只因前年忽然失偶，遍問故鄉閨秀不及前妻。只得變賣田廬以充盤費，單身匹馬到處訪求。從俺山西旋走，串河南，直至陝西。但有媒婆，不惜厚贈。在燒香演戲場所，指與我看的，總没一個娉婷是我心中模範。不知不覺，已到長安城外。我想當今建都之所，五方四海都有人來，時樣新粧，能令貌美，或者有些際遇也未可定。只是没有一個適情寓所權且安居，如何可以持久呢？

【小桃紅】傷春幾日又悲秋，全未展的眉還皺也。雖則是半載遊遨，恰像了幾個三秋，好教我難返又難留。明知老婆愁，不是利名憂。没來由徒消瘦也，丢不去，只在心頭。争得個有情區，權與我縱風流。

（丑扮婦人籠藕襪，高跟鳳頭履，騎驢，手握鶯閨上）新近學顛狂，投充踹擦行。篦頭兼弄脚，摇著唤嬌娘。（生）敢問大娘子，這長安城外有什麽又清静又助興的寓所，遠來客人可以住得一年半載的麽？（丑）呀，助興的不清净，清净的不助興。又要清净，又要助興，除非往二十里外，樂游原下曲江盡頭南昌寺裏去問有空房没有。他那裏的和尚專養標致沙彌，教就琴棋書畫，又會吹唱歌彈，好留富貴客人，成年成月嫖宿。人雖號他和尚教坊，他却十分做得藴藉。雖然費幾個錢，却也著實值得。（生）多謝指教。

【下山虎】（丑）咱看你眼胞展皺，淚點纔收。好似爲春消瘦，善病又善愁。你若是不愛身前，又何妨姑談背後。(生〔一〕)大娘子倒會看相，連小生滿肚皮心事都被你猜著幾分了。(丑)實不相瞞，也還見多識廣。一劍如何便浪遊，從人也没有。别家春，你是秋。未曾有那正娶的夫人也，權且把野鴛奔投，那答他們全不羞。

(生)還要請問大娘子，你手裏這東西拿他做什麽？(丑)咱們長安有這個行次名爲女待詔，專替老爺奶奶們篦頭修脚、踹痛揉酸、染髮染鬚、擦泥搶浴。又使得絶好嘴舌，用得絶好脚尖。收賣紅鉛妙藥，描畫夫婦真形。十個裏邊倒有五個做媒，也還有生出來就是不雌不雄的，嫁老公没人圖，娶老婆也無用。就求官府驗實，弓起那雙脚來，也做這行糊口。咱們只是不許他來做媒。咱這摇的東西叫做驚閨，又叫做唤嬌娘。有要用著咱們的，聽見摇響，就出來唤進去。

【蠻牌令】(丑)侍奉易綢繆，内外總難丢，跑進人家去待偏優。(生自指介)須念這癡兒有求。(指丑介)重請你這月老凝眸。(丑指生介)若你這看花輙到處留，少什麽薔薇芳刺袖惹衣兜。

(生)請問待詔奶奶，小生若住在南昌寺裏，可好屈你過來按摩按摩、修養修養麽？(丑)若是尼姑道姑庵裏，咱們也時常去。專一出入閨閫的人，和那和尚道士不得不避嫌疑哩！

【尾聲】偶然萍遇須分手。(生)何日是重逢時候。(丑)待出金蓮把你蹂。

〔一〕生，底本作『丑』，據意改。

詩　夫人急切不能有，豈意沙彌堪結友。
再得頎姣運妙蓮，十年未娶應甘守。

第五齣　遭横

【玉女步瑞雲】〔傳言玉女〕（凈引女粧獵將並兵卒上）惟愛癡頑，實在有何公幹。〔瑞雲濃〕（女將）演武戲，何曾面赧。

（凈）區區不是别人，大漢國第四門親眷，宣皇帝頭一個外孫，右曹侍郎薛，吼，單諱一個况字。靠著我嫡親娘這樣勢力，惟知取樂尋歡。恃著我嫡親娘那般抬舉，不免逞威生事。提健鷹，養惡狗，是吾所長。雇媽子，弄青童，乃其僻好。十日九日到城外去打圍，三天五天往莊房去擺酒。今日閒暇無事，不免又把家中這些婦女粧扮作將軍模樣，出去頑耍一番，有何不可？衆女將已經禀明殿下了，許我出去，大家就上馬罷！（衆應介）（右下）

【神仗兒】（雜扮獵户上坐地，壺中傾出酒介）豺狼未彈，豺狼未彈，狐狸略探。燒上弗嗄，將燒刀喝慣。呼朋招友，深宵没敢管。這種樂勝爲官，這種樂勝爲官。（猜拳介）（内放紙砲擊鼓介）

（雜）遠遠鼓聲砲響，敢又是那薛風子帶著婆娘打圍來了。咱們吃完了酒，山凹裏避他一避去。（下）

【玉女步瑞雲】(小生領旦戎裝上)羅綺翩翩，只是膏粱閒漢。(旦)帶挈俺，權將悶散。

下官曹禧，是先皇后的親姪。家祖曹安，乃先皇帝的丈人。家中那等豪强，世代會尋快樂。京師裏人，誰不曉得。薛大的娘敬武公主又是老萬歲的女兒，所以他算長親。昨日邀我放獵，只得先來等他。他要叫帶什麼女將，我家裏却只得這一個肯裝。

【神仗兒】(獵户上)旌旗燦爛，旌旗燦爛。鷹盧結綰，紅娘白漢。走向前，無須驚憚。遥看他把輪蹄催走趲。瞬息度幾重山，瞬息度幾重山。

原來是曹老爺。薛大老爺還在後頭麽？(叩頭介)(生)起來，問你。兩年没有到這邊山來了，野獸還有些麽？(雜)回老爺，野獸倒也有限。只那一個猿，一個玃，好生可惡。若撞在圍裏，拿住他倒好。(下)(净衆上)曹大哥請了，你倒先來。(小生)薛大先生約的，怎敢不來伺候。(净)好説。你怎麽偏愛著這一位老媽？像我一樣，多帶幾個出來，倒不熱鬧些呀！(小生)家祖身邊的，都不許動。(净)我們打那裏圍起好呢？(小生)久聞這邊山裏，有一個猿一個玃。那猿遇著野地上婦女，便拉了去。有幾十個，一夜都要做遍。再不就拉男子幹後邊。病憔悴了，他仍舊又背了來，丢在空地上還你。那玃專拉男子去做丈夫，也是多多益善。這兩件衆生有些害民，方纔遇著獵户們也説俺該尋他。(净)如此，我們只往山洞裏瞧罷了。左右，且把這儀刀儀槍鬥殺一陣，試試武藝。那兩件物事來，方纔有奈他何。

【降黄龍】(净、衆合)你會强奸，我捉將來，看你怎麽鑽。玃好男歡，我捉將來，看你怎麽寬。這兩件東西，雖然可惡，心事原就和我們一樣。只差他力能從心，我們有心無力。（小生、旦）他蠻，幾人强悍。肚裏餓能多添飯。待捉了他來，籠裏關，追求妙法，永遮羞赧。

（雜上跪介）禀大老爺，南昌寺裏小和尚，一向是穿爺的衣，吃爺的飯。有什麽人騙害他，官司裏替他照應，要把首告人處個半死纔罷。今早小的們去説爺在近處放獵，要來寺裏隨喜。竟有一個山西秀才睡在床上，休説老爺，連小的們也氣。（浄）了不得，了不得！圍也且慢些打。吩咐衆人，快些提刀的提刀，挺槍的挺槍，摇旗的摇旗，吶喊的吶喊，趕到寺裏去撏出那游手光棍來，送他到京兆尹衙門審問，立刻解回原籍。（衆應，繞場跑介）

【黄龍衮】（場上合）休嗟行路難，休嗟行路難，攪得鴛鴦散。似你這睡不問根由，猷嫖到處成囚犯。跑馬提槍，前奔休懶，索他來呈上府，朝家趕。

（作到寺外介）（雜索生上）（浄）你是何處遊棍，孤身獨自隱藏在此？如今現奉功令嚴查匪類，你難道竟不知道？（生）初到長安，不知地方規矩。還求貴人饒恕。（浄）哇，放肆！（小生）薛大哥，如今好歹聽我説個情罷！據我看來，這個人相貌體態，倒都十分可愛。可憐見拋家遠遊。小和尚真個是你我什麽人哩？聽他去鬼混鬼混罷！在這標致秀才面上，做些好事勝似齋僧佈施。（浄笑介）呵呵，你敢看上了他，想他將來納贖。也罷，你説的話無有不依。（生打躬介）多謝貴人！（浄）小和尚床上去罷！（生下）

【尾聲】（浄）無非閒暇尋蕭散。便不行圍，市人尚贊。要趕的何妨權不趕。

詩　豪華王子趁圍場，醋耳持刀入寶坊。
那識天緣憑撮合，曹郎愛殺婉清揚。

第六齣　門窺

【清平樂】（旦上）春來意緒，更在無聊處。一種閒愁天付與，只恨生來情具。

〔阮郎歸〕蛾眉老大反添愁，凝粧獨倚樓。同牢人弱不齊頭，渾如有意丟。絲欲斷，緒還抽。看身未忍休，淚珠滚滚幾時收，此身深可仇。奴家因女兒進宮，京兆府給一内城邸舍，時常往彼居住，骨肉得通音信。真乃浩蕩君恩，可以超前軼後。但舊居原在五陵，不得不來照看，若論孤幃吊影，倒也未足爲奇。只是既生這等才貌，又叫他如此而已，覺得造化小兒甚是可笑。難得一個女待詔，時常過來走走。處處揣摩得到，件件伏侍得好。自家頭脚不用動勞，通體筋骸頗爲活樂。也是苦海衆生消遣一法。日内正當春令，牙疼難忍，不免叫他出房，同往門前看看街市熱鬧，散一散悶則個。（丑上）大娘，你這牙疼，究竟要用俺那牙散纔好。包你和雞眼膏藥一般靈驗哩！（旦）你那牙散，不説出來歷，倒也罷了。説了，叫我怪嫌齷齪。（丑）脚汗是腎液所化，得清陽而降下，所以咱們專收那汗多女人用下的礬灰。因此屢試屢驗，一年賣幾個錢。那些汗少些的，咱們不要。前頭街上，有個老娘，醫家教他就飲女便，活到九十九歲。（笑介）世間的事越齷齪越好的多著哩！怎麼倒在這點點上迂執起來？

【綉帶兒】人世事誰嫌褻淤，醫經明載寧誣。憑著我捻扐搓蹂，你牙疼也不歡娛。(旦)也罷，依你。使上些罷。踟躕欲避腌臢，醫不許。但相問，收來何處。佳人的何妨染濡，似伊那助情鉛果醫情具。

如今且隨我去門前站站如何？(行介)

【前腔換頭】(旦)通衢人來往，睛光輳聚，緣何没個瓊琚。終不然舉世皆盲，獨留我眼内雙珠。(丑)身軀面容，端的天付與。除非是不期而遇。再把那無心菓掂來擲車，也待那人兒將些愁去。

(生左上右下)僧房門掩慣，偶作五陵遊。日暮鞭驢返，重將兩事謀。(旦遽掩門介)愛官，你方纔看見一個人没有？(丑)可是個秀才？(旦)然也！(丑)大娘問咱做麼？(旦)據你心裏説，這個人生得如何？(丑)中等人物。(旦)看你不出，眼界就恁地高。(丑)若給了咱，原也彀了。曉得大娘不像咱們將就，故此説也便平常。(旦)好巧話兒！分明是你一萬分看中的了，恰像怕别人也識貨，不得到手似的。(丑)大娘恁説，是五官四肢也都去得的了。只是你時常説什麽才貌雙全，這個人却不像個有才的。(旦)那才雖在肚裏，眉眼體態之間，却也十看九準。(丑)既然如此，這個人我倒在路上遇見了一次。他的寓處是咱教他去尋的。(旦)若恁地時，就該常常到那裏去做生意。(丑)他那所在，咱斷斷也不去。(旦)我曉得了。你分明要獨自收藏，怕我和你同行中説的。我再問你，那人和我可有一點相像。(丑笑介)呵呵，竟有九分，連長短都不差。(旦)這等你打落他，就是打落我了。

【醉太師】〖醉太平〗愁吾把情腸頓阻，要獨藏珍異，同行中不肯丟付。真心不吐，我猜來絕不糊塗。胡盧。〖太師引〗（丑）心絲抽盡，無寸補。儂何必與彼怡愉，人如塑。牽連絕無，任寶玉明珠，絕不相顧。

（旦）你在這裏往來也久了，我從今日起，把從來不曾說過的話，和你說句把罷。你却千萬守口如瓶，莫傳六耳。（丑）久蒙恩養，但說無妨。（旦）你替我到他寓所去，問他有娘子没有。（丑）大娘意思，咱如今理會得了。問過之後，咱就有許多隨机應變的話與他說，並不消大娘另行囑付。只差他住在和尚寺裏，咱這行次一有去的，人家永遠不許進門，所以公禁甚嚴。實實不能從命，却怎麽好？（旦）你但推辭，咱就疑你。若你有造化時，俺把小姐給我的二十個元寶盡數送你。人家便不用你，你也自己過得了。（丑）肯得如此，咱明日就去。（旦）還有些話，且等睡了和你說。這會無事消遣，你且再替我做一個全套。著後來家裏就添了人，也只認你做專門主顧了。（丑）且等我放下簾來。

【前腔】（旦）憑渠舌尖味取，看雲鬆綃褪，玉笋抛出。離襟籜袴，博人將手口，誇諛非徒。尤須伊把行纏去，全要用你的金蓮，有竅處，施逞工夫。除蓮瓣，搓蹂體膚。還要把伊那坐髀來替人擦泥除污。

詩　王郎有恨羨中郎，新婦參軍是實腸。
　　風虎雲龍原定理，怎將求鳳禁鸞凰。

第七齣　辭妁

【青玉案】(丑上)萍遊忽有姻緣送，窮措大真堪用。倘有妻房空做夢。伏低爲小，知他難做，媒禮徒然重。

前日王家門前走過的那人，分明是問咱寓所的酸徠。咱這眼睛，但見一面，認得逼真，再不得差的。好笑咱王大娘，一向見人十分莊重。只有咱們替他按摩，覺他到那妙不可言之時，大有不能自持之意。就知道他心裏，未肯甘休。不知什麼夙因，一見那漢，就許咱重謝，叫替他去問有妻也無。分明立定主意要想嫁他的了。咱想這酸丁，閒遊浪蕩，連小和尚也愛的人，自然喜從天降，九説九肯。若是第二個時，只和秀才打通，有妻也説没有，且騙謝禮到手。聽他妻妾各居也得，聽他歸鄉厮打也得。王家小姐現在宫裏伏侍萬歲，咱却不敢如此。今日特特替他來走一遭，再看這兩個人可有前緣没有。(生上)哎喲，這是前日承教寓所的女待詔，怎麼在此經過？(丑)咱往一主顧家去，這是必由之路。(生)我看見你渾身風月，久已要來尋你修養修養。今日來得正好，主顧家且再去。(丑)咱們嚴禁燒香，從未入寺。你要快活，除非問到咱家裏來。(生扯介)如此就權到這寺前，坐在暖泉亭上，看看尊容尊足也好。(坐介)(丑)看到没有什麼看頭，咱正有一句話問你。你這樣無拘無管，家裏也有娘子没有？(生)我娘子實實去年不在了，没有娘子，你待隨了我去麽？(丑)咱麽不稀罕你，别有個人要問你。

（生）快快快快説是何等之人，是男是女？（丑背介）好哩，没老婆像是真的哩！待哄他是個老閨女王大娘，知道見面時看得出。明人不肯做暗事，咱想他這等人，那管閨女不閨女。（生）你你你你且説來。（丑）實不相瞞，主顧家有個卓文君，要托咱尋對頭哩！咱説且等咱按摩時候，試看試看，休要坑你終身。（生）試看倒不怕你。

【榴花泣】〖石榴花〗饒他卓女德容工，果然臉際似芙蓉。更遠山螺黛比眉峰，那天然竅妙，總大不相同。〖泣顔回〗須待我精光力通，那人兒庶入陽臺夢。若教儂把筆書空，費幾許四肢勞動。

（丑）續弦娘子，只要他齊整能幹。你圖竅妙，多買幾個養小何妨？（生）萬一他又吃醋，却不徒然。（丑）咱們替人家大娘、姑娘按摩修養，聞得出醋氣來。他若是個醋葫蘆，咱從不替他做媒的。（生）休要説醋氣你聞不出，就聞得出，你也不管。你們贊得天花亂墜的，那嘴也未必准，連眼睛也未必精。

【前腔】墜花全任口邊風，皤嫫譽玃笑談中。摇唇鼓舌畫驚鴻。弓腰齲齒，言是若游龍。狂顛蠢庸，道爲人全没些兒縫。只希圖鬥合雌雄，兩般兒儘伊搬弄。

（丑）哎呀呀，除了你不來，咱長安的婦女都不要嫁人了。就把俺們做媒的恁下狠打落起來。自古道：耳聞不如目見。你不信時，咱待看會瞧戲的時候，約你去遠遠的瞟一瞟。聽一聽他説話，肚裏是有墨水没有。只怕你伸出舌頭來，還要收不進去哩！（生）這也且待瞧看。只是果然齊整，而且能幹，你不曾緊緊留著，去替那有錢有勢的人做，却和我這飄流之輩说，終久叫我疑心。

【漁家燈】纔相認，便送全紅。並非圖謝禮輕鬆。猜度著大半荒唐，知我輩迂疎堪哄。（丑）相公爾輩果然疑重，其實咱坦白心胸，休鬨他人入宫。可惜這胭脂衚衕。

難道咱前日教你尋的寓處，也是騙你？你没曾説謝咱，咱爲什麼也和你説呢？（生）既是你偶然高興，那人知道是我，又未必肯了。他怕同鄉共里或富或貴的人不肯娶他，要嫁到我麽？（丑）這却也慮得是。巧言不如直道，委實有個原故。（生拍手介）何如何如，我們做秀才的不錯猜疑了麽？（丑）休要著忙。前日在五陵西街蝴蝶門邊走過的是你麽？（生）走過不差。兩邊粉墻，一株楊柳罩著，是也不是？如今却要怎麽？（丑）則這掩門的人一眼竟看上你。多年不見他説起這事，聽見咱説曾認得你住處，特特叫來相探，問有妻小也無。適纔往主顧家去的話，却是咱見你在寺門口，故意哄你。（生）原來恁地。古人説道：得一知己，死可不恨。這大娘子就不十全，也是我的知己哩！我雖薄文君而不娶，也不可不遥望其人，叩頭誦德。有戲有會，相煩領去。回來就到宅中，勞你按摩，奉申謝敬便了。

【前腔】陵邊市偶然遊縱，女知己易失難逢。吾雖是不娶文君，也合去遥拜芳蹤。（丑）善攻難遇者，多情種。又奚計再醮潛通。神勇乘機鼓動，不論那新途舊孔。

（丑吊場）咱想他既要去看，那不娶文君的話，也就有幾分謊在裏面了。且待央我按摩之時，現身説法與他聽，叫他捨不得丢這碗飯。只是一時問難以回復大娘。（轉介）有了，且説這酸丁原有老婆，要他做小，他自然暫時中止了。

詩　冰人贊譽最難憑，且待親睃定準繩。
　　裙屐果能相鑒賞，無緣也合角千崩。

第八齣　詭覆

（旦上）奴家自來心硬，萬事抛撇得開。不知近日怎麼改變了。自從女待詔去後，時時盼望。今已五個日頭，還不見來回覆。又不知是這婆娘可惡故意刁難，又不知是這一件事大謬不然，回覆無益。只這倚欄長嘆，又不敢叫丫鬟侍姆們聽見。真是謀事在人，成事在天。佛經上説，以此愛根而芽諸欲，由有諸欲助發愛性，貪癡愛水，滋潤苦芽。畢竟只怨得這身根不好。

【醉扶歸】蹇修雖去人愁壞，宵衾屢把枕稜捱。惱恨身根淚滴腮，碧翁錯與姿和態。吟詩捉筆腕羞抬，索寞處，乾坤隘。

（丑上）緣在有無際，龍難頃刻乘。且將詭譎話，來覆惡愁人。大娘連日好麼？（旦）腰膝酸疼，正要著人請你。（丑）咱也因有些生氣，故此來遲了些。（旦）你又生什麼氣？（丑）咱説算命的道我新交好運，那人飄流在外，一定没有老婆，再不就是死了。誰知竟有娘子，而且現在。（旦）這這這這等，他説再也不敢尋人了？

【前腔】堂前獅子聲雄快，燈心柱杖口難開。頂戴專誠發願來，空將玉貌街頭賣。（丑）單因總出貴胞胎，分不得那個小誰人大。

不瞞大娘，他倒還有句胡話，説是若有工夫，替他尋幾個小。咱回他，老娘生平只替人家聯姻，不管人家娶妾。（旦）這個也有幾般。或是不住一處，離遠千百餘里，各守各人兒女，永遠不相見面。或是原配賢慧，知道新娶的人原不是下賤之輩，只因丈夫要娶他，所以嫁來。若不極力體貼，夫妻便要失歡。或是新人更加能幹，問知大娘頗賢，越發相謙相讓。不因他没規矩，倒在人面前欺侮他，枕頭上議論他。初進門時，叫原配做姊姊。那一個見後來的人十分有趣了，要他共床合鋪。他就和他永遠同宿，省得旁人生事，疑心背後説話。大娘曉得他的年紀倒長歲把，自己反要稱起妹妹來，只要幾口兒才貌相仿〔一〕，便就不做人的原配，却也何妨。

【羅袍歌】〖皂羅袍〗德曜如能相愛，便同衾合枕永共眠齋。依稀形貌一般有才，再添三五人生亦該，船多港闊何妨礙。〖排歌〗（丑）聆高論，鏟妒坏。從今肯做小星，媒全無奈。婦人乖天壤，十大九心歪。

咱這小小婦人，原還伶俐。大娘雖未明言，咱已把門前看見、十分中意他的話都説過了。那裏曉得這個癡子，竟就風顛起來，竟要望大娘去做小。咱心裏算計，他這是做夢了。却又故意問他，你大娘子

〔一〕仿，底本作『彷』，據意改。

不利害麽，有度量麽，容得人麽？他躊躇一晌，只得説道，這個也不好瞞，竟有十分刁惡。（旦）這話又是真的麽？（丑）莫不咱敢在大娘跟前撒謊？（旦背介）便就如此，我也有個道理。（轉介）這一種只有四個法子，或用力，或用勢，或用恩，或用智。假如力氣大於他，他打將來也不必回他。或是把他縛住，或是把他跌倒，他久後自然罷休了，這叫做力。假如娘家高於他，自己無力，他要打來，叫侍姆們幫捆露出他身體來。他去告狀，囑人不要准他。他自盡了時，審出實係妒婦，包龍圖也不敢究，這叫做勢。或是後來的人自己有錢，或是能書會算，家務在握，他的衣食要比自己好些，他的親眷要比自己厚些，他要遊玩就替他備車船。他覺得這個人少不得了，這叫做恩。隨机應變，或軟或硬，却又實在一片好心，等他總放不出儇懶來，這叫做智。據我看來，世間之事總在人爲，没有什麽一定的。

【前腔】遭妒何須驚駭，有三方四策，取次安排。既逢無慧蠢裙釵，難言全不施机械。乏才饒貌，終教婉諧。冥頑兼醜，豐其帛財。五親六眷齊稱快。（丑）抒悲智化豕豺，閨中大士信奇哉。刊經典寫令牌，衾綢未抱且看來。

小婦人大胆，其實是回不得信，説笑搪塞的。他的原配，據他誇説極賢極能，有容有態，如今要尋個一般無二的。咱道這頭親事，只有高强幾分，没有毫釐不及。問知大娘年紀長他幾歲，倒也情愿。只是問到所以恁長的緣故，便覺有些遲疑。胡説亂道要等他來叩頭謝了你贊他的恩典，再去商量。咱如何敢來回信？（旦）既然爲此一件，你也何妨直説。好待我另著主意，怎麽青天白日，儘著搗鬼呢？

【尾聲】人心一樣休伊怪，甚法子捉成冤對。（丑）非是真同蔡百隹。

詩

寧與真才作副妻，不貪俗子壽眉齊。
斯人何必黄花在，叩首紅鸞請結縭。

第九齣　友慫

【鳳凰閣】（小生上）趨承内相，傳命因其權亢。休愁遊客不承當，由我教他無恙。

下官曹禧，忽彼聖娥娘娘召入内庭吩咐道，今有新册貴人王氏之母，要招南昌寺裏一個姓荀的遊客續弦。有人提過，他尚遲疑。你可親往寺中，叫他依允。我想就是圍場上拿來，苦勸薛大哥饒放的這個人了。我也爲他聲似洪鐘，面如刻畫，所以勸人不可作踐。看女婿的眼力果然不差，只不知貴人之母何由知此。如今不要管他。這位老太太放的屁，誰敢不捧著就走。來此已是，不免徑入。呀。（僧見跪介）原來是位大老爺。（小生）這寺裏可下有一位荀相公麽？（僧）在玉香房，待小僧去請來。（小生）你只説圍場上見他的曹大老爺特來相會就是了。（僧下）

【前腔】（生上）胸中話癢，夢裏婦言疑誑。分明説得甚周詳，日内開頭歡暢。

（見打躬介）寒生不知貴人光臨，有失迎接。（小生拉携介）這裏無人，我有句密話問你，曾有人來替你説親麽？（生）並無别人，只得一個女待詔。（小生）你心上喜扳不喜扳？（生）難以决斷。（小生）他説這個人的姓名來歷没有？（生）因有遲疑，不曾細問。

【集賢賓】（小生）斯人勢焰今漸强，稱他可憎龐。誰道文君年紀長，毓英奇寵亞椒房。家門氣旺，不復似窮孀形狀。柯握掌，冰上人兒更響。（沙彌托茶）

（小生）荀相公不中相與小師父，以後不要憶他了。你這件姻緣甚是奇異，你説是誰，竟是昨日册拜觸觸新新一位貴人的令堂。將來指日飛陞，還有不可言不可言的勢耀。若説到叫下官來的這個人，更要把人的脖項縮短，嘴唇擘將開來哩！（生）叫貴人來做甚？（小生）因下官一向會得閒管，説你前日未依，叫我尋著這人開導一個明白。（生）寒生細想，既然不安其室，從前所行之事，固未得知。今後所行之事，復難預料。即甚富貴，也圖不得。

【鶯啼序】雖無七子夜温床，貴女勝兒郎。柏舟詩合矢靡他，凱風歌偏喜成雙。就是才情相貌，也不知委實如何？言倩盼，豈因錦綉。論頎姣，要看神爽。思與想，腹裏更難權量。

（小生）足下謬矣！自古有云：藍田生玉。不是上等的品貌，怎生得出貴人來？你就要在戲場會所瞻仰瞻仰也還容易。七子之母，癸水宜枯。一女而已，年事未盡。況且人各有命，同是一個女人，也有隨這個男人潦倒，隨那個男人興旺的。也有那個男人無福當得他起，這個男人有福載得他住的。今朝這一件事，是你大榮大辱所關，也用得著做秀才的迂腐氣麽？（生）請教貴人，何謂榮辱？（小生）結了親時，將來貴人漸漸升轉，你伏侍得他娘小心在意，按捺你不下來，你還穿得了，吃得了，住得了，快活得了，威闊得了麽？豈不是榮？叫我來的是那王宋娘娘，萬歲爺的奶母。違拗了他，便送你的性命，也只似一個蟲蟻。豈不是辱？前日面無相識，我尚且救濟你。如今一生二熟，難道倒做弄起你來？你就十分背時，十分迂腐，也只怨你爹娘不該生得你如此標致呢！

【黄鶯兒】急急去求凰，自天來，福莫當，只愁樂極成流蕩。若做了當車怒螳，吠堯跖尨，無情却把多情謊。只怕你滯他邦，水窮山盡，歸去又無鄉。

（生）既然貴人吩咐得如此明白，就像無鹽嫫母，也是要從命的。寒生竟不必去瞻仰了。（小生）這纔是。那裏立候回信，下官竟請他選定吉期。你明日就進城來，在我小園住下，等他儀仗鼓吹好來迎接。喜酒是要多吃幾回的呢！（生）當得。（小生並從人下）（生）奇哉奇哉！昨夜分明夢見寒荊説，將來的新人長短肥瘦和他絲毫不差，五官四肢比他皎潔更甚。才幹超乎等輩，爲人意極綢繆，勸我急急成了。不但榮華富貴，赫奕一時。包我生子發丁，公侯萬代。又説我的好運，從今日便行起了。不想曹貴人忽然到來，所説前事著實有些古怪，只得一意皈依，慨然從命。再看將來怎麼應驗之處。

【猫兒墜】先妻高興，向我贊新娘。轉恐當時薄倖郎，不知辭却錦鴛鴦。奇方，身同伊，密意共君狂。

（沙彌上）相公去夜膳罷，且到那時再怪笑也不遲。

【尾聲】（生）他人要入鴛鴦帳，不見怪，翻添喜樣。端的是貌肖才符感北邙。

詩

曾聞富貴偪人來，况伴娉娉裊裊材。
不有神仙常勝術，難消婉孌劇情懷。

第十齣　榮姻

【三學士】(旦上)冷久凌波籠下齒,長吁每避家媛。風霜易把朱顔改,緑鬢難禁雨雪催,舊恨來驅垂暮喜,如斯命,莫要提。

前日聖娘傳諭,其事賴彼得諧。代此涓期,且迎彼至。若説反不歡喜,似屬欺人; 若説實在欣愉,却餘舊恨。事人而逢弱植,命則不猶; 謀身而得所天,名無復顧。不免强顔粧裹,聽衆出廳也呵!

(雜鼓樂引生轎上)禀上衆知院,新爺已出轎了。

【前腔】(生)覷見伊人儀表矣,莊姜昔日如斯。當年還欠填墻屨,此際先聽響屧踦。不枉在凄風寒霧裏,爲羈旅,過幾時。

(雜禀介)聖娘娘轎進廳了。(净濃施脂粉,籠藕襪,高跟鳳頭朱履引衆上)這就是新官人麽? 好好好! 看得一點不差。(生半跪介)(净)請起。(丑出跪介)小媳婦叩頭。(净)你是女待詔。今日新粧是你梳的? 新鞋子是你穿的麽? (丑)正是小婦人伏事的。(净)好好好! 記著有賞。此刻已是吉時了,可請新爺和夫人行交拜禮。(扶拜介)

【太師引】(净唱,丑等合)將面窺如曾會,却原來爾貌同伊,一般長姣,仿佛風姿。肝腸越發該相似。(笑介)各别的只有那些兒,終身要弛帶除衣,做一對相逢狹路的仇敵。

（生向净揖，旦福介）（净）恭喜賀喜！禮不敢當，掌燈送進洞房。請並坐了，且待咱敬幾杯酒。（生、旦行坐）（净用聯杯遞酒）（説祝辭介）夫人不用，就要新官人跪著代飲。（生跪飲訖）（净又福祝遞酒介）（生）已曾領過三杯，再要求寬恕了。（净）這個誰依？難道你到那時，也只三杯就求饒恕不成？（生又跪飲介）

【前腔】（净唱，丑等合）欺賤微，矜榮貴，幾鍾兒旋要想推。享的是那家洪福，使他些八面餘威。君顔我面，相去幾拚醉。倒要識恩私，人間世到那個時，誰許你兩杯三盞求饒勸。

也罷也罷！咱們出房去罷！這叫做天上人間，方便第一。只是咱長安的俗例，親族老年堂客都要窗外覷聽。咱這眼睛更緊，耳朵更尖。你們二位説話動手，都要小心些兒。（下）

【紅芍藥】（生）替你把冠除，脱將霞色帔。裙兒姑搭在床椸，臺蓮且取輕蓮易。一層一層，復把鮫綃彚。休笑我抱無力氣，只爲伊修長廣博，與儂躭抱得玉斜僛。

（旦）休要囉唣！窗子外還是中大人的鼻息呢！（生）我看他這個人，也是最知情趣的，决不胡説亂道。（旦）你聽不見，俺面前他須説。（生）你面前説，不怕他。（旦）原來你有意叫人不好意思，快立遠些。（生）小生今日到了蓬萊山島了，還肯與神仙隔遠麽？（旦）快快噤聲！

【前腔】要解綉裙綏，銀燈須要避。鞋弓漫捧襯雙頤，應該遮住窗兒踶。孜孜直恁癡歡喜，前差使爲何予棄。恁大高也，將抱起。學兒嬉，只怕他窗外一聲嗤。

（生）卑人把這帳前錦幔放將下來，賢卿且莫著惱。（旦）又把這帳裹的琉璃燈都剔亮他做什麽？

【尾聲】（生）閒語閒言權擱起，施巾結帨待銀檠。（旦）晝夜潫潫雨久霏。

詩

鼓起更餘取笑訶，必須竟夕不停梭。
頻頻喚取江郎覺，不遣推辭值睡魔。

第十一齣　后寧

【西地錦】（生上）氣壯姿容翻少，螽斯儘可同徼。現成況有至尊嬌，那怕桑榆無靠。

小生贅入王府方纔兩月，不料貴人得寵，驟正中宮。將來這種威赫，只怕有餘。端的百般受用，何愁不足。昨日傳來懿旨，擇於今日歸寧。我想身體髮膚，皆沾王氏之福。子孫禄位，並非荀氏之貽。惟有就這宅東建造祠屋，把前任的牌位朝夕叩頭。一切寫疏通名悉稱比兒猶婿，庶幾得邀靈祐，而且不負天恩。再看皇后鴐臨，説我行爲是否。

【前腔】（旦上）略與個人同貌，藉嬌兒大展眉梢。娉婷婀娜要支腰，我怎需人扶靠？

（生）夫人拜揖。（旦）荀郎萬福！哎，荀郎，你昨夜所説，原配令閤頻頻托夢，道我將來如此之好，攛掇你來扳親。我想他這個人，十分賢慧有趣。既然有他的行樂圖，何不張掛房中，我和你焚香煮茗，日日與他相對。等皇后來看見，也曉得世間原有德容俱備的人。（生揖介）多謝夫人，謹依尊命。

【啄木兒】（小旦黄袍導從上）鸞車廣，鹵簿迢，盡羨中宫儀仗好。許多時未上宮臺，好韶光又滿皇郊。萋萋緑遍王孫草，關關啼徹風人鳥。又早見母氏新居隔畫橋。

（生、旦横立，小旦正立）（生打躬不起）（旦福，小旦亦福介）且等我謁了祠堂。（生退）（旦引到）（小旦連四福介）王門不幸，無可承祧，衹令縣官歲時上冢。做娘的疾痛疴癢有人知道，女兒此後可稍放心。（低介）極該盡情玩賞，以樂餘年。（旦拭淚介）今日官家吉事，做娘的不敢失聲。其實這番舉動，只備將來。每憶當時，寸心如割。（小旦）〔一〕世間有人拗得過天的事，就有人拗不過天的事，這也無可奈何呢！

【前腔】牽情别割愛抛，魂夢猶將墳墓繞。奈無年命薄，生來未亡人别有甄陶。椿枝已萎書埋了，萱花尚艷杯棬好，勝似全無剩一胞。

没壽的生來命薄，有壽的事在人爲。徒然相殉，亦復無益。世間人只有恕心，就不瞎逞議論。（旦）我的姐姐，你這話纔像個中人哩！（小旦）也到你房裏走走。（作行到介）

【三段子】女身命牢，最難言終天打熬。腹我兮肉窑，及娘肩尚然抱包。說什麽入室他人，非同妣考。

我的親娘呀，九我裏邊你倒管了八樣。難道因没了爺，我倒連你也不孝順了。女人家的苦處，真是解說不出。你裝在肚裏，那般煖熱我，難道我如今好到極頂，倒忍叫你孤恓？你摟在懷裏，那般偎惜

〔一〕小旦，底本作『旦』，据意改。

我，難道我如今母儀天下，倒要叫你獨自？况且新來阿爹，據我看著，倒也是個知恩識義的人。我不把他與娘等視，就不是王道本乎人情也。（行出廳介）吩咐中政院，把王氏、荀氏和我外家田氏五服之内，散住各省的婦人女子都造了册。仍照舊例，每人賜金錠一雙，御退衣裙等八件。願來京同住者，縣給盤川，驛給夫馬。（生上打躬介）千歲千千歲！（小旦〔一〕）快快不要。再著人來瞧看爹娘。（下）

【歸朝歡】（生、旦合）中宫的，中宫的，恩膏似膠。强分離，登車去了。做娘的，做爹的，情饒意饒。話兒疼，一霎時肥甘似飽。昔年托賴神靈巧，預先生個椒房，料三姓歡娱仗阿嬌。

詩　浮生只有此一世，命牢須做命牢戲。

嘿存卑禮處兒行，取人棄簀無嗔恚。

第十二齣　修好

【步蟾宫】（净引衆上）雄風凛凛威名大，今日反居人下。拚折腰屈膝向荀家，還有多人懼怕。

前日在圍場上羞辱了一個遊棍，不知他什麽造化，竟做了皇后的晚爹。幸虧小曹轉變，不曾送他到京兆府去吃那竹板，饒他有些記仇，也還可以情諒。年年六七月裏，要往漁洋濼裏演演水兵，借意混那

〔一〕小旦，底本作『旦』，據意改。

些漁婆子一頓。不免央小曹去扳他來，大家作樂一番。這個窮酸住在南昌寺裏，見著這些漁婆，樂得瞞著媽媽受用，自然叫咱有趣。前日上門請過罪，又自己上門道過喜，或者肯來也未見得。只得先往湖邊去守候著。（暫下）

【馱環著】（丑、旦、貼等扮漁婆六人）（合）女兒都不嫁，女兒都不嫁，就嫁了常接回家。姊妹姑娘，船中無罅。娘母嬸姨守寡，嫂子孀居，總在一船艙，把床安下。子媳的娘姨妹姐和嬸嫂，諸般來者如娘亞。似婦猳，總留在船梢，尋錢伴話。

（丑）纔入新婦矶，又入女兒港。樂府漁家樂，惟有庭堅伉。俺這漁洋灤裏，衙門人從不敢來。有客人帶財帛來的，網船上男人都遠避了，叫俺每伏侍他。美酒佳餚款待，公公道道算錢。所以一年要賺好些銀子。大老官裏面，只得一個薛風子知情識趣，每年要來賞鑒一次。俺們拚性命奉承他，他賞賜也不計其數，又不肯破俺們的局。昨日捎信來照會過了，今日辰刻准到。只得打扮極華，在此迎接。

【前腔】（生、小生並從人上）（合）並轡騮駿馬，並轡騮駿馬，早到湖涯。狎友相招，此間停駕。不計前番相駡，吃醋吞酸，本是世間人真常情也。呀，許多漁婆子來了。投鞭處，紅粧滿壩，陪我罪公同騎跨。油頭妩粉面姱，看老幼參差，金蓮微大。

（作下馬介）（内鳴金鼓，放紙砲，净引衆上）得罪得罪，二位長兄倒先到了。（生等揖介）特來相候。

（丑、旦、貼等）俺們萬福。（净）怎麼就把脚腿蹉得恁重？你們且站住瞧。叫咱們的水軍，各上船去，擺齊陣勢對打幾陣，然後上船飲酒。（净麾旗，衆戰介）

【前腔】（通場合）演昆明戰法，演昆明戰法，武藝堪誇。暗合兵機，威風殊大。本是消閒戲耍，也哈哈轟轟，莫分真假。砲響處，一聲忽喇。旗動處，刀槍齊發。鑼輕打，鼓慢撾，看此際軍容分明如畫。

（浄）有趣有趣！交戰過五六七合，不分勝負。就是真要厮殺，都去得了。如今你們一概坐在山脚，讓我每吃酒取樂。（作上船介）請。（生、小生）請。（丑、旦、貼等圍坐介）（浄）這荀大老爺，是漢家萬歲的泰山，真正非同小可。你們儘著奉酒，有本事一個一個纏得他上身，我的賞錢比往年就加十倍。

（生）不要聽薛爺胡説，你們只纏他罷了。（脱鞋串飲介）

【前腔】（合）避家中啖炙，避家中啖炙，酒器奢遮。連這香醪，甘甜如蔗。還要通身一卸，把手來聞，且著指尖兒當先入汊。一隊隊嬌容如畫，一個個新婚如嫁。身爲樹，肚有花，待懸拽金蓮，列成屏架。

（浄）樂哉樂哉！醉也醉也！每人賞銀五十兩，叫左右擺齊隊伍，鼓吹回衙。（丑、旦、貼等福介）謝了衆位，謝了衆位。（分左右下）

詩

書生夢想尚回邪，公子春心豈有涯。
欲竭人間漁色意，除非結網學船家。

第十三齣　封侯

【臨江仙】（旦上）越看伊人形越美，不愁歲月相催。轉思分段自徘徊，寧因珠在腹，姑罷畫蛾眉。

自從荀郎入贅，不覺已有半年。數月以來，貪眠懶起，拒食嘔酸，身體好生不適。托賴皇后福庇，現成富貴，又不用争名奪利，又不用辦事隨衙。荀郎也知僥倖，絶不交朋接友，劇飲漫遊。惟有寸步不離，日夜相視。真乃人間罕見，天上庶幾。晚景如斯，可謂得所矣！今日封典下來，故爾嚴粧伺候。

【前腔】（生上）鎮日看他搬弄彼，未憂羞怒難回。承顔只有是無非，秪應恩造化，拔擢太稀奇。

小生運氣到來，走入天堂居住。只消把他來上下端相，也就一目不盡，如焚名香，如飲佳茗。只消把他來普遍摩玩，也就百體俱忙，如讀異書，如觀秘畫。况且家園裏面，日有日景，夜有夜景。或是花鳥競媚，或是燈月交輝。更把我兩個人襯托得如鴛如鴦，如琴如瑟。還有什麽官職是我貪的，什麽人物是我喜的呢？（笑介）大大一個侯爵，竟被我輕輕拾到了。今日著實打扮，只爲迎接封誥。

【前腔】（净上）從幼至今鰱共鯉，蓋因寵固難移。阿誰稱妾阿誰妻，聊將嬌后命，往慰令堂私。

（相見各福）（生揖介）（净）一概預備没有？誥亭已出朝哩！（旦）多謝掛念！（净）你老人家是福福罷了。荀爺不是一個揖了得事的。將來細細去想，怎麽一個法兒謝咱纔好。（生）賢人但自吩咐，小生一一遵行就是。（净）不錯不錯！老太君聽著，咱竟到吃喜麵喜蛋的時候，來領他的謝敬便了。

（旦掩面介）賢人休要取笑！

【北喬合生】（丑上）見面多慚愧，扶侍他嬉，把腌臢承受了一肚皮。阿臀捧足趨奉伊，光身没處容羞避。盯開縱有人提，細想將來麻到底。小婦人叩頭，喜酒倒吃不了。（净）悔悔成何濟，伊將下體親人體，不該煩惱，該歡喜。喜酒從來有例，饅首豖肉鮮雞，還加糦饎。

（丑）媒雖不是咱説成，却虧我認得個寓處不是。把那不費錢的東西壓人領受，可以准得謝金的。

【道合】（生、旦合）恁忘嫿取美，許挨傍錦鴛幃，許挨傍錦鴛幃。不比黄金强萬億。快塗脂，忙傅粉，多縫屣，勝留家執帚操箕。

（雜）聖旨下，跪聽宣讀：維龍漢十七年，（演戲）月日，皇帝詔曰：王章體物，亡夫例許繼夫。坤道代終，報父尤當報母。爾皇后故父冥壽侯，原室田氏，可封毓賢孕聖、啓源興國太君，永荅慈徽。荀賓封陽平侯，其故妻姒氏封陽平侯夫人。推恩祚土，各家三代如其品級。嗚呼！逝者如斯，承寵光於泉壤；緣非偶爾，膺懋祉於良時。所有應得儀仗、衣冠、吏役、兵衛，著該司具備以往。欽哉，謝恩。

（生、旦拜介）萬歲萬歲萬萬歲！（净）捧敕官可即詣闕繳旨，明早入朝躬謝。

【元和令】（净、丑合）報張却把這恩推李，明君錫爵定無非。要知道舊日人憔悴，豈能獨氣孕明妃。福氣全是太君的，由母精神異，妙處生奇貴。生奇貴，爵其長伴極相宜。

【前腔】（生、旦合）守堅貞慚無壹德，見前人猶可爲辭。全憑努開花一枝，寬罪譴，霽君威，更賜恩輝。

（雜）稟侯爺，前日差人到山西去接的大奶奶，和住房裏姐姐、書房裏小哥，還有親族裏幾位大娘，都到了馬頭了。（生）説聲明日上岸。（雜應下又上）稟侯爺，薛府、曹府都親來門上道喜。（生）去説失迎，明日到府奉謝。（雜）曉得。

【擔子令】（净）好運端從今日起，否全回，小廝鵶鬟盡承禧。一家怡，看同心合意。生嘉瑞，都門勢利盡扳追。笑殺那卓王孫，他有幾兩家資。

（雜）稟侯爺，昨日發到南昌寺裏去修佛殿的一千兩已送到了。（生）去罷！

【前腔】（丑）若不是我指引，居寺裏却何能得空遊陵市。好夫妻，刻不分離。孽姻緣，難保各東西。咱也要求免侍屏幃。

（净）女待詔隨到咱府裏去罷，讓他們息勞息勞。（生、旦）再容造謝。（净、丑下）

【梅花酒】（合）上下皆宜，督衝並美，怎教人不心兒醉。看兩好代雙杯，綉幃中形縱穢。誰窺。儘交肢縈著素絲，儘顛狂喚儂叫你。

【前腔】較短論肥，評雄比媚。今宵拚把精神費，惟浸養是平時。

【煞尾】人心有願終須遂，恐未盡愁中滋味。世間原有許多的人，苦出頭來，甜壞了嘴。

詩

兩本新詞數日成，詩家險諢亦垂名。
望天降福須千劫，人世諸倫半業城。

世外歡

世外歡目録

第一齣　歡想

【戀秦娥】〔蝶戀花〕（末上）人世無方無法律，況值紛争，竟有逍遥迹。賴與鷙雄相認識，廣營别業長豐溢。〔憶秦娥〕單妻未快須雙匹，誕兒贅婿憑年力。憑年力，大家在世，如斯方吉。（問答照常）

【雙魚比目游春水】〔漁家傲〕當日襄陽生蔡一，應虧孟德全家室。要與鸞凰成戲劇。隨這筆，嵩陽閩海遴閨質。〔摸魚兒〕趙嬈身其時尤極，爲朋如儼堪暱。婿將羊琇更朝代，尚可周全安佚。〔魚游春水〕景升農婦聊牽率，聘既無庸封何必。因他俗眼，常論陞黜。

詩　小蔡琩造屋造不已，老曹操扶人扶到尾。

俠趙儼作伐作成雙，騷羊琇做蓋先做底。

第二齣　遊洛

【滿庭芳】（生上）有憶情生，無邊浪士，不知何處爲家。士當蹇運，只合繞天涯。寧作他鄉贅子，勝襄州認族求哇。傷情處，瑟居無偶，虚度好年華。

〔畫堂春〕胸中坐著魯班師，空餘草舍栖遲。東床大有異方思，浪跡圖之。要職由他尋，我華堂欲借營私。緣何偏向有情癡，吝惜芳姿。小生蔡瑁，字德珪，襄陽人也。萬有在胸，一貧徹骨。雖叨世胄，耻説華宗。襁褓問天，家擬神童國瑞。髫齡遊泮，人誇骨彩神恬。夙慧未忘，讀書如逢故物。長才獨擅，贊畫似有神機。不幸早失二親，徒有一姊。只因世態炎凉，人情澆刻，故鄉親友，肉眼相看。故此遨遊四方，離棄桑梓。一來要借名山大川做個良師益友，使筆底無局促之形，胸中有浩瀚之氣。二來萬一有那豪富人家要招布袋女婿，不論天涯海角，我便無家有家了。又想洛陽乃王會之地，不可不先一到，無奈擔擱稍久，盤費全完，幸虧有個陽翟趙儼爲人豪俠，叫小生來寓在他處。咳，一出門來就有這樣好人相逢，便是小生十分造化哩！

【鶯聲學畫眉】〖黄鶯兒〗玉樹待蒹葭，倚空欄，想異葩，嬌藤合向瓊枝掛。盤纏代化，招邀賴他。詐僞人多，倒也不盡逢奸詐。〖畫眉序〗非誇，憑著我才名大，定有個贅孤寒的俠女爲家。

只是他這寓樓外邊，却就是個鋪面。趙兄這兩年販來的，都是些南邊的綾錦紬緞、紗羅布疋，生意十分熱鬧，耳目却甚喧囂。我那筆墨之事，只好待夜静更深略爲温習，也還非長久之策。

【鶯足帶封書】〖黄鶯兒〗扃户掩窗紗，有的是硯頭雲，筆上花。家私止得些兒大，偷兒不拿。凝眸看他，胸中錦綉争張掛。（場上設箱櫃介）〖一封書〗（小生上）聽波喳，似蜂衙，作賈先須耐噪譁。

蔡兒早膳過了，此間只差嚷鬧，得罪你些。小弟從前習著舉業，也最厭這光景。如今落在其中，倒也只得罷了。（生）好説。

【不是路】（浄扮媒婆、丑扮幼童、貼扮書生、旦扮道姑、老旦扮尼姑上）（合）挨擠喧譁，貴賤雌雄没帳查。（小生）要什麽貨？（貼）要上上頂尖，血色大紅南京貢緞五寸半。（小生）頂尖的有，在這裏。看你尊駕，不像個買幾寸緞子的人，要便總成一疋罷了。（浄）自然是家裏大娘要做睡鞋？（貼）不是不是，要是就只消三寸了。（小生）小店帶有現成香睡鞋在此，鞋底上還畫著絶妙故事。三寸半，四寸半，連六寸的都有，聽憑相公揀買。（浄）這個倒從不曾見過。俺也要買一雙。（小生）你的就要得六寸半，多一寸，要貴三分銀子哩。（浄）這等，俺只要頂好的紅布罷。待重削就笋萌芽。（貼）倒是這們的好。好搔爬。（旦）紅緞也替我翦六寸。（浄）雖然榻向雲房下。（貼）一樣雙彎軟可拿。（丑）俺倒要買尺半做個兜肚呢！（浄）好哩，越顯得屁股白哩！（貼）裝嬌姹。（浄）安心把背招人跨。（老旦）我還要條繫腰的絲縧。（旦）俺還要一條南京的攔額、一幅蘇州的披巾。（浄、丑）疑心要嫁，疑心要嫁。

（小生）没有什麽大件總成？緞子五錢一尺，諸物二錢一件，請數錢罷！（雜數錢，各持物下）（小生）生意之道，不厭瑣碎。小有小做法，攢得本錢大了，又有大的做頭。（生）也和我們一樣，小題大題都要會做。（小生）今早這點買賣，只好當耍子呀！

【鶯花集御林】〖黃鶯兒〗（生）他自認嬌娃，細看來不見佳，徒然裝得如描畫。（小生）這些上市的人，有什麽過得眼的。若論洛陽城裏的花容，梅花蕙蕊或者少有，牡丹玉蘭也還尋得出幾千哩！富家花，驕奢開法，必須金屋貯方嘉。（生）牡丹譜裏，又有那醉西、粉西、銀紅上品。玉蘭之上，更有瓊花。比他差些，便是梔子。小弟意思，有得梅芬蕙馥更好。果然是那白玉妃、花命婦也罷。【集賢賓】粧點風姿愁是假，也無妨，略著鉛華，微傷韵雅。（小生）倘然這裏有緣，老兄就該在這裏住了。何必定要和你襄陽人做一被睡呢？【簇御林】辨隻眼，評高下，息爭譁。只怕你饞人見食，到底口兒奓。

詩　國色誰云也易逢，大都花眼辨花容。

休於空地爲高論，及到花前眼極庸。

第三齣　見美

【奉時春前】（旦籠藕襪，高跟鳳頭朱履上）夫人去後，兀自堂鋪金綉。甚等人來，是我奉身時候。不産華腴地，難成曼碩材。祁頎從大母，嫂㚢自先胎。奴家趙氏，小字穠華，乃先皇乳母趙嬈夫人末房孫女。俺祖母九十九歲去世，也算得福壽雙全，古今第一哩！誰知俺爹俺娘都只三十來歲就物故了。又没别個兒女，單生奴家一人。分下的錢財玉帛，雖也做得中人萬家之産。别房家家豐足，也都不來管俺。只差奴家，不是男身，終久要和别人打合享用。據旁人説，俺的五官四肢，和俺祖母如印印出。必定一等富貴，十全安樂。（低介）時下的風氣，公卿盡尚公主，王侯皆娶后族。舉世更無二色，天下率皆一妻。誰不説婦人多幸，生逢今世。（低介）就是來説俺的，也没個以下之人。無奈奴家自有家私，自有聖眷，不專圖他富貴，還要他的肺腸相貌有些與俺相像纔好。日來春色撩人，不免上樓一望則個。（登高介）

【奉時春後】小鬟剛未隨身，侍姆須教謹口，莫使識這番僝僽。

（生上）洛陽城裹原來有這許多高門大第。你看緑槐夾道，翠水穿渠，朱户粉垣，飛樓叠閣，一直連著城上，令人應接不暇。纔曉得《三都賦》《伽藍記》做得不謬。爲人不到京師，猶如蛙居井底哩！

【紅衲襖】那裹是會流紅的舊御溝，那裹是間青槐的新碧柳。那裹是金鐶石獸朱門首，那裹是粉餙磚圍的水埠頭。這世間將相輩流，那居停只天上有。好笑俺破屋三間，將就的過了多年，也來這裹羡慕他人起畫樓。

若不是趙兄攛掇我到處行走一番，空坐樓中納悶。（抬頭見介）呀，竟有王侯宅眷在這朱簾綺疏之内，憑欄下視。（遠立仰視介）前日和趙兄説什麽玉蘭牡丹，只這一位，便可謂兼而有之者也。

【前腔】只覷見看雲霞的翦水眸，只覷見靠欄杆的搓雪手，只覷見膽懸鼻觀凝脂口，只覷見雲讓眉山急把頭。可想見腹邊腰學柳柔，臆邊酥如絮厚。和他那捧著陽光待熟的蟠桃，也似笋兒般兩玉勾。

（旦掩窗介）哎呀，樓下水邊有人立著。（下）（生）怎麽就不見了？却是小生不該在此。死罪死罪。

（作呆立介）

【前腔】雖未必女曹交一丈修，畢竟似衛家姑長白秀。決老來，如来廣博莊嚴就。秖今已大士風姿婀㛹流。不數那選西施范蠡儔，除非是贊莊姜詩上有。誰不知俺漢代中興全憑那馬鄧規模，也何況民間議好逑。

（作趨走往復徘徊介）方纔樓上女子未笄，分明是個不曾受過聘的。古語道，人身不同如其面。然小生怎麼就連他的分段，都一一想度出來，也不過就這面龐上推測哩。

【前腔】則當日矮東墻只露頭，比不得洛川濱教看走。却可惜半邊窗扇施鬮杻，一列簾帷下帶鉤。不復見粉峨峨粧面周，月盈盈當户牖。恨殺那翩若驚鴻，又還矯若游龍。也勇抬蓮往裏休。（下）

（旦復上）方纔樓下立著一個書生，只好十五六歲，倒也十分妍俊。足見世間看得的人，原自不少。休説我輩之中，男子裏面尚且有如此的。不是奴家眼快，幾乎被他瞧見了。

【江頭金桂】〖五馬江兒水〗妖韶妍秀，靈奇眼際流。生渦頰，鼓畫岫，眉浮儼香，閨少艾儔。〖柳摇金〗想見胸中，無限塵垢。可惱機鋒，神俊警慧遽抬頭。衣兜教人不及收。〖桂枝香〗萬一被他行覷透，他行覷透，評量詬謬，笑人面没渠優。豈不由招取休論别罪尤。

（老旦上）小姐，請去午膳。

詩

從來穠艷出膏粱，段段瓊酥白玉香。
況復多財能自贍，温柔端是俊人鄉。

第四齣　遇曹

【七娘子】（小丑上）醇醪腆饌花花貌，有何人不來使鈔。賺盡錢財，從無煩惱，生涯全把皇都靠。

自家，樊樓主人是也。自俺聚集財本，在這夢華坡上起造此樓。把各州各縣有名的厨子都聘了來，那一樣烹炮的嗄飯不奇，那一樣做法的點心没有？真是數説不盡，叫做點牌便知。連各處載來的美酒也有百十樣名色，況且左右都是賣香粉的，對面都是種花樹的，背後都是教梨園的。客人走到此地，他的耳目口鼻没有一件不受用了去。所以無論貴賤，都來買醉。生意日盛一日，田莊年增一年。合夥朋友個個發家了。再是街坊婦人都來斟酒、搥腿、捻脚，近前小心。還有少艾男子舉體自貨，絶無羞澀，進退恬然。京師裏面雖有幾千班庵酒店、花茶坊，那裏趕得俺上？今日是個上巳之辰，人家宅眷都來這河邊祓除，湔袴子、洗脚帶，來吃酒的人越發多幾倍哩！

【前腔】（小旦、旦扮女）（小生扮男上）（合）區區性子本來騷，打扮將來又忒煞嬌。嫽他個火燒，錢財當糞抛，不怕冤家全不要。

（小丑）你們昨夜遇著一連幾起，都是金剛似壯漢。虧殺有這本事，今日仍舊起得恁早。（小旦、旦）也只爲要銀子，無可奈何。（小生）我今日何曾走得動哩！（老旦、旦）俺每比你還多一椿，怎麽倒不像你？（小生）你們四五十歲了，我纔十四歲哩。（雜扮婦洗帶介）

【梁州新郎】（生上）行纏争洗，湔除憂惱，是助歡娱材料。把杯遥吸，稱心香入醇醪。願年年似玉，歲歲如花，不見他們老。日生年長也又妖嬈，盡到河濱任客瞧。坊巷婦來親好，野鸞凰得空還頻效。嗟聚散，最難料。（坐介）

（小丑）這頭一座，相公莫坐。（生）且待别客來時，有該讓的讓他。（小丑）要點幾十碗菜。（生）有都拿來。（背介）見我衣衫不麗，故爾輕薄。幸虧昨日趙兄替我賣一篇文，有三十兩銀子在此。本意獨自小酌，如今待别客來，揀有趣些的邀來同飲便了。（雜下）

【前腔】（丑便衣小帽扮曹操雜隨上）英雄在世，須謀歡笑，尋取燒丹人竈。肉廳修養，不須論大樹柔條。於心無負始是豪，賢香履真堪寶。未能如願，也且逍遥。市上傾杯學老饕。

（生遥望背介）呀，這一位非是等閒人也！（丑）客人請了。（生出位打躬介）請問大人尊姓大名？（丑還揖介）具位姓曹，賤字孟德，家住亳州。請問貴客？（生）晚生蔡瑁，字德珪，襄陽到此。諸位先生、台甫都要請教。（外）小弟王真。（小外）小弟郝孟節。（净）小弟甘始。（副净）小弟郭延年。（末）小弟封君達。（副末）小弟冷壽光。（老旦）小弟唐虞。（老生）小弟魯女生。（生）大人虎步龍行，諸君風流飄逸。今日拜見，三生有幸，便請大人上坐。晚輩與諸公陪侍。（丑）豈有此理！先來後到，各有坐席。你既先來，坐好在此。我們怎麽攙奪起來？（外等）敝東正就相借，弟輩亦復不可。（生固讓介）一定求坐。（丑）這位先生既然如此謙光，大家都是知己，我們也不必深遜了。（作坐介）（生）不知大人到來，只備餚饌三五十品，千求勿怪。（丑）既然如此，也就彀了。這該我們奉請，怎麽倒擾起來？（生）大人不棄，殁身之感。

【節節高】（旦、貼斟酒介）（生、丑等合）家中坐不牢，樹難摇。把珍珠當米，尋門糶。（就生、丑搥腿介）（生、丑等）年還少，價不高，身頻靠。可憐求就人懷抱，裊娜親附身長眺。（旦、貼）得共潘安一絞纏，貧而不怨寧圖鈔。

（丑）你雖然不但圖財，我們却不忍看你窮苦。酒錢是蔡相公會了，我一個人賞你一個元寶罷！（旦、貼）爺不進去换衣裳，小的們誓不領賞。

【前腔】（小生就丑捻腿介）（生、丑等合）生粧嫂嫂，嬌忍嚎咷，如何比得寬袍襖。（小生就生捻腿介）（生、丑等）教嫗媪妒，妖韶抓下道。只愁久後垂胡繚，再逢自己添憎惱。（小生）且趁年華做奶奶，享他愛眷弘多料。

（丑）你比他們少一件，只該賞半個元寶。也罷，那一件另有個取用。也是五十兩粉光。（旦、貼、小生叩謝下）（生向丑介）晚生細看大人，真正是個治世之能臣，亂世之梟雄。如今無事不敢通謁，以後相逢萬求周濟。（丑拊生肩介）既能知己，决不食言。咱們一路去罷！（生）酒家收了帳去。（小丑）來了。

【尾聲】（合）片言已定終身約，豈必待黄金到手始成交，只引那劉毅求魚可擬曹。

詩

人須辨眼識英雄，難説他年没處逢。

偏是殺生威福手，片言簞食刻丹中。

第五齣　遭亂

（老旦扶杨，旦扮村婦，小旦扮公子抖行上）大家快走，那遠遠鼓聲，又是董兵來了。（老旦旋走旋説介）俺老人家替你們作主意，你們略待俺一步兒。（小旦）這們一個花團錦簇二百餘載的京師，被這魔王走來攪得稀爛。（旦）説是他威逼妃主的時候，也一個一個都剥光了。（小旦）還叫那吕布把皇后娘娘和上品夫人的尸首都掘出來，水銀灌著，面目如生。他親自去相看，那一處不摸弄到。也和那西京的赤眉賊一樣哩！（老旦）要曉得，這都是中興皇帝用那緑林諸將，跣剥婦女無復人理的報應，不然，何至於此？他的娘女，後來又不知吃人怎的取樂哩！（旦）聞得他一天要吃一隻牛，所以一天弄得幾百個。（内放砲介）（老旦）不好了，快走快走！（小旦）如今尋著好婦人，都捉了去。醜些的一概跣剥了，往野地上趕哩！（旦）男子呢？（小旦）男子十個倒殺了九個。（旦）像你這一個，他也未必捨得殺。（小旦）也和你一樣，不過捉了去戳。（鼓響介）（疾走下）

【三棒鼓】（浄領衆上）（合）一州太守入京城，便把這大内都頑也，許那個藏形露影。郿中笑聲，牢中裸形。你若要拂我情，只瞧那皇甫肥臀也。咱這裏麻繩現成，荆條現成。俺董卓，連日遣將搜牢，誠恐他們私有隱匿。所以統領心腹，自己串遍街坊，急急挺槍揮斧，開路前去。（雜）得令。（作繞場疾走介）（下）（老旦等復上）我們纔轉西巷，他就出東街來了，造化造化！（小旦）萬一被他撞著，你這會壓在那大肚子底下哩！（旦）大肚子正好把你當馬騎呀！（鼓響介）（老旦）快些隨我躲避，休得苦中作樂。（下）

【倒拖船】（净衆復上，挺槍繞走介）（合）綿團臍肚騎來硬，皆因挺著風流柄。風流柄，誰憐斷送夫人命。孤威教，要風行。莫消停，儘縱横，把兒童當馬也娱情。（下）（老旦等復上）（旦）鞋沓了，等我一等，纏好了脚再走。（小旦）你心慌了，纏的不緊，等我替你代勞。（旦坐脱脚介）（老旦）男女脚手不親，還是我老人家來。（鼓響介）（老旦）快走快走！（下）

【錦上花】（净衆復上，挺槍繞走介）（合）馬到不須驚，馬到不須驚，惜玉怜香，有我擔承。捉將來，捉將來，剥他一個乾乾净。（下）（老旦等復上）（旦）尿也駭出來了。罷罷罷，聽他捉了去罷！跌殺也是一死，壓殺也是一死。（小旦）寧可我馱著你走，也不可恁没志氣。（下）

【前腔】（净衆復上，挺槍繞走介）（合）拿到便行兵，拿到便行兵，不用擲拉，方見才能。好筋槍，好筋槍，怪不得渾家敬。（下）（老旦等復上）這裏有個陰溝地洞，我們權且鑽下去，躲他一躲，息息力氣。（小旦）只是我要被你們夾

壞了，却怎麽處？（旦）啐，嚼你的舌根！（老旦）小猴兒作死，連我也放不過呀！（下）

【前腔】（净衆復上）（合）極感那閹丁，極感那閹丁，和那迂儒結黨連盟。召吾來，召吾來，做真主，承天命。

詩　生死皆因劫莫逃，全牛精力逞風騷。
　　虧他皇甫能枵腹，留得臍中不盡膏。

第六齣　載淑

【西地錦】（生上）長路倉忙隱避，而今漸展愁眉。何期遭亂翻如意，山妻載取言歸。

小生自從前日在那樓前經過，舉頭一看，深愜生平。隨托趙兄設法訪問，知是趙嬈孫女，果然體態無雙。争奈重托媪媒，往彼述其所以，據那小姐口氣，似已窺見小生。笑言呀呀，不相憎惡。單嫌家在遠方，不知門第真僞，决意不許，更覺傷情。誰料皇天不吊，故國垂亡，弄個董卓進來，滿城盡遭污穢。幸虧賊未進城，都已逃在莊舍。小生因遣進言山南可以避亂，竟蒙賤荆欣然俯允。剛纔悄悄送過聘去，便叫他的家僮推著幾輛車子，盡其金寶交付押行。又承趙兄盛意，贈我一個保標。俠士一路假粧異扮，受盡無限委曲。今幸已抵州界，似乎可以放心。我想這一番亂離，多少富貴人家娘女妻媳被人摟抱了去。小生何人，得以如此，真該謝天謝地哩！

【前腔】(旦車上)當日薄其孤寄，秖今日泥描眉。開場便演團圓戲，長途遠賦于歸。蔡郎，這邊到俺家裏，還有幾十里路呢？(生)不上一百里了。(旦)我想數月已前，你叫媒婆來説，嫌你山州僻郡，不見世面。誰知如今躲亂，倒難得這個所在呢！(生)只差小生寒陋，和小姐配對不來些。(旦)杜麗娘説的得便宜偏會撒科，就是你哩！

【畫眉序】(旦)遠颺慶雙飛，豈意而今苦相依。似在場生旦，捉合夫妻。(生)你爲我家國都捐，我爲你形骸甘棄。(合)只須打疊眠高日，朝朝共作情癡。

(旦)我有這些侍姆、嫗監、媵婢、家僮，你那家裏安得下麽？(生)不瞞小姐説，卑人一貧如洗，僅存草屋三間。却虧古語説道：有錢一朝辦，無錢空自忙。如今伴了小姐，有的是錢，連夜添蓋草屋，隨即起造大房便了。

【前腔】(生)何處不相依，比目形骸係天畀。擬同行同坐，寸步休離。(旦)處貧賤尚怕孤眠，享富貴知難獨睡。(合)便茅房也可權栖息，須知不碍春嬉。

(旦)一路受盡驚恐，飲食又不得佳。你只曉得多情，全然忘却疲倦。到家之後，原要保養三日五日纔好。(生)自從起程以來，處處逢凶化吉，全仗小姐福命，如何尚敢言勞。

【神仗兒】(旦)伸腰展臂，伸腰展臂，都虧了神人做美，纔來此地。(生)報恩誠難自已，虔將牲帛廣持筐篚。酬濟困，謝扶危。(合)酬濟困，謝扶危。

(旦)男兒志在天下，雖是古語，争奈此時，已無共士。大丈夫不能雄飛，便當雌伏。却不可希圖爵禄，命懸他人之手。未知蔡郎意下何如？（生）小姐主見如此，真是卑人匹偶。況有這點東西，儘足自奉，要那俸禄何用？

【滴溜子】（生）神明的，神明的，扶持到底。（旦）成佳話，成佳話，有頭有尾。（合）拚把牛衣拘繫，俺們縮進頭休要起。莫做那伴狼羊，遭他迅威。

（生）著一個人打前站，先去照會鄰居，掃屋伺候。我與小姐慢慢趲行使得。（旦）也要叫一個能幹的去。

【尾聲】（合）今宵更整鴛鴦被，自古道新娶歡娛讓遠歸。況本是一路裏同來，到梢頭盡暢美。

詩

倉皇抽得孟光身，方萼方苞正可親。
碩儼雖存貧且老，夜船偷放笑巫臣。

第七齣　劉徵

【青玉案】（外丞相帽引從上）官船拉到仙人處，罾共網皆漁具。不許漁翁稱舊主，山兒相對，水兒相與，請出酬知遇。

下官，荆州參政是也。俺主公劉表都督荆州，恰值漢亡，因而自立。雖用封疆之舊號，實操征伐之威權。繼娶蔡氏夫人十分得寵，説他一位堂弟近從京洛歸鄉。夫婦二人農桑爲業，其實胸藏經濟，可秉國鈞。主公聽著大喜，特著下官人等賫捧誥勅冠帶到來，即日請他出去。來此已是，不免徑入。

【前腔換頭】（生、旦同上）（生）桃源未許他人渡，只恨桃花留不住。（旦）此策思之真不誤，碧紗窗内，兩人相顧。（合）遥指洲邊路。

哎呀，怎麼一位官人驀然來俺這裏？（外）這就是舅相公、舅夫人麼？都請台坐了，容小官拜見。（生）豈敢，不敢。請問相公何人，來此何事？（外）小官荆州老臣。只因府上是主公骨肉至親，特特差遣到此，請相公出去作宦。（生）家姊丈錯了。古語云：工欲善其事，必先利其器。小弟這肚子裏邊從不曾備辦那做官的家伙，怎麼去得？

【一江風】過荒居草徑回，仙馭鹿豕驚相覷。莫嗤予窄小柴門，湫隘茅堂，馬首無旋處。（外）休言此賤軀，今真是貴廬，卿與相於中貯。

夫人也要發狠攛掇纔好。小官來的時節，主母又叫進去吩咐，替我再三問候弟婦，鳳冠霞帔也帶在此。（旦）粗衣布裳慣了，穿著那樣東西，倒要如坐針氈起來。

【前腔】謝家姑要把殘生護，不必青雲路。只容吾玩水遊山，種稻栽桑，便勝洪鈞鑄。（外）天機轉轆轤，陡然披翟褕，國舅婦争穿布。

求將誥勅驗收，然後擇期詣闕。小官先去復命便了。（生）相公且請便飯了去。誥勅要求帶還。愚夫婦只因是這草野之性，所以連家姐宫裏那們齊整都没有來張看張看。曉得做官做府，是怎麼個行移。

（拉坐上酒介）（旦離席遥坐介）

【梁州新郎】松陰低下，豆棚寬裕，只喜同人歡聚。冠裳蓑笠，何妨偶爾相俱。（旦）自家雖有血屬親人，身在恩深處。惟於室内相誇詡，不敢來前共宴娱。（外）恩眷厚人難遇，奈伊人愛懶憎忙，惟喜誦衡門句。

舅相公與舅夫人有所不知。主公只因任用外人都欠心腹，所以聞得有個至親，十分歡喜。如今必要拂了他的盛意，却怎麽好？（生）若論至親，還有舍弟舍侄，小弟已隔一服了。

【前腔】（旦）山間遺老，村中愚婦，僅可栖遲蓬户。朱門深入，幾同野鶴歸笯。（生）烟蓑襤褸，雨笠摧殘，不似彭州父。野人供膳合羹魚，縱有侯鯖不療癯。

（外）小官悟到了。相公恐當事任，反爲令弟令侄所妒，故此見幾而作。（生）非也。信用舍弟舍侄，就與信用小弟一樣。感情相公是個明人，只煩婉轉辭謝便了。（外）我曉得了，不勞囑付。

【節節高】（生、旦合）田間伉儷，俱也欣愉，敢煩轉向姑娘語。匡床踞，掌上趨。身相互，倘思猿鶴江邊住。惟封美酒差人去。（外）更言既屬懿親行，歌聲惟把華封助。（下）

（生）劉姐丈這人非不長者，無奈過於忠厚，兒子又生得不濟。我那弟侄何曾真諳世務？據我看來不日就要喪敗，所以尤其出去不得。

【前腔】（合）當年已再甦，仗天扶。吉凶在我，能逃數，只要神呵護。比秀軀，追蓮步。遠勝人國將身與池魚，也抱城門懼。

（旦）我想官雖被你辭脱，他們將來日漸多事，到那計無所出，甚至又來問。你替他斟酌，他不能行。推個不管，他又惱恨。不如我守著家，你收拾了本錢，權往別處貿易。倒是一個主意。（生）小姐十成高見！

【尾聲】前程悉聽神吩咐，好將心事告靈巫，只羡鴛鴦不羡狙。

詩

雖緣懼内厚儂家，豚犬爹娘未足誇。
王浚劉虞同一輩，不如各自守桑麻。

第八齣　贅閫

【破陣子】（小旦上）鳳詔惟宜平世，鹿門矢志芳年。主院比聞先有美，不倚豪門損慧賢，何妨並枕眠。

寒芳陳氏，生此漳泉。家雖累世癯儒，手出千般花樣。幼而茹素，竟體清芬。鄉有諺言：人多皎雪，所嫉土風重富。誓惟處子終身，須養慈親，聊依綉局。不意陽翟趙老來此製衣，述其妹婿蔡生，欲求繼室。趙既慷慨重義，在在立名；蔡由逅邂相思，心心同夢。奴家感其知己，只得慨許聯姻。豈料結縭之後，始言正室原存。無奈合巹以來，與彼才情最契。理無改易，恩且加深。偶遇暇時，仔細一想，蔡郎欲遂其事，亦復不得不然。奴家應係夙緣，却喜同僚知趣。據説起來，他先到的尊夫人倒比俺小兩歲。爲今之計，但有姑聽下回分解也呵。

【前腔】（生上）既有姚黃當夕，復同蕚緑爲緣。益覺冠紳如桎梏，第向中闈閱歲年。（做手勢介）便宜這兩肩。

小姐拜揖。（小旦）相公萬福。（生）舅舅今日必來，該備好茶伺候。（小旦）請問相公，俺這舅舅是同堂的，是嫡親的？（生）那裏是什麽親堂？只因兩邊做人都好，算來又是同姓，便就結爲兄妹。（小旦）怪道不怕妹子生氣，又就替你做媒。（生）這倒不然，本知妹子賢慧。（小旦）如此説來，俺以後不消常見也罷。（生）説那裏話，他與繁欽、杜襲通財合計，合爲一家。把各人眷屬，都團在一所屋裏。自有天地以來，人家的親兄弟不曾有比得這三個的。有了這樣朋友，連自己的親族刁惡都不怕了。我如今帶著本錢到此貿易，又難得十分凑巧，他也恰恰走來，事事叨他教益，所以獲利數倍。他這幾家娘子，也都不避我們的。人生在世，結不著一兩個真心人物，便是他前世未修哩！

【玉芙蓉】（合）家私頓勝前，彼此休分辨。守原讁規矩，緯以機權。渾家即未都明善，夥計心同拆不穿。南家變北，來謀萬全。便同居，終年相見越相憐。

（小生上）妹丈賢妹，連日都安好麽？（生、小旦）托庇無事。（小生）特來報你一信。魏公丞相自領雄兵，前月十二已把荆州下了。（生）孫家倒底弄他不過，也原不脱我輩所料。（小旦）俺哥且請坐了。一面吃茶，然後細説。（坐酌茶介）

【前腔】（小生）輸他一著先，及早乘長便。憫劉家豚犬，面縛軍前。一絲既少扶危縴，萬櫓偏多下石船。機如箭料曹公用權，必因而直侵江左，竟長川。聞得樓船齊備，即日乘風直下，竟抵南京。眼見得將來天下一統也。妹夫前日即與此公一面，家口必獲保全。令甥又嫁孔明也，該趁此回去，整頓桑梓。况且小弟前日替你沓的那些洋貨，必須一路去賣，方纔可致不貲。賢妹雖有族屬，並不曾見相顧，竟該連這老堂一同携帶了去。凡事當决便决。哥哥回去，就替你寫船哩！（小旦）多謝俺哥。再到何處相見。（小生）我們都不曾老，相見的日子不愁没有哩！

【前腔】人兒有在前，怎遂他鄉願。趁姻親滄海歸受桑田。（生）爲文到處粗完卷，吃酒常時喜換筵。（小旦）歸去看嬌面，伴中閨麗娟，但求他心兒也愛妙纏綿。（小生下）

（生）小姐快用了午膳，和丈母收拾他起來。這個舅子性是急躁的呢！（小旦）把你帶來的家僮和這裏新收的嫗婢，派下一個名單，某人交與某事，路上就無差錯了。（生）我的渾家個個停當，怪不得我自贊。（小旦）未必。

【前腔】（合）容顔不枉然，能幹諸般便，記長途要語，密析爲先。管勾貨産全憑券，失去些微亦費錢。爲家眷，有郎君俊妍。再幫伊做成事業，更新鮮。

詩

泉男漳女舊知名，移得寒梅伴玉英。
休辨傖言和鳥語，溜圓但請别鶯聲。

第九齣　平荆

【鵲橋仙】（丑丞相帽領衆上）孤心難已，鼓鼙旋動，烈士暮年作用。機謀運處鬼神通，看老驥一嘶奇縱。

孤家一舉便取荆州，以彼之昏，當孤術數，這也不足爲異。只説篩酒臨江，横槊賦詩，固一世之雄也。問軍正，江上帳房已曾懸燈結彩没有？（雜）都齊備了。

【番卜算】（丑）月朗覺星稀，鵲噪軍營動。山何竦峙水澄澄，大戀鍾鸞鳳。

俺想少年無聊，還往酒樓買醉，不期竟有今日。海内媛嬙充滿一室，冗散未齒爲數尚多。俺那夫人懂得閨房曲，念乃人大戀所存，又能泛愛容衆，替俺藏垢納污。只消董卓的女兒、吕布的妻室，這兩個都被俺弄了來。説得起一句俏話，今年殺賊正爲此奴。便見俺前後行意於身，未嘗有所負也。所以這番出兵，單單帶他二位來。可惜喬公那般知己，兩個令愛偏不在俺身邊。（笑介）倘能掉臂取之，須是托在掌上，頂在頭上，方纔報答得他令尊的雅意。不比贖回的文姬，聽他輕輕去轉嫁了。昨日聞得酒樓相遇那個蔡瑁，娶得趙嬈孫女，回鄉住在蔡洲。單身往外，家事付妻。已著張家、吕家二位愛寵，帶了許多禮物親去看他寶眷。幾日還不回來，是何緣故？（净扮董張氏、老旦扮吕，濃施脂粉，籠藕襪，高跟鳳頭朱履上）相公萬福。（丑）二位賢卿辛苦。那趙氏才調如何，也還可以扶助丈夫麽？（净、老旦）蔡大娘十分賢慧，萬分相愛，苦苦留住同宿兩宵。説等丈夫回來，就叫他赴闕叩謝哩！

【傾杯玉芙蓉】〖傾杯序〗（净、老旦合）俺等三雌没個雄，共箪中隆重。叙説滄桑，互視周身，旋止悲傷，共慶遭逢。〖玉芙蓉〗説婦人身，總該與高才用，莫念那不學無能賣餅傭。度盡英雄種，被千般侮弄，那夢魂也還知勝似蠢家公。

（丑）他未必如此説，是兩位賢卿恩愛過情，有這些話罷了。（雜持帖上）門下末生蔡瑁叩謁軍門。（丑）快請進來！（生進見拜，丑自扶起介）德珪如何到得恁快？（生）向因劉氏不知順逆，故爾避地出遊。今知大軍刊定荆襄，趨歸上謁。（丑）已差兩名小妾去候你家夫人，同宿兩宵方纔復命。左右看坐。（生）公相在上，蔡瑁不敢。（丑）微時相與，休論尊卑。（坐介）蔡相公到此，無以爲歡。帳下熊羆擺齊隊伍，極力厮打兩陣，等他看看孤家新書上的兵法罷。取酒上來者。（净、老旦上）（生跪，各福介）（丑正席、生左席）（净、旦擁丑面南俱坐介）（内放紙砲起鼓）

【水底魚兒】（兩陣對立介）鼓角雷轟，新書奏凱功。原如兒戲，試看鬥狼熊。（酣戰介）

【對玉環帶清江引】〖對玉環〗（丑）恃僻忘窮，今來不放鬆。斂鋭藏鋒，重圍但一攻。（净、老旦）謀臣計也瞢，武臣力也恍。曳犬牽豚，齊聲怨主翁。〖清江引〗（衆軍）上天入地俱無縫，白把江山送。（生）聊酬故主知，莫爲狂宗痛。願掃盡嫪備，龜焉復一統。（内鳴金止戰）

（生起跪介）軍機警速，就此禀辭。（丑扶介）孤看德珪了無宦興，主簿檄諭有司，撥繞基田八千頃，資其薪水。（生跪，丑扶起介）謝了公相。（丑等入帳）（雜俱下）（丑携净、老旦手介）二位賢卿離了孤家數日，便覺稍欠接洽。今日功成計定，美景良宵可把那幾日工夫大家補上，纔算得天上人間第一場賞心樂事呢。（净、老旦）但憑尊意。

【朱奴兒犯】（丑抱净一攧介）親家母尊翁似充。（抱老旦介）老關也想殺尊容。（净）是俺親親力氣中。（老旦）幾被俺董氏姑專寵。（丑）此際一衾融。（净）做姑齒長，該多幾刻工。（老旦）莫謂奴猥齇，屢遭伊手奪蓬鬔。

【尾聲】（合）今宵輪轉相持捧，前復後朱唇幫閧。還要把粉塊金蓮賞個空。（老旦）他何曾不把轄下諸君宅眷通。（扶净、丑肩下）

詩

雙姝並許稱心眠，亦泄劉家婿帝冤。
遥蔭蔡洲皆實事，不過增餙想當然。

第十齣　家慶

（外過臍長鬚上）主人高隱僕清閒，自號神仙第二班。混迹漁樵携老媪，一同濯足看巫山。自家非別，蔡相公家鈐下蒼頭便是。俺相公拿了大娘本錢，到福建買的洋貨十分趁錢。又就帶了個二娘回家，恰好曹丞相來，倒賤買了莊子無數。這便是二娘福氣。相公拿定主意以末致財，以本守之。只是當初娶俺趙氏奶奶，竟在路上成親。及至娶俺陳氏奶奶，又在他家入贅。都不曾成個體面。（笑介）天下有這樣出奇的事，大娘和俺相公同年，二娘長俺相公兩歲。兩位奶奶年紀雖則不同，同月同日生的。今日是他們誕辰，俺相公要大開筵宴，補行大婚之禮。大廳演戲，是不消説。房廊各處都叫掛齊了燈。那些來討喜包的瞎婆，慣吃喜酒的媒脚，也就挨擠一個臭厭。道猶未了，相公出來哩！

【桃紅菊】（生、旦、小旦同上）（合）道途中吃交杯未乾，草房中展鴛衾未寬。趁這日兩生辰，拜酬天贊。每一胞裝四子，只要在今宵這番。

廳上一切都擺設停當了麽？（外）儐相久已在此，連香燭都點上了，只候相公、娘娘行禮。（二末扮男女儐相）請新貴人展身齊步，拜謝上天。

【惜奴嬌】（生、旦合）無福誰堪，把雙嬌一俊，綁並雕鞍。更番鬥筭，壘叠交歡。（末）福拜興，福拜興，福拜興，福平身。請男貴人回身轉步，拜見新娘。（生）恩山。啓後承前由能幹，薄綃巾不辭頻盥。（末）揖拜興，揖拜興，揖拜興，揖平身。（旦、小旦合）覺汗顔，未把卿卿吝惜，反辱誇譚。

（副末）請女貴人回身轉步，互相禮拜。

【前腔】（旦）心寒，滑倒蠅團。謝尊崇，推遜反令摧殘。（副末）福拜興，福拜興，福拜興，福拜興，福平身。（小旦）蒙恩餵，吐相知，不敢言慚。（副末）請女貴人回身轉步，拜見新郎。（旦、小旦合）争瞞，共氣同聲無忌慣。（副末）福拜興，福拜興，福拜興，福平身。（旦、小旦合）耀花人，油光傘。

（末）三位新貴人，請坐富貴。（生、旦坐）（副末用繩連三杯，置棹上介）請吃交杯。（生、旦互飲介）

（末）懷胎復拜堂，奶奶况成雙。賞物承加倍，榮華萬代長。（副末撒果介）包頂長生果，嵌緊合桃瓢。將來撒進帳，意義好參詳。叩謝相公，恭喜娘娘。（下）（旦）陳姐姐，你的尊庚大我兩歲。外邊的事雖然僭了，以後我自叫你姐姐。到了私處，一概要你占大。（小旦）休説姐姐先來，你大也比我大幾圍，重也比我重一秤。我止僭你一點點兒，就該罰我抱脚哩。（生）我有一個調停，以後他叫你妹子姐姐，你叫他姐姐妹子罷了。一個人一年向前站右。（旦）明日請娘出來定奪。（小旦）等姑娘來問，可不可？（生）我自到門廳陪人飲宴，你們就在這裏擺酒便了。（下）（丑、小丑扮瞽女抱琵琶上）二位娘娘恭喜，長命富貴，百子千孫。今年就一個人生兩個。（旦、小旦）有勞你來。

【黑麻序】（丑等彈合）自嘆愚頑一猥衰，夫婿尚不能覰。怎如斯造化，共郎成婜舒攤。相看儘手扳，摩娑任側翻。没遮攔，全靠這秋波尖利，有選無删。

（净、老旦扮媒婆上）恭喜二位大娘，今朝千秋華誕，會齊花燭洞房，我們來伺候拿燈哩。比那平常結親包兒，是要加倍的。（旦）爲何？（净）兩位新人一齊上床，一也。一向零支，今宵整頓，二也。（老旦）聽見新官人賀壽的禮物是天師杜光庭驕龍杖一條，岐國公鉄了事一件。（小旦）不許嚼舌。

【前腔】（净、老旦合）稱贊。久霸媒壇，這成雙織女，没有扶慣。把鬆殘裙袴重複牢襻。刁難照舊的金蓮遺换，看只那件争先莫撒酸。

（生上）外邊戲也完了，兩位娘子進房安息罷！（丑、小丑）我們先回避了。（下）（净、老旦）掌燈送入洞房，外面好生吹打。（作送到介）（净、丑下）新人標致不爲奇，倒是這個新郎叫我垂涎。幾時再攛掇他娶幾個小，且打攙他些殘湯剩水。（生）今夜既然補行大禮，一切規矩都要照依一樣。二位小姐不要性急。（小旦）誰性急哩！（旦）好不識羞！

【錦衣香】（生）把带寬，將鞋換。抱玉山，歸紗幔。總卑人出力，陪工照前休算。惟須逐件做輪翻，防争次序，日久譏彈。（旦）儘君閒戲玩，婦人家真可羞慚。（小旦）非做風魔漢，又憎呆板，君須不許把頭顱鑽。

（生）卑人今夜正是吃蟠桃宴哩！

【漿水令】看蟠桃漿多肉甘，祝雙成胎宫白丸。（旦）父娘生就與人餐，黛眉短短怎蔽羞顔。（小旦）工嘲弄，不厭煩，和你蹴他牙齦闗。（合）非誇口，非誇口，成仙世間。相纏絞，相纏絞，裏化潘安。

【尾聲】（生）真須舉子皆成孿。（旦）飛雪瀑。（小旦）須教盈罐。（合）這是天知皇帝許的，對人言，有甚蹣跚。

詩

　罕聞正副共交杯，同日生辰更妙哉。
　賀禮值錢如此少，明珠送入蚌中來。

第十一齣　興工

【縷縷金】（雜扮木行摇船介）裝竹木，送鄉親，好心無别樣，貨乾陳。指日成輪奂，助成高峻。不常走到擾東君，知他决不吝，知他决不吝。

【前腔】（石行摇船上）裝石片，送鄉親，好心無别樣，没絲紋。指日成甃玉，助成高峻。不常走到擾東君，知他决不吝，知他决不吝。

【前腔】（瓦行摇船上）裝磚瓦，送鄉親，好心無别樣，似堅珉。指日墻千堵，助成高峻。不常走到擾東君，知他决不吝，知他决不吝。

【前腔】（灰行摇船上）裝灰土，送鄉親，好心無别樣，細而純。指日光如鑒，助成高峻。不常走到擾東君，知他决不吝，知他决不吝。

【前腔】（油行摇船上）裝油漆，送鄉親，好心無别樣，貨都真。指日看金碧，助成高峻。不常走到擾東君，知他决不吝，知他决不吝。

自家襄陽河下一個木行便是。自家襄陽河下一個石行便是。自家襄陽河下一個瓦行便是。自家襄陽河下一個灰行便是。自家襄陽河下一個油行便是。因蔡相公連年建造華厦，有一段田就有一所别業。又總在這洲上飛馬往來，一日可以走遍，故此取個總名叫做快樂仙宮。他的貨又消得多，他的帳又從不掛，他的天平又准，銀水又足，所以不等照會，挨著時候把船裝載送來與他。送貨來的又從不叫空過，畢竟吃個泥醉挺飽，真正長厚人家。列位請了。（雜）請了。這樣人家，等他代代做屋纔好哩。（生柱枴上）

【菊花新】縱無陸媪爲監巡，俺這青銅海不貧。婢媵似魚鱗，還要住貼身床趁。

小生成家之後，不覺中年以往。當時曾望子女，今日嫌他太多。連這些貼身横床來依託的下妻也一個個生育不了。只得把這四五十處的田盧草舍，都改做花園亭館，分與他們去住。却要吩咐作頭砌墻之時，四圍都用青石結角，方纔美觀，又能經久。（雜）蔡大先生請了。（生）列位，今日又送貨來了麽？一路遇著雨雪哩，快些到作場裏面去坐，叫人熱菜頓酒。（雜）次次打攪不當，人子多謝多謝。（生）用完酒飯，叫管工的收數上帳便了。（雜應俱下）

【古輪臺】好鄉鄰，諸行諸匠獻殷勤。富饒未可全忘分。肉和蕨粉，魚煮江蓴，僅免勞人饑饉。不是我過於好事，玉軟香温，花嬌柳嫩，怎於草舍展芳裀。今番華整，要玉人盡展眉顰。況還有山光染黛，濤聲漱齒，松花點鬢。金屋在荒村，堪長隱，朝風暮月當饔飧。

（末、副末扮工師，腰斧持鋤上）相公請拜魯班，澆酒化紙。（生拜，二末焚酬介）（生）二位阿师，各敬一杯者。（遞酒各飲介）

【前腔】歡欣，一自昔日成親。俺對半拙婦愚夫，齊行佳運。使鬼勞神，那錢穀堆山充牣。天與多情，盪愁滌悶，本來原是泛常人。兒孫警敏，只讀書，誰去圖君。興茲百堵，爰居爰處，歌號休問。婦子笑言，春姑歡蠢，竹苞松茂靠良辰。

（末持一木作削勢介）動手施斤斧，千年富貴春。全憑魯班口，叫出衆麒麟。你老人家這們十分盛德，我要你此屋一千年不換人家。（副末鋤地介）破土在今日，遍告五方神。狀元和宰相，都要宅中身。你老人家這們十分盛德，我要你此屋一千副紗帽圓領。

【不是路】（二末合）野性能馴，用的是班師舊斧斤。百工齊奮，報君厚道使錢人。掌兒伸，你看指日重樓上入雲。木千根，鋸來絶不差分寸。城磚貼襯，城磚貼襯。

（生）別家五日一接茶，我是三日一次。（二末）有興有興。

【餘文】亭臺變，耳目新，要竊附雅人高韵。怕的是剿襲時賢泛套文。

詩

才人定喜造花園，況有名姬駿馬存。
記得此間興築事，從今不數習家盆。

第十二齣　拜爵

【北新水令】（生上）非是俺一鴻貪擁兩家光，要拋離這烏紗業障。若待戴殘方叫苦，定知未戴便思量。到如今脱鎖辭韁，還愁他放不過，要忙追上。

老夫居屬吴疆，親有蜀相，且喜容我不仕，連這故漢長水校尉今也不稱了。却笑魏國嗣君在那裏十分贊嘆，竟差了去年進宫自稱天神要輔國家的那個壽州女眷，賫詔前來，授我個什麽虚銜官爵。我料吴蜀終爲彼有，不好顯拒，只得暗地秖受。剛纔他的阿公上賓了，接上又是他的父皇晏駕，足見人間可哀，此生如夢。做了皇帝也只因辛苦勞碌，不及俺種田的耐久，何況於官。想來這位堂客，原是個絶頂會弄空頭的。分明他慣種田，要來俺這所在看看與他同異，攛掇孤老行這件事。且待他來看是個什麽人物。（笑介）呵呵！

【南步步嬌】（旦、小旦上）把實意真情，都認做虚喬樣，一概相回抗。説是官來兆不祥，官就飛來，吾心不向。狼藉好風光，不教點綴農莊上。

相公萬福！（生）二位小姐拜揖！（旦）那個娘子走來，我們這個樣子，怎麽與他見禮？（生）又來了。你倒是見過大大世面的。他和我們如今一樣，也是世代種田，只怕連脚也不狠小。他不怕見你，你倒怕見他哩。（旦）離京日久，那些體統行移都忘記了。

【北折桂令】（净濃施脂粉，籠藕，高跟鳳頭朱履扮天使）（末扮禮官捧軸上）（净）祭烏紗要酒須漿，雖然是幾句空言，值得你玉醴金觴餚貴粧。榮軀貧逐賤，又不叫釀苦生忙。仗君威，好照管這黄金白鏹。請看他排雙翅，爪舞牙張。不許你義背情忘，怨把恩償。只俺這蹴金蓮，賫勅欽差，古今來未許成雙。

聖旨下，跪聽宣讀。（生、旦、小旦跪）（净讀介）皇帝詔曰：朕惟故舊不遺古之君道。農桑終隱，世有高人。爾蔡瑁曾識高皇，敬受圯橋之訓。兩内子皆生漢末，並懷禪代之悲。因慕梁鴻不希仕進，如鼓琴瑟，樂爾妻孥。朕甚嘉焉，殊可羨也。兹以侍中中貴内賢人壽氏，鸞鳳拍天，圭璋自薦，情深輔國，意尚勸農。特遣賫敕並印，封爾爲逍遥公，妻趙氏、陳氏並一品公夫人。身值明時，非周韋漢鋹所得比矣。即此使臣，爲今上寵。便由異數，亦屬殊恩。爾尚敬之，無負朕意。欽哉謝恩。（末照常贊拜介）（生、旦、小旦）萬歲，千歲，千萬歲。（相見，生揖净，二旦各福介）（净）德門餘慶，叨與寵光。（生、旦、小旦）得識尊容，三生有幸。如今且屈天使花廳小酌，明日潔誠排宴罷。（净）極好極好。（作同行到介）（净中坐、二旦打横）（生獨坐，西向）（各萬福，奉酒安席介）

【南江兒水】（旦、小旦）身已盟鷗鷺，頭難頂鳳凰。有多少女彈冠，盼不得伊來上；有多少懶下機，恨不得伊來降；有多少水傾盆，等不得伊來放。非俺每没福將伊承享，都只爲慮禍防微，奪取不如推讓。

（净）如今這個爵位，在那内閣九卿之上。又不叫你管事，臺臣無可參劾。所以有益無損。（旦）中貴一貌堂堂，人間少有。怪不得做君上的一見如故。立館後宫，恁地寵眷。（净）若把兩位夫人來比，便覺愚妹是個蠢物。（小旦）中貴怎麽恁地膽大，走出菜園門，就敢毛遂自薦起來。（净）也只爲當朝天子十分脱俗，親下詔書，遍求賢淑。所以有一點伎倆的，便不忍自己埋没了。（生）中貴如今身住深宫，錦衣玉食，暮樂朝歡，復到這田莊上來，也是難得的事，要求多用一杯。（净）謹領盛情。

【北雁兒落帶得勝令】（生）非是俺做神仙自贊揚，都只爲離苦海心偏放。你若肯猛開懷浪舉觴，也覺得昨拘束今豪暢。（旦）酒歸喉便落腸，嚥入口難離吭。（小旦）無數輩將愁釀，俺每呵，未三杯百事忘。（浄）誇張，這福分真無量。猖狂，夜郎王也不妨。

（生）不瞞中貴説，我還見過漢末之盛，是太祖相識的人。董卓、吕布那兩個狗才，在宫闈生死面上十分無禮。後來女兒、老婆都睡在太祖床上。只此一件，便就痛快人心。聞得獻皇帝和曹皇后閒説起來，也道丞相狠該如此。不料爾朝太祖心血用盡了，未到百齡，便歸長夜。文皇帝也只因忒煞聰明，未老愁老，斫削過度，不享遐齡。倒叫我這草莽愚夫，不勝人代之感。（浄）便是如此。俺主公前日打發來時，也説你本與國家有舊。

【南僥僥令】（生）今夜無朝事，明朝不坐堂。勸君拿出陪君量。（旦、小旦）伴兒家醉一場。

（生）聞得當朝天子迎取六宫家人入内，又恐怕蹈那文皇的覆轍，頗爲杞人之憂。（浄）所以小妹只是求他住我館裏拜天求子，和他細説稼穡艱難。

【北收江南】都似他那般快樂呵，不如你共雙姝醉幾場。便是我也不爲有名無實假風光，和人家争競去奔忙。説將來慘傷，聽將來愧惶，也就該舉杯自罰蓋羞龐。

（旦）今日没有寫戲，中貴只好看看這墻外山水，以充酒興呢。

【南園林好】漾漁舟，山光水光。觸風帆，花香蕊香。（小旦）更有那和啼猿山鳴谷響。（通場合）勝鼓樂賽笙簧，勝鼓樂賽笙簧。

（小旦）如今叫我相公到別莊上去住了。我姐妹兩個陪中貴一同荒榻，倘蒙不棄，抵足談心。明日也慢些唱戲，叫出家母、家姑，來陪中貴到處遊玩一番。若論鄴宫、許宫，自然大相懸遠。看看比你壽州風景如何。

【北沽美酒帶太平令】繫漁舟，綠水旁。蓋茅茨，碧山上。與那釣臺隱士共行藏。（合）俺不是硬追踪到此方，要畫葫蘆，依模照樣。（生）古和今無心合掌，號逍遥固非虚誑。（旦、小旦）玉臺蓮雖然半柀，粉峨峨原非野狀。便暫共蘭房綉床，儘堪偕俺兩村姑一同安放。

【南尾】（生）世間萍聚皆緣旺。（凈、二旦合）除遇著那面目堪憎的精神纔欠爽，只今夜便有没限的風情可試嘗。

詩

宫館洲居似不同，等爲僥倖但雌雄。
逍遥公要逍遥使，數十年間兩老農。

第十三齣　納婿

【北點絳唇】（小生傅粉艷服上）楚水波濤，楚江浩渺，今來到。閥閱原高，故有此乘龍效。

小生羊琇，字稚舒，乃當朝首相司馬晋王的姨子。偶爾思遊南岳，有個趙儼老翁，與我一書，説他襄陽故友住在蔡洲之上。別業四五十處，頗有可觀，叫順便到此一遊。蔡公先朝受爵，年將望百，鬢髮未華，真正是個人瑞。比來又聞他家有個令愛，十分美貌。小生恰未訂婚，不免倩人達意。不料岳陽風土，婦習男事反勝男子。豪家小姐都是十八九歲嫁人家十三四歲的兒子。恐妨體氣不足，有似天閹。必要與丈人同宿幾宵，視其强弱。丈人不正起來，也就不可細問。就是夜唤江郎那一輩，也還要嫁幼郎，一一照前行事。小生今年纔交十五，只因賤性貪色，不得不惟命是聽。蔡公看我相貌，說是必居極貴之地，欣然許諾。無奈此人亦有癖喜，竟難脱俗。已叫他的諸郎和我結義，訂定將來要我照應。今日是他選定的吉期，也完了我百年大事哩。

【混江龍】（生蟒服上）東床逸少，徐公城北，可聯鑣。冰清玉潤，此日今朝。欲織平生如意錦，難辭俗例發硎刀。緣情所感，以貌相招。虛詞莫算實禮，須叨連宵。偶爾酒截相邀，百年美眷，鮪水相遭。玉臺雖送事難期，清揚可愛春先到。肴饈已備，鼓吹須高。

吉時已到，羊郎可更彩服。（小生）多謝岳台錯愛。（作更衣介）

【油葫蘆】土俗蠻風難盡曉，事幽微，人縹渺。王郎已自奏簫韶，鶯聲道韞難祈禱。青蝦可把紅魚釣。（生）喜土俗近黃虞，朴誠多，機變少。將來永受甘腴報，算來初未減分毫。

（生）一切賞封，都是舍間預備了。賢坦身在客邊，不必費事。

【天下樂】（小生）費酒陪牲反任勞，難也麽叨。不敢無功把禄邀。惠須酬，理自天，欲侵人，争自保。似歌姬討謝包。

（生）吩咐門樓鼓吹，好請新人坐堂。（內鼓吹介）

【那吒令】爲嬌龍，認老蛟。儘狂風，潑怒濤。晋國潘安，端不少。君意呵，面上撈。人意呵，面後掏。比量來理不遥，只差得跳龍門脚勢兒高。步香塵底樣兒小，這便宜還要能消。（旦、小旦冠帔領老旦傳粉上）

（生）就此行禮。（小生、老旦拜生介）

【金盞兒】（生）非是俺助佳祥，總把事兒包。本不礙，任綱常，肯把擔兒挑。若捐軀，伊受難，均爲著緊把人來抱。似這般膠成親與眷，任怎的不開交。（小生、老旦拜二旦介）

【寄生草】（二旦合）不易成鴛鴦侶，好難誇鸞鳳交。再聽你珠聯璧合，形相靠。合歡行樂身相抱，如魚似水加名號。做從來第一對有情癡，享人間未睹的真歡樂。（小生、老旦交拜介）

【煞尾】（小生）勝似用丁膠，把帖裝成套。惟辦取脂凝雪皎，入得郇公玉食庖。自司婚何須月老，暖烘烘愁甚風濤。這巫山趁得著雲雨，恣淫妖。氤氳飛雪瀑，也學他老襄王一樣夢魂驍。

詩

蔡君安住別家濱，大抵楊朱一輩人。

賑窘用權應合轍，故教戲謔締昏姻。

秦州樂

秦州樂目録

第一齣　叙樂

【木蘭花】（末上）才能髮配無邊重，認義强於真族衆。功名富貴有由來，若待公車難大用。休尋醋罐尋糖甕，添個渾家添小鳳。不妨兩傳合將來，實事傳奇勝捻空。（問答照常）

【鳳樓吟】魏宏農李洪之者，妻張實有能爲。果然因義姊，長秋正位。出刺秦畿，威風羌所畏。娶劉芳小妹，幫妻總連生貴子。天教老子愉怡。其時燕榮倜儻，華陰子作鎮幽黟。把豪家巨族，盡編成吏役，莫敢違之。更時遊吏舍，似蕲王看遍姜姬，勝孔吕。拉來合傳，凑本傳奇。

詩　無心的李生員認姊生天子，有才的燕朋友鎮燕收富吏。
賢能的張英娘漢胄作偏房，威克的兩使司聞名人恐悸。

第二齣　籌家

〔正宫引子〕【喜遷鶯】（生上）年華十九，尚坐守家園，渾朴如舊。婦幸强明，夫增志氣，長宵並蒂駢頭。天既教人不愿，天又教人不陋。因甚的遺鴻光，田舍不盡風流。

〔清平樂〕人家興崛，全靠閨中傑。不爾男兒圖事業，返顧雄心衰歇。只因人去家空，教誰接應操綜。創霸都，資内助，况於仕宦商農。小生李洪之，字長源，祖籍弘農人氏。腹有五車，身長八尺。面如冠玉，秀特軒昂。心似轉槔，機關汲引。秦風朴厚，守田園者廿年。板屋雄剛，得健婦者數世。所喜室人張氏，同生西華之陰，長我一春，高踰五寸。凉庭俘至，前人不數赫連。女可侍中，後輩豈論山岳。而且智囊深密，每能參語勷謀。骨脉堅强，不見多愁善病，又復腰如楊柳，允宜金地踏蓮；肉比芙蓉，雅稱緑雲峨髻。近日許多衷曲，要他得暇商量哩！

〔過曲〕【錦纏道】（旦籠藕襪、高跟鳳頭朱履上）甚來由做文章，英雄白頭，硃卷滿街。投問經綸，吾王也代伊羞。要郎君名世宣猷，必閨房無累無兜。虚譽彼輕偷，論品行尤多疵謬。科場弊任搜，防不盡諸般奸竇。致人云孟卯景陽優。

陰爲家内主，猶火必資膏。若是懨懨病，才高也不驍。李郎，李郎，我想你的書卷，全不在這舉業上。若待這件東西發迹，那一腔才調，到八十歲還用不出來哩！（生）有俺小姐在家，把持了門户，照管了田園，調度了貿易，卑人只候時運，不拘什麽事情，只要有個出身，也都放心去了。那管他是正途功名，不是正途功名呢！

【普天樂】（旦）愛爲珍，諛成謬，只恁把尊閨褒。非關俺閒暇啁啾，實思君光彩横秋。（生）功名到手，拚將伊兩金蓮頂顱頭。

（旦）就是這帶地方，雖然是個祖居，人事日澆一日，也不是個久住的所在。先要從長計較纔好。（生）娘子但有了畫策，卑人就集裝資。

【古輪臺】恁嬌柔，如何禁得許多愁？（旦）不比風前柳，霜餘加瘦。（生）俊健風流，斷不久於人後。（旦）承勸加餐，徒能杵臼，牛衣掩没子房儔。（生）珠胎已就，待分身，再設他謀。（旦）巫山自在，襄王自做，心思自搆。（合）世事要人籌，先儲有，忙時需索，便優遊。

（旦）俺那邊堡裏，有個鄰舍也是姓李。因是權臣党與，聞得老婆女兒也都要没入内庭去了。他那當長閨女，相貌著實詫異。據我眼睛裏看，一切平常的人，總没有這種氣焰。所以常日回家，必走去和他説説。如今他的境界，恁般顛沛流離。離此不上八十里路，莫若帶些禮物同去。送他一送，認做門親，冷竈裏狠燒一把。萬一到了後來，有個相遇之處，也未可定。倒不知你意下如何？（生）但憑斟酌。

【前腔换頭】提頭殊覺爾意深幽，無意相逢尋常都有。（旦）何況雙眸從未逢，兹奇秀女命，憑身皇躬許凑。（生）所費無多，趁枯皺情關緊閂，料情芽恰好相投。（旦）君稱賢弟，儂爲嫂娣，渠稱姑姆。（合）窮困結綢繆，機緣偶。任人嘲附贅懸疣。

（旦）還是揀那一日去送的人事，要那幾件纔好？（生）前日有個外路朋友在此經過，來拜望我，此刻須去答拜。且待鑽進被窩，再和你慢慢算計罷。

【餘文】情懷繫，禮數勾。且等待鴛衾夜漏，和你從容一講求。

詩

從無生旦並冲場，直到團圓始一雙。
窠臼未妨翻脱盡，况乎實事異荒唐。

第三齣　拜姊

〔仙吕引子〕【卜算子】（老旦上）家難忽然來，閨閣無端病。宫庭一入似泉扃，寧復知人境。

奴家李氏，奉詔入宫。只因祖父妄行，致令妻女籍没。本係單門小户，並無義友賢親。難得張家小姐，肯念鄰居舊誼，每遇歸寧時節，必來相聚閒談。咳，到這顛連之際，别的相識熟人都看見不與説話了，他到還來相送，又叫丈夫同至。竟拜認我爲姊，拜我老母爲娘，且贈許多物件。此情何以克當？如今要送到五百里外，方肯轉程。恐怕衙門裏人一路把我作賤，已叫我這義弟拿了盤川使費，向前安頓賄囑了。（哭介）我的賢慧嫂嫂呀，你的意思或者望我將來有一絲半毫出息，我却只好來生報你了呢！

【北正宫端正好】大寒天，行春令。西風急，饋送吴綾純綿一襲。堪遮冷，略禦霜威勁。

（旦上）親親姑娘，不要悲傷。有你這副相貌，決不叫抑鬱終身的。（老旦）你是前世有緣，向來錯愛，又要寬我的心，所以恁説。别人看著是個什麽。（旦）非也。

【滚綉球】升太清，遊玉京。人間西子，天上飛瓊。六禮行，百兩迎。那裏及椒房侍媵，待和那聖駕爲盟。堤邊楊柳船初綰，溪上蘆花月正明，須住啼聲。

（老旦）若得我弟子發達了，題他一本，把没入内庭的婦女，盡行赦了出來。我和你就有重新會面之日了。

【倘秀才】那是個郎星馬卿，又是個橋頭尾生，一意相交出至誠。人有變，事多妨，他呵總肯。

（旦）我也曉得姑娘做人，和你弟婦一樣，日後是個肯記長情的。

【叨叨令】沈香亭北芳容靚，昭陽殿裏佳期訂。三千穠艷青銅鏡，長連永巷宫門徑。（老旦）兀的不盼殺人也麽哥，兀的不想殺人也麽哥。臨歧戀戀綈袍贈。

就是不便題本，俺聽見你的人兒已經做官了，死在宫中也都瞑目。

【脱布衫】遠迢迢水驛山程，悶懨懨逆旅寒燈。赤悠悠彤幃内庭，暈沈沈一窩愁病。

（旦）我們的話不須囑付，只要你到後來不忘今日就是了。

【小梁州】交頸鴛鴦玉琢成，定遇惺惺。今夜嫦娥作證明。（老旦）相鉗定，實報要來生。

（旦）倒只怕我們福薄，致令你没有際遇哩！若論你的姿色，豈有此理，豈有此理！

【么篇】書生福淺難僥倖，致伊家好事難成。不賞鑒除目眚。相能推命，惟一理不單行。

（老旦）你就説得我恁好，倒叫我忍不住要笑了。（旦）不多幾日就要分别了，以後見面却是艱難。且和你抵足而眠，到枕頭上去笑笑罷。

【隨煞尾】抱頭交頸惟容挣，似瑟如琴但不疼。粉膩脂香堪互領，婉附柔靡没處争。（老旦）只當新諧鸞鳳盟，豈必都開孔雀屏。姑嫂情濃甄氏等。

詩

禍福摇摇未定時，一言存注便懷思。
况偕伉儷歡相締，骨肉無真即在兹。

第四齣　友燕

（丑上）揮金如土有機謀，紗帽教籠小犬頭。母勸妻陪多夥計，今朝更喜放人偷。區區李多金，表字勢大，仗這孔兄的力，天下的貿易無論大小，没有一椿不做。有那會使的才，裏外的官員，無論文武，没有一個不交。那些行財的客，作照依古例，但到他家娘母老婆出來勸酒。那些打通的門路，布散中朝，代瞧事勢。巧言相爲，另有酬儀。兒子頗知字義，納了一個翰林待制。和那衆位老先寫的一樣大字，出來做得貢監生教授，回去便做中政院侍儀。咱又設了一個公所，聚集相好兄弟。别家但有甚事，便來説與我知。我家倘要弄人，又好商量去幹。只是區區自幼好賭，舊法説是張而不弛，文武不能。只在正月十七放偷一夜，放賭一日。餘時犯者，一概斬首。這夜就是輸了他娘，也聽赢家收去，概不治罪。不免到這賭場，要他一要再説。

【北黄鐘醉花陰】高擺寬衫不教緊，漆紗帽眉稜罩穩。誰知我這般人，黄白千斤，篾片前頭引。好似虎狼群，愛入行財幫夥闖。

（小丑扮賭場主人）員外來得好早，恭喜歲進萬金。（丑）你這個人没見世面，説話全不在行。像咱這樣人家，只消一分錢，每年也有一二十萬。你説歲進萬金，豈不是大悔氣了？（小丑）員外自然一本萬利，小子説的單指賭博。（丑）這還解説得去。我進萬金，你又有一千兩頭呢！

【南黄鐘過曲】【畫眉序】（浄上）一鄉人説我麗肥有重暈，只緣多吃肉，所以如獖。料應他李老先來去打哄，揸牌遣興。此中别自饒風韵，迂儒莫與云云。

李太爺先到了。哎呀哎呀，晚輩到底人笨，不及你老人家撇脱。（丑）好説好説。（浄）主人家搭起臺來，咱們先鬥鵪鶉罷。臺下等接籌的人好站。（小丑）來了。（方棹上加半棹介）（丑）俊甫兄比唐蔡本更知趣。

【北喜遷鶯】（小生上）秦中諸郡，俺華陰真好城闉州軍。此間人狠，歲首逍遥没處奔。賭興新聊，舒鬱抑試入歡門。

列位請了。（丑）今年興哩，連外州人都有在此。

【南畫眉序】（老旦、小旦花衣男扮上）貌超倫，待結綢繆兩親近。都非呆蠢，總會温存。頂上髻，無異雲。堆面撲粉，更加香潤。細熏龍腦，衣香噴。綿團互换云云。

（老旦）胡哥，你知道麽？近來的新式，十來歲人生得不醜的，一個人結十個兄弟，都要面貌相仿，十十就是一百個了。但遇著時，都可以替换戲耍。或是一個情願，一個不情願，公議不許蠻纏。説是苗洞裏學來的哩！（小旦）鄒哥，俺每明日也學這法，還要老婆做什麽？（小丑邀介）正月十七放賭日期，多少大老官都在舍下，二位何不賭賭去？（老旦）俺們去去再來。（小丑强拉入介）還是賭賭再去。（丑背介）咦，好東西，好有趣。（净、丑上臺鬥鶉介）（班外多人上接籌介）俺認李家，咱認張家。我認紅旗，吾認緑旗。

【北出隊子】（通場合）秋虫相近，要瞧你諸位運。綿蠻黄鳥譜休論，居然左右軍。勝者歡呼，敗失魂。（班外人喧嚷介）

（小丑）各人運氣，有何争競。你睁開狗眼看看，臺上頑的是什麽人。快些出去，明日開發。（俱下）（丑）還是馬吊文雅，咱們打他幾副罷。（净）不錯不錯。（小旦）我不懂得。（丑）你不懂得，只坐在咱身邊，還你一分頭錢。（斜棹坐鬥介）

【南神仗兒】（合）新雕頁印，新雕頁印，梁山趕遁。長身富牝，子多之人。分畛攻椿多趣，逢椿難忍。施面目，待金屯，千萬貫，起空文。

（净）我又輸了。歇哉歇哉。要來要去，要算八子豪嗓。（丑）就是八子。（小生）賭多少錢一注？（净）咱的現稍，都吃這瘟太爺赢子去了。如今説不得哩，拿我老婆做一注罷。（小生）我在客邊，只好拿一百兩銀抵這大注。（丑）咱有小老婆的，輸的時節，揀一個和令正仿佛的，給你牽去。（擲骰盆介）

【北刮地風】（合）醉緑除紅久不聞，梟廬法更易迷魂。（净）竟把老婆來賭，不要説爾朱公子，就是晋人知道，也要説是極灑落的韵事。（合）花間鶯燕休相哂，遠强於螻蟻尋春。（净輸介）（丑）請教老哥，如今却怎麽樣？（净）説那裏話，從來好漢不賴賭。賴賭的人，比烏龜忘八又不如了。你明日來領了他去。咱贏了時，又尋得出老婆呀！（丑）還不知你尊嫂怎麼一個樣子？（净）和在下一般長大，只差不黑。（合）廿載粘身，却送贏家合巹。（小生）我也贏了半注，如今怎麼？（丑）你橫竪在客邊，没事就走將來，叫他給你看看，和你説説罷了。（合）任瞧看，陪談笑，惟難衝陣。也沾些蘭麝芬，莫想朱門。（丑）他們兩位既來在場，難道就不破些慳去。（老旦）俺每實在没有帶稍。（净）你身上現有的，比稍還硬。（丑）正是正是。咱十串錢賭你一次。（净）在我老婆身上算，我若又輸與他，你就替我墊幾兩罷。（丑）著實使得。（擲介）（净、丑合）舞神椎朱亥雄威，奮一聲呀就盡根。（老旦輸介）

（净）又是李老太贏了，真正金花運氣也。（丑抱老旦，老跌介）我原不曾要來，是你們强逼我擲的。（丑）好乖乖兒，不曾擲由得你，擲過了，這樣話比放屁還没用哩！

【南耍鮑老】騰騰祆火自難忍，怎容伊辭不允？暗地無人好相親，不用提燈掩房門。有何難，怎不肯？（老又跌介）

（小生）既然不願，就乏趣了。奉勸放手罷。（生上聽介）這賭場裏又是俺這族惡在那裏行勢哩！（入問介）老兄爲著何事，又恁發怒？（净）這小猴兒説定把屁股賭錢，咱輸了老婆也不賴，他輸就想賴了。所以太爺不肯壞例。（生）雖然今日没罪，倒底大傷陰隲。（丑）你這雜種敢説什麼，明日趕你出族。咱們有德有行的祖宗，没有你這樣雜種孫子呢。（生搥胸介）氣殺我也，氣殺我也。

【南雙鬥雞】（净）人堪愛，人堪愛，面如傅粉。如何不，如何不，向他鬥筭。（丑）這般胡言胡問，今番把這厮全家外擯。乞養膿包，非我宗人。（生撞頭）（丑踢生跌介）

（小生攔介）他一時不曾細想，未免輕口得罪。倒底人命關天，待我扶他出去罷！（下）（二旦隨下）

（净）一頓絶妙的美餐，真個被他打脱了，却也實在惹厭。

【北水仙子】（丑做手勢介）他他他一弱民，敢敢敢靠那頭巾嘴亂哼。便便便真是宗人，也也也要搥一頓。且且且叫齊人逐出村，先先先説他身不是吾昆，再再再把小妖精，弄他如水貧。省省省後來時重複回鄉郡，報報報報怨向元孫。（下）

（生、小生上）歲内答望，燕兄恰逢公出，怎麼也到這所在來？（小生）小弟是個不修邊幅的人，逢場作戲。足下與這位盛族，想是一向水火。如今釁隙已開，弟替吾兄算計，此間萬萬住不得了，不如搬到敝郡去罷。（生）貴處與寒荆父族交界毗連，既承盛情，此計甚好！

【北尾】何處相逢不幫襯，鬼骷髏錦綉乾坤。隨處都堪閒避隱。

詩

若無花面不成臺，隨手拈將捻攏來。

且要借他爲轉軸，百般熱鬧勸傾杯。

第五齣　姊貴

【南吕過曲】【一江風】（老旦上）畫眉郎，豈但如張敞，福淺休賒望。進京時萬恨千愁，豈料君王分入青宫帳。儂年長一雙，儂年長一雙，就坐喜生儲上。

女人家的命，真是飛沈迥別。奴家没入内庭，娘兒都要尋死，被張小姐勸阻，勉强驛送來了。誰知本朝制度，籍没進的婦女，每每分賜諸王。這些王子又都止十三四歲，不曾聘定妃匹。也不管你年紀相舛，聽他早晚收用。奴家運氣更好，恰恰分在東宫，所生竟是長子。將來换過兩朝，一定爲君嗣位了。太子登了大寶，雖要别聘名家立爲皇后，到底是我結髮丈夫。就等不得兒子自做，預先下世俺也瞑目了。咳，似我這般造化，漁家樂何足爲奇呢！

【前腔】那時間要死涇江上，以了前生帳。賴佳人一頓吱喳，飛進天宫得醉神仙釀。人兒勝粉裝，髫年意似糖。龍漦充腹腸，哇一哭，魂飄蕩。

只是此時力量，還不能狠爲。俺這弟子却怎麽處？且和我的人説，差個人去領他到京，與俺弟婦再會一面也好。有理有理！

【前腔】李家張，名重青綾障，住在宏農巷。唤將來，與説奇緣，也等娘行，知我胎珠狀。家鄉脱了幫，家鄉脱了幫，宫中頂上樁，好一段風流樣。

這些衷腸隱曲，只好我自言自語、自斟自酌。若給宫裏使唤的人聽見，説道原來如此。他久想這一席，如今遂了願心，快活的滿身都著油了，又就要接哥嫂來哩，好不輕狂。

【前腔】論人生，切莫多狂妄。驀地紅絲颺，幾何人，跑到橋邊，亂扯牽牛，空把烏鴉望。誰知風月鄉，誰知風月鄉，翻藏劍戟場，只願望連生長。

（雜宫嫗上）夜膳已齊備了，問閣下在何處用？（老旦）著擺在月荷亭上，去請小千歲來同吃。（雜）奴婢理會。（下）

詩　獻文親母史明書，年舛髫淫亦匪虚。
　　想到當然摹畫處，虎頭未許遽誇予。

第六齣　附國

（丑扮太監上）〔如夢令〕生了將來天子，今日就威風起。弟婦喚將來，華夏安居戚里。奇矣，奇矣，抄没去年到的。咱家東宫司禮，奉李娘子之命，打掃舅爺新屋。鋪床安櫃，扛臺列几。燒香缸，插花瓶，掛畫幅，擺圍屏，數碗盞，點壺鉼。堂有堂氈，廊有廊幔，門有門簾，地有地爐，炕有炕席，杌有杌褥，棹有棹圍，椅有椅帔。這都不消説得，連丫頭老媽的馬桶，都要咱照看到。衣裳從頭做到裙褲，各幾百條。靴帽有多少樣，也都不消説得。連丫頭老媽的脚帶，都叫咱備現成。只等舅爺舅奶奶到來，現現成成受用。這也是有福之人，人伏侍哩！

〔雙調引子〕【風入松慢】（旦上）茶園菜地冷空齋，勤儉甘捱。忽然天上相牽帶，欣欣不覺開懷。去歲爲他籌畫，只今樂境飛來。

奴家接了姑娘書信，叫同官人到京。原來賜有宅子，一切現成在此。官人就往東宫稟到稟謝了，所以奴家先進宅來。

〔過曲〕【風入松】全憑妙計换高抬，運到人家光彩。那人面麗原堪愛，怪不得青宫抱腿，只一度胞宫便開。犀似透，結龍胎。

（生上）親親小姐，你的見識，真正賽過孔明。今日這種享用，都是娘子帶挈官人的呢！

【前腔】浮萍踪迹華陰來，平地侯門如海。儂儲幾斛春山黛，你須是胭脂多買。不比著尋常奉差，古今少會親牌。

（旦）你那些族人，既然如此可惡，我和你竟棄了鼠宗，專附鳳姊罷了。（生）這個何消説得。

（浄貂額，濃粉，籠藕襪，高跟鳳頭朱履上）千歲賜有酒席，送來在此。就著愚妹在這裏奉陪哩！

【急三槍】（浄）瞧一對，真相配。牙床上，鴛衾裏，玉山皚。原值得樓臺貯，珍珠裏侯鯖，奉主恩培。（浄蹴福安席）

（生、旦回盞相遞介）這裏既是敞寓，自然侍中上坐。（浄）今日出於上賜，只算代主爲情哎。（生、旦南面，浄東面坐介）

【風入松】（生、旦）看君九尺玉身材，頎皎人間無賽。長裙褶底雙鸞躧，堪爲姐敢勞稱妹。欣同醉何難百杯。人相類，意尤諧。

（浄）既蒙賢伉儷相愛，就要實實在在多奉幾杯。（旦）侍中怎麽得在東宫？（浄）只因千歲生了小爺，萬歲快活之極，特著愚妹來照看的。（生）貴庚多少了？（浄）三十六歲。（旦）長我們一大半，以後稱

姊纔是。（生）卑人只叫大姨。（净）如此遵命，僭了。至親無如尊府，咱們正要打做一家兒纔好。如今

【前腔】（生、旦）今朝邂逅識君纔，骨肉兒般相愛。百年雖暫愁妨碍，争遇著一窩情塊。

既攀鱗和喈，休提起舊根荄。

（净）倘有用著愚姊的所在，一定盡其綿力。

【急三槍】單除了香房内，喁喁語，鶼鶼翼，未能陪。其餘的宫帷事，朝廷政，都在我替君媒。

（旦）姊姊如此好心，愚妹和你姨夫感激不盡。只今夜不必回宫，就在敝寓荒榻了罷。（净）他有他家規矩，這個却使不得。賢妹明日午刻，也就要進去謝酒，俺在那裏伺候你便了。

【風入松】才郎淑女合相偕，方底幸非圓蓋。（生、旦）榮華定須身肥大，原不必苗條姿態。（合）

明朝進東宫去來，侵晨起拂粧臺。（起介）

（净）如此就告别了。（丑太監提燈上）咱家也同回去，明日再來。（净）請了。（生、旦）請了。

詩

朝裏無人莫做官，旁邊亦復要交歡。

總須摹古教奇肖，方算京蘇第一班。

第七齣　出刺

（内外隔簾）（生冠帶導從上）新主甫垂琉，皇親出刺州。去年驅小犢，今日擁貔貅。下官以主上登極，

特簡秦州刺史。不由科甲，遽授雄藩，一來是聖君天地之恩，二來是各人夙緣之故，三來是寒荆億中之力。咳，只怕千古以來的際遇，少有這般神速。若不趁此年力富强之時，替國家建點點功業，豈不上負朝廷，中負身世，下負妻子了麼？夫人簾内觀看，今日也該歡喜。（雜並班外人上，大排衙介）（生）抬出放告牌去。（雜應抬，接紙介）

〔黄鐘過曲〕【啄木兒】非科甲驟擢超，身鎮雄州誰意料。只看這大排衙，殊威武令人驕。小君映簾真豪燥，峥嶸實由閨中寶。這世榮華前世招。

洛京新例，差捕、皂隸、仵作、牢頭，俱用凶手竊賊妻母充當。恐妨中夾，女犯一概不許用男。並將女監移在堂後，使家丁衙役俱不能入。將來秦州都要照樣。吩咐女役，把那已經懸示、現在人犯帶將進來。（外報介）吞騙財本犯人吴良、何意進。（捆綁手吆喝）（扛丢介）（生）你就是吴良麽？爲何做著夥計，侵蝕東家財本？（丑）實因小的運氣不濟，陸續虧折了。（生）果然失算虧折，還可相容。聞得你浪嫖浪賭，貪圖酒食，就把東家財本借與脱空的人，而且自己床頭倒還藏有銀子。有了没良心的娘，纔生没良心的兒子。本察院如今將你母親斷與債家爲婢，聽憑他使唤也得，别的也得，不許你争。（丑背介）我倒又省得供養。（生）何意是借了人錢，本利兩空的，有何話説？（小丑）小的一時妄費了，其實如今要還不能。（生）每月幾何利息？（小丑）一分起利。（生）重利盤算的又當别論，這等薄利爲何也不還呢？（小丑）小的家裏用度本大，借到些微，如湯撥雪一樣，不知那裏去了。（生）你若曉得借債須還，便不至於浪費浪借，如今把你老婆也斷與債家爲婢。（小丑）念小人的老婆是弘農李

太爺的閨女，只因李太爺死了，舅子不肯尚義，所以還不起了。要求看面開恩。（生）掌嘴。（女役打介）

【滴溜子】（生唱衆合）千金體，千金體，休思自保。奸徒事，奸徒事，只須自考。把人銀錢虛冒，今朝這斷法，誰言不好。難做商量，無許脱逃。（下）

（外又報介）謀死親夫桃氏、梅氏進。（生）謀死親夫，有奸是不消説得了，爲何妻妾同謀呢？（净）小婦人是弘農李老爹的外甥女兒，這妾是咱陪嫁的丫頭。其實是不知藥性，誤進湯藥的。（生）夾起脚來。咄！（女役夾介）（净喊介）不好了，其實是有意藥死的，你收在監裏，咱自會補報你。只别要痛壞了咱這金蓮罷。（生）綁在十字路口亭子裏去，這世族婦女，不論何人要來入的，就叫進來，以死爲度。丫頭出於賊族，牽十來個狗一頭驢去，也要以死爲度。以後有强行雞奸的，亦照此法。（雜應）（女役剥綁）（插旗喂酒介）這底下也要賞他杯酒。

【三段子】（生唱衆合）死教意消，到魂離還容撒嬌。何須斬妖到靈飄，還難捨拋。儘伊兩人誇容貌，諸人任探春消耗。可是高情無負了。（下）

（内喧譁介）好麻利的官府，多年没有見這樣賜上方劍的老爺了。省了多少文書紙筆，省了多少拖累株連，以後再没有人敢借債了，再没有人敢浪用了。咱秦州好造化，咱秦州好造化。

【鮑老催】（生唱衆合）斷來似佻，風流刺史難畫描。教伊死生成狎交，吞財寶，婦女銷，尤其巧。無良合遣生煩惱，傷心合令添歡笑，看多少花星照。

（末扮吏跪介）請大老爺把這幾件立了個鐵案，以後永以爲例。（生）你叫什麼？（末）書役陶侃。（生）狠好，就像晋朝陶侃一樣。以後連太太買辦的物件，都委你去。

【歸朝歡】（合）仙郎的、仙郎的，來從絳霄。造陰隲公平無擾。妖嬈的，妖嬈的，琵琶過船。流漂杵何殊斬絞。（末）離堂便赴鴛鴦沼，明年又把麒麟抱。（生）天若酬人決不淆。

詩　戲場審斷豈容迂，又要情應法當辜。
　　但引矮人齊拍手，詞家能事已無餘。

第八齣　威羌

〔仙吕入雙調過曲〕【六么令】（净戎裝中軍官上）羌刁虜悍，不得英才，怎鎮凶奸。李家刺史好，新官原白面，正朱顔。勁兵耀倒邊夷眼，勁兵耀倒邊夷眼。

在下秦州刺史轅門上中軍官兒便是。這秦州地面，沿邊一帶，都是剛夷惡獠黷禮嫚倫，在羌蠻中尤其醜穢。又貪得而忘死，慢令而畏威。向來的官長，個個被他戲弄。難得朝廷有福，放一個李老爺來。智足扣囊，年方少壯。又恃著真實的勢力，没有畏首畏尾之虞。免得動不動被人掣肘，連咱們轄下將官，也都光彩了多少。今日耀兵境上，要用些恩威並濟之法，看那番蠻男女扶妻抱子而來，倒也有景致哩！

〔南呂過曲〕【紅衲襖】（生衆上合）出身非武弁班，不徒然，能染翰。斷如神，無留案，練精兵，似座山。只今朝窺一斑，使小夷知畏赧。因此上躍馬橫刀，做這機關也，那愁他獠與蠻。

（雜並班外人扮羌夷男女上）（生）你們瞧著這精兵十萬，有敢和俺將官比一比武藝的麽？（雜）大元帥相似天神，小番們怎敢兒戲。（生）男不耕不食，女不織不衣，是天地生成的道理。你這些人怎麽不幹正務？男人到俺界上截路，女人把俺百姓囮奸。叫中軍把前日拿住的一男一女，押過來斬首號令。（淨應雜斬介）禀爺，斬訖。（夷衆跪介）以後人都不敢了。（生）吩咐三軍跑馬與他們看。（挺槍、搖旗，繞場奔介）

【前腔】（生衆）在朝廷富勝韓，鎮邊疆种勝范。莫驚麞，睁雙眼，略糊塗，便是頑看。驊騮不要鞍，悉選鋒何用揀。休道此日將軍還似前番，也敢窺覘向苛蘭。

（夷）都督爺這樣軍威，小番們有幾十年没有見著了。（生）你們裏面，也還有幾個勤耕善織的男女麽？（夷）原也不少。（生）著推舉報名上來，堂官取錢萬貫，挨次散賞。

〔仙吕入雙調過曲〕【六么令】（末堂官上）恩承帝簡僕從知，堂也掛羅襴。巡邊巡過苛蘭山，沮渠滅，赫連殘。苻姚興敗堪長嘆，苻姚興敗堪長嘆。

禀爺，各賞幾錢？（生）頭等的賞五千，二等的賞三千，三等的賞一千。（末應散介）

〔南呂過曲〕【紅衲襖】（生衆）賞青銅，飾面顔，獎勤勞，非冒泛。把男褒，將女贊，盡歡欣，鼓掌還。感元戎恩下頒，待强梁全不敢。但望節使前來，把俺招安也。笑相迎，圍繞看。

（夷叩介）小番們叩謝元帥。（生）中軍起鼓，仍舊飛馬回城。（又繞場介）

【前腔】只匆匆半日間，點名忙挑選。懶做朝官升霄漢，忍將人同草菅。便臺臣不敢彈，玷官箴，先自僝。敢道虜種羌妻，亦有紅顔也，搶回家可細觀。

詩

邊官未必果難肥，只怕從中制者非。
若得自由還自主，高才得騁便光輝。

第九齣　赴飲

〔中吕過曲〕【粉孩兒】（生便服上）停戎事，到兒曹閨閣裏。且綸巾羽扇，亂紅相倚。同心共命誰復悲，豈强求彼自甘之。只須將真意推恩，人情在看透而已。

下官軍政之暇，便有各科書吏和那千户百户，請去賞花賞月。承他們的盛意，都是阿堂阿正出來勸酒把杯。下官到賞勞之時，却也必有夫人一分另自賞他内眷。宴待時節，夫人自己監厨。他們忙樂的事，只要不傷陰隲，也就不禁治他。所以他們衆人個個歡天喜地，都愿聽我勸諭。當初文侯見吴起，夫人捧觴。我朝王睿曾説，用人死命而欲飾甘言以代賞，藉禮貌以相驅，猶以物給嬰兒，爲古愚之醜行也。你若是偏憎偏愛，該提拔的所在不提拔，可寬免的所在不寬免。他就凍餓，你也不管。他的艱苦，你全不知。便和他諄諄如禮，他也不服。你用看待他們，猶如骨肉。吕布、孔舟，也不足道。連韓

世忠亦復如此。就和那替我行財的一樣，却又何妨。今日將吏人等，借了白家園子，備有什麽公酌，

正是履舄交錯，髡心至歡，又索去走一遭也。（下）

【紅芍藥】（净、丑、老旦濃施脂粉，籠藕襪，高跟鳳頭朱履上）（合）人世上，說到閨閫，春光別便異。花枝雖未必，東鄰果如魅，覺他家更加尤媚。須知貴賤莫並提，賤多求貴圖柔靡。但教人各遂其私，保世間無怨無忌。

（老旦）說是婦人洗坐脚的水，拿來與人洗臉泡飯吃，便使那人顛倒迷戀，認歹爲好。俺們何不也弄他一弄？（净）桑濮姑，你不知這是後娘魘憎兒、賃妾魘主人的法？他待人又不薄，我們弄他做什麽呀？（丑）鄭大嬸他們去請李爺了，想必跟隨了來。俺和你且撒撒溺，好陪侍他。

（净）衛阿姆雞眼兒疼得狠，且等俺每纏纏脚著。（丑溺，净坐椅上纏介）

【福馬郎】（生策馬，末、小丑扮吏，副净扮武弁隨上）非無良緣要諱避，使人空牽繫。今最慰，諸尊閣美容儀。雖難成對飛，如親屬，兩相依。

（净、丑、老旦）太爺蹴福。（生）諸位少禮。（小丑跪介）臺圍椅披，倒越拘板可厭。太爺若愛灑落，竟就在這秋千架下，蝴蝶門裏，芍藥欄邊，席草而坐，不知意下如何？（生）狠好狠好。（生、净、丑、旦坐地）（副净、小丑上饌）（立侍介）（丑）咱們有個賞罰，纔好吃酒。（净）秦州新式：梗令者，罰替校書抗脚。叫幾個婦人在旁邊洗脚。賴酒者，罰洗脚水一碗代之。（生）這裏看景致好，總不要行令了。

【耍孩兒】（合）聽溜溜鶯歌圓，美燕語明如翦。水霧氣晻曖朱扉，烟絲恁醉軟。淡淡春山翠，

似這般姹紫嫣紅地，非斷井頹垣比。

（净取花遞生介）俺們就把這芍藥花當籌。

【會河陽】（合）嵌在雕欄，罩將柳絲芳菲。帶露淺芽兒，潤風風粉腮頤。美懷怎知，笑微微含春意。錦屏人忍把韶光棄，賞心人索趁良辰醉。

（丑取花遞生介）芍藥賞過了，再把這金錢花串串。

【縷縷金】（合）通天下病狂癡，半金錢作祟，使沈迷。不比諸花是人間情致，却因何少彼。便無媒，難將看卑鄙，難將看卑鄙。

（老旦）園内景致都賞完了，和老爺登高眺望一番，看看園外景致何如？（場上疊棹共登介）待下雨哩！

【越恁好】（合）雨絲風片，雨絲風片，畫舸不得飛早飛。暮捲雲霞，映翠軒奇，三分門户行樂誰。方纔一會，分明還美。滿幽香細，流年似水也，花殘矣。

（副净）如今蒙上台錯愛，恁般鬧熱。將來聚散無常，也不知可能彀久隨鞭凳呢。（生）倘有富貴，誓必同之。

【紅綉鞋】（合）如何捨得，相依相依。不勝貪戀，悲悽悲悽。人有願，愛休移。但打掃舊香閨，常會合，永歡喜。

【尾聲】（生）盈懷膩粉香脂氣。（凈、丑、旦）咋口鮮甜玉笋腓。（末、小丑、副凈）人貴情多任嗅啮。

詩

將吏期仁也不仁，未須代彼若生嗔。
試看演揲同阿合，由此峥嶸殆萬人。

第十齣　娶劉

〔商調引子〕【憶秦娥】（旦上）雙鶼帖，何妨兩綰同心結。同心結，此生團聚，總由緣業。

奴家爲何道此幾句，只因丈夫前日内召歸朝，侍中義姊閒説起來，有個族中夫妹與奴家一般長大，只差容態各别。俺相公忽憶賈充故事，要娶來做個左右並肩。誰知那個劉家，又就一説便肯。他是劉虞之後，今太常芳從姊。貌若神人，明艷無比。奴家細想，横床貼身魚鱗媵婢，既然都可容得，難道添個幫手，倒又拈酸吃醋？竟等迎娶歸來，替他遞酒送房便了。（内鼓吹介）説猶未了，鸞輿早到。

【憶秦後半】（小旦燈轎上）名頭久已成虚捏，心頭終覺耽羞怯。耽羞怯，從頭講起，見他堂客。

（旦除花髻介）快請老爺出來成禮。

〔過曲〕【鶯集御林春】（生插花上）本權把巧話周遮，慕才高咏雪，實爲容華春思惹。軟羅衫又思親卸，金蓮玉笋，秪今香又充寒舍。膚彩若神仙，謝他那個人兒爲傳説。

（儐相上）伏以結子多時，蟠桃已爛。添綿裹體，蛤蚌初開。細視兩邊，總似石榴之艷；偶分高枕，倍增玉笋之香。輕高饅首，一吃就是雙雙；紅淡櫻桃，雙奉必須一一。今宵錦帳，或笑或啼；來歲牙床，任前任後。此上彼下而加蠟，以舊導新而括囊。子子孫孫盡出二門之内，男男女女皆由獨杵之功。世間萬萬千家，到此方爲極密；輪轉千千萬劫，管教膠住難分。（生、小旦對拜介）（旦左，生、小旦右，對拜介）（旦）掌燈送入洞房。（儐等俱下）（生、小旦並坐）（旦用連杯遞酒介）

【前腔】（合）同衾枕有何分別，任頭緒重疊。做戲須教人去説，細關目全無差迭。河洲並咏，兩家醋甕都休設。情願做英皇，只便宜了這個人兒，太饕餮。

（生）下官自出廳陪宴去，兩位小姐權且同坐坐罷。（下）（旦）愚妹久患無才，得賢妹過來相助，萬分有幸。（小旦）小妹未應分愛，蒙尊姊不加屏却，五内知情。

【前腔】（小旦）愧淺學未堪頏頡，實緣分偶協。（旦）似恁玲瓏誰忍撇？（小旦）舌頭言到尖還咽。（旦）天公弄巧，妍媸相聚羞伊瞥。（小旦）顛倒説將來，久知這樣人兒要相媟。

（旦）他們還有出差上朝時候，我和你一刻不離共被窩。你們兩位吃過交杯了，再也和我吃杯兒呀。

（串飲介）

【前腔】（小旦）笑他這眼色乜邪，把衣裳亂扯。（旦）舊日風魔常病也，看伊家怎投藥帖。（起揖介）俺先充個男人著。（小旦）春風亂舞紅衫，拜福還深喏。（旦）磨蛤意兒勤，把伊一個人兒兩磨滅。

（丑丫鬟上）老爺已進裏間房了，二位夫人也該去哩！

【尾聲】（旦）爲伊易履心歡悦，抱登床無勞阿凸。（小旦）你太風流我太呆。

詩

兩樣春光便不同，矧都才具不凡庸。
彼時分爨真堪惜，特把鸞凰併一籠。

第十一齣 從駕

【中呂引子】（小旦扮披髮書童上）青衣隨侍年三五，不幾日還歸去。最怕横床諸賃母，後邊搯摸，兩言三語，單道人羞處。

俺主公李爺，因國太要遊大同，萬歲帶他隨駕。張氏夫人恐他一路飢飽寒熱没人照應，就叫劉氏夫人管了家事，自己束裝趕來。近日爲要肅清大家嫌疑，既有了女衙役。除夥計、佃客、丫頭之外，只許人家用四十歲外的雇工婦女，十五歲内的青衣童子。一過了十五歲，官府便來替你打發回去了。不但入市買辦，那怕老爺出路，也都是我等小廝和阿姆們跟隨。如今跟夫人來，更不消説了呢。（向内覷介）那些厭物又走到哩。

〔過曲〕【漁家傲】（浄、丑扮女傭策馬上）子女生完方典軀，尋得銀錢，歸將媳娶。入市切踦年來慣，且跟跑路。試考夷堅，嬸子好呼，賃妾卑妻此類乎。

一路人争看，誇儂白且肥。諮嗟不如馬，得受我們騎。（見介）小厮兒，你快趕上老爺去罷。這裏用你不著。（小旦）老爺説你們若去，連我們的事都做了。我們去時，做不得你們的事。

【剔銀燈】（浄、丑）紅蓮嘴偏能嚼蛆，丹桂館爲伊懷慮。一顆菓一顆啼痕注。（小旦）一般情一般心喻。（浄、丑）躊躇難教便許。（小旦）赤繩繫旁緣在渠。

（内騶唱介）（丑）不要搗鬼，夫人的車子到了。

〔引子〕【繞紅樓】（旦車上）檢得裴家一頁書，奴且可依樣葫蘆。怕中飢寒，損精傷胕，有用的身軀。

（浄、丑）稟上夫人，一路坊子都曾問過老爺，向前不過一站多路，咱們也不消狠趕了。

〔過曲〕【駐雲飛】（旦）書劍狂疎，措大齏鹽在北途。漸遠清伊浦，不見嵩山樹。（浄、丑）黄閣待英儒，此番可取。（小旦）笑彼隆中，要待茅廬顧。怎及題橋與棄繻。

（旦）老爺容易趕著了，倒是長秋玉輦還在後邊。我要路旁候駕，朝見朝見纔好。

【前腔】（合）鑾衛長驅，仰覲還須候路隅。待把當年敘，争怕貔貅拒。姌裊近金輿，曷勝依煦。復叫姑娘，暫免臣數，天上人間此事孤。（老旦輦上）

（旦旁跪介）臣妾李洪之妻張氏，朝見萬歲萬歲萬萬歲！（老旦）快請起來。（雜扶起介）（旦）昨日看見小抄，李洪之本准行，又不知爲什麽事？（老旦）幽州刺史燕榮，好往書吏家宿夜，所以萬歲要鎖拿他。俺弟子的本説：人以五行作，萬事不能相制，不相賊害，不成爲用。若誘以僞成之名，懼以虚至之謗，使進不得陳其謀，退不能安其身，是以綸組爲繩索，印佩爲鉗鐵也。因我面上纔准他的。（旦）如此大膽，難得娘娘救援。（老旦）嫡親弟婦，你就上我輦來，同坐了走罷。没人所在，仍舊叫我姑娘，我心更覺受用。

【攤破錦地花】（旦並坐介）賤身軀，顱至踵皆恩遇。（老旦）幾日工夫，滄桑再見僅留吾。（合）昔日同衾，睹物親膚。豈曾拘重，握手實歡娱。

（雜跪介）這裏有個温湯，請御過了再行。（老旦執旦手介）我們同去。（車繞場下）

【麻婆子】世間世間難預料，今朝恁展舒。前日前日堪回想，拉同眠敝廬。温湯裏重浴芙渠，相看一笑水和乳。殆欲難支柱，化作一團酥。

詩

帳下青衣自古然，易京銅雀使宣傳。

夫人亦至齊裴澤，聊復移來湊妙妍。

第十二齣　訪友

〔商調引子〕**【二郎神慢】**（小生領兵上）生如夢，要覓取，爲歡一縫。别要説閒情千萬種，彌天壤情絲飛縱。强括豪家充，吏役遣，認取君侯嚴重。陳馮未伏，用武捉來差用。

〔昭君怨〕鄭國公孫歡黷，和那衙邦端木。今日勢難同，莫相容。不做延年廣漢，張敞教誰嚴憚。只要綉羅裳，擁餘香。下官到任以來，幽州豪族都被我署爲吏役，便於朴責。誰不知道燕使君的利害。武清黄氏、曲堤周氏兩家，豪霸此方已經十世。窮民弱族，畏之如虎，也被我制得伏篤篤了。只有陳、馮二姓，原是上黨搬來的，擅養家將，拒捕不來。今日趁著操兵，不免圍其村堡，再看他伏拿不伏拿呢。

〔過曲〕【集賢賓】（生騶輿上）關河萬里身似蓬，客路過殘冬。侍史傭姬，雖任擁宿，隨營曉角霜風。幽州信通，也道彼將吾作誦。承接送，竟繞到教場相諷。

下官隨駕經過幽州，聞得華陰舊友今日在此。操兵公事，不敢停留，只得就此一見。（雜）秦州總管李在轅，快些通報。（末扮中軍請介）（生）半載寄居，十年未晤。（小生跪介）昨蒙恩救，得霽天威。（生）昔遇凶徒，亦曾藉力。（小生）投桃報玉，輕重天淵。倒有點點快事，敬報吾兄知道。小弟如今要下手的這家，老婆就是弘農李氏。聞係李金老狗最愛女兒，家裏養著無數拳師，所以帶兵來哩。（生）如今且把你的兵馬操演我看，萬一朝廷問起，也曉得你經略如何。（小生）聽李老爺將令。（衆應摇旗介）（舞藤牌介）

【二郎神换頭】（合）渠凶飛刀上，取長刀跳用。連馬藤牌傷脛踵，勤操極熟，誰人敢近元戎。苗刃倭刀人壯勇，那怕你中邊交訌。盡吾忠，便亡命沙場，轉快心胸。

（小生）著鳥銃手過來。（内放連炮，外演勢介）（小生）放馬圍繞這屋。（衆繞場介）

【琥珀猫兒墜】鉛丸飛擊，血路一條紅。何必西洋炮鑄銅，磚城石壁打教通。惺忪，有此雄兵，報國無窮。

（丑膝行上）犯人馮老羆投到麾下，情願充當皂隸，以贖從前拒捕之罪。（小生）著帶回衙。（雜應鎖介）（丑）家裏婦人，感都爺不殺的恩德，請住了幾夜去哩。（小生）胡説。

【尾聲】情真境實非談夢。（生）雖近風流不是瘋。（合）未必人人都暗懂。

詩

本本都言中狀元，何如燕李更雄軒。

將完更要轟鑼鼓，只得談兵惹亂喧。

第十三齣　娶媳

〔南吕引子〕【滿園春】（小旦花紅上）兩位家婆自調和，今先見一邊成果。堪憎老物尚綿纏，無計將他逃躲。

奴家劉氏，守著張家姐姐的話，代看洛陽家舍。且喜相公隨駕回京，有旨准他致仕。因此同至弘農李氏門中。早有許多財主代造新莊，現成十分齊整。張家姐姐却從幽并分路，竟帶了新媳婦回來。就是相公舊交燕公侄女。姐姐嫁了十四年，生了六個兒子，兩個女兒。奴家纔嫁三年，倒也有了一個女兒，三個兒子，都著實有些怕生哩。如今贅入燕府的，是奴家未來就生下的，算他是個嫡長。擇期今日進門，須索上廳等候則個。

〔過曲〕【梁州新郎】（旦花紅領丑、小丑上）初看兒媳，新房同卧，耻作從前諸過。金燈花翦，輕挑雲髻紅羅。花能解語，玉可生香，更比雙姑娜。蕊珠宫殿裏綵雲窩，那數高天新月娥。宵廢寢，朝忘餓，看年年不斷人來賀，今日起有多個。

（小旦迎福介）恭喜姐姐。（旦）恭喜妹妹，我和他爺在幽州就受過拜了，如今單叫拜你。（小旦）把我的見面禮物快取出來。（雜應取）（丑、小丑拜介）

【前腔】（小旦）當年床笫，相看婀娜。幾載雎鳩聲和。藍田更好，而今白玉先瑳。能分豆蔻，會拆丁香，不怕葳蕤鎖。（旦）遇當年好友締絲蘿，解把催妝詩句哦。（小旦）娘不是風流過，怎今朝這樣威風大，還該去再招禍。

（旦）啐，你看看新婦，倒有八分像你這婆。明日又是個會招禍的。（小旦）上半身像我這個婆，下半身像你這個婆。

【前腔換頭】（合）料他們會得騰那，不像你這娘行貨。把他爺揑賣，有似强拖。胭脂鮮雨，紅日通明，莫説羞燈火。眯暖春色，眼遣摩挲。臉暈眉痕風韵多，還説我愁無那。並頭花，遍覓芳蘭朵。宜腹笥，如榴破。

（小旦）你們有一兩個月不曾做一處了，我備有喜酒接待兒子媳婦的，叫他出來同吃一杯。等你一連再添幾個兒子罷。（旦）我也未必肯放你哩！

【前腔】（生花紅上）族中豪實爲持柯，成今日兒因婦果。兩家都三品，不用登科。寒添紅袖，醫倩青囊，姑舅還須做。寧馨惟怕少，再添波，肯就孤衾獨宿麽。花燭禮，都停妥，怕雙姑不復興祆火。些個事，固在我。

（小旦）這個兒子到底是姐姐功勞，該得姐姐安席。（旦）今日酒是妹妹的，要你敬我。（小旦蹴福安席介）（生、旦答禮）（丑、小丑向上拜）（生、二旦共席）（丑、小丑東西席）（各坐介）

【節節高】（生、旦合）良緣百歲和，不差訛。舅姑也再生三個，俱瓜葛。誰怕他陪錢貨。小房一對團圞卧，老房對半相摟坐。自古男兒跪地求，娘應倨傲爺應懦。

（生）把你們吃的酒，著人送去，叫新婦都乾了，像兩個婆婆一樣會生。

【前腔】如今讓大哥占窩窩，將來挨次婚姻妥。齊耒坐，共笑呵，防懶惰。滿家無數珍珠顆，難分叔侄都髫髻。莫學書獃，像公公婆婆，爲樣强而果。

（生）也要把你們持家的道理，傳授後人纔是。不但講究妝扮哩！

【尾聲】（通場合）誰知福氣吾家大，鏡奩邊教描翠蛾，端的人間無賽呵。

詩

誰曾如此致淋漓，煞末收場越好嬉。

爲要世人貪學習，必須熱鬧夾新奇。

成雙譜

成雙譜目録

第一齣　譜由

【西江月】（末上）才子緣由夙世，佳人事遠千年。稀奇雙俊並登天，子女因成美眷。　猶惜月中譜缺，胡將足上絲牽。戲場配合未須天，要問風情掌院。

【前詞】若據史書本傳，未言誰氏姻連。隨時度勢使成緣，死後別留生面。　以及鑽媒兼室，不妨任意相牽。文章無謊不成篇，只要古人情願。（問答照常）

【慶親朝慢】李子王生，齊名當世，風姿幹略兼長。子女配成對偶，國助資裝，無數孤寒感仰。有時穢罵難當。皆真事，只伊伉儷，未載其詳。　須能武兼文，思還時貴，纔足相將。想著馮熙養母族，果非常。再與渾家僭主，要伊心願盡酬償。如媒媼，同他宋國等見淫荒。

詩

名士趨時並向天堂走，才女逢媒須付情郎手。
收奸護國得報最香甜，創宋圖南數其欺父母。

第二齣　擬策

【破陣子】（生上）引鏡容光照地，揮毫筆勢侵天。不要朝廷輕賤。職豈受，鄉邦瑣末憐，丹成須上仙。

〔鷓鴣天〕買帽王濛鬢且蓬，駘佗巧妙貌徐公。堆胸萬卷機隨發，動手千言智不窮。儲粉帨，棄詩筒，客來拍袒薄雕蟲。語皆朕理非師授，才有奇鋒豈字傭。小生李冲，字一飛，鄧州人也。身如峙玉，人號水月觀音。肌似熊肪，色勝衛宮子鮑。十二加一，纔交董偃之年。四五非三，不墮狙公之計。兼通文武，枕中秘誰教《論衡》；攻苦百家，名山藏豈徒《説苑》。只是似小生這樣才貌，有何事在我意中；似小生這樣疎狂，叫何人代爲口薦。我想當今主上無典不究，開獨悟之明；無細不存，極爲人之妙。惟有獻策一法，可以直達天庭。昨夜燈燭之下，已寫下《萬言書》一通，不免叫個侍書朗誦數遍，看看委實如何。

（小旦扮書童上，抑揚讀介）粗誦詩書之文，多識流俗之故。若非而是，若是而非，孰通其微。内不開於中，而强學問者，猶聾者之歌。效人爲之，而無以自樂。至人生亂世，鉗口寢説，不言而死者衆矣。猶狸官之者非其職，則賢者無異於不肖。故有小智者，不可任以大功；有大略者，不可責以捷巧。猶狸不可使搏牛，虎不可使捕鼠也。視牛之方寸，不知其大於羊。總視其體，乃知其大。孟賁探鼠穴，必噬其指，失其勢也。

【前腔】（生）聾瞽歌雖鬆脆，他心自已茫然。若令山王拿老鼠，不但無功且可憐。牛羊要看全。

（小旦又讀介）楚人烹猴，召其鄰。以爲狗羹也，而甘之。聞其猴也，據地而吐。此未始知味者也。邯鄲有新曲，託之李奇，人皆爭學之。後知非奇，皆棄其曲，此未始知音者也。通人則不然，讀書期於通道略物，而不期於《洪範》《商頌》。衆人見是非，而中無主以受之。譬若遺腹子之上冢，以禮哭泣，而無所歸心。今取新聖人之書，名之孔墨，則受者衆矣。故美人者，不必西施之種；通士者，不必孔墨之類。曉然意有所通於物，故作書以喻意。有不爲古今易意者，據以示之，雖闔棺亦不恨矣。

【玉芙蓉】（生）知音識味鮮，今世上誰稱善。只道是《尚書・洪範》，纔算名篇。渾似那上墳遺腹猜爺面，必要出西子兒門始見憐。從時便，達人應不然。把吾書與伊，握去始心全。

（小旦又讀介）明白之士，達動之機，而闇於玄慮。玄慮之人，識静之原，而困於速捷。不能創思遠圖，而能受一官之任。措意施巧，以邀功爲度，而不知治亂之原，是謂伎倆。不能創制垂則，而能遭變用權，策謀奇妙，是謂智意。隨行信名，故淺美揚露則以爲異，深明沈漠則以爲虚，宜良才萬不一遇也。人不著述，則才智腐於心胸，神明不發，故作是書。千金之鼎，非賁獲不能抱也；光夜之珍，非陶猗不能市也；邁倫之才，非明主不能用也。然珠不爲無求而虧其質，以苟且於賤賈；鼎不爲委淪而輕其體，以見舉於侏儒；士不爲沈抑而捷其徑，以趨附於流俗。

【前腔】（生）無妨偶用權，伎倆非吾願。這深沈淡漠，正是那照夜珠蠙。有才有智遭輕賤，賤賈侏儒滿市廛。精神健，且忙耕硯田。不因他委淪遏抑，廢鑽研。

（小旦又讀介）若積素行乃托政，則寧戚而不顯於齊矣；貴宿名而委任，則陳韓不録於漢矣。子書爲增深之淵，流而拘繫之徒，輕奇賤異謂爲不急。不知厩馬千駟，而麒驥有邈群之價；美人萬計，而威施有超世之容也。蓋世俗率是，古昔而賤同。時雖有追風之駿，猶謂不及造父之所御；雖有連城之珍，猶謂不及楚人之所泣；雖有超群之人，猶謂不及竹帛之所載；雖有益世之書，猶謂不及先代之遺文。紲芻狗而責盧鵲之效，褠雞鶩而崇鷹揚之功。豈知駿馬不争途於蹇驢之群，大鵬不争飛於蓬蒿之杪。官卑者，稷契不能康庶績；權薄者，伊周不能臻升平。後之從政者，猶土偶之冠夜光，錦紈之裹塵埃也。士無立錐地，而能使四海若一家。其窮也，俗儒笑之，嵬瑣侮之；其通也，英傑化之，衆人愧之。尊賢畏法而不能通，知之類齊法之教，偯然若終身之虜，呼先王以求衣食，是俗儒也。使不肖者詔智臨賢，則百姓賤惡之。雖有國士之力，不能自舉其身。夫後世者不與同好惡，則不能相親；與同好惡，則有相憎。故賢者絶類而無由通，異類而無以告。苦乎哉，萬世之術藏於心，而身不用於世。絶無才略，反在位上。

【前腔】（生）陳韓漢代傳，名行難先辨。恨輕奇賤異，是古心偏。鷹揚盧鵲誰離狗，勢薄官卑駿避鞭。胸中卷，没緣由自薦。儘他們呼先乞食，拙臨賢。

（小旦又讀介）凡牧民以其所積者食之鄉，與朝争治則天下治。使輕民處重，民散則地不闢，六畜不育。農之能富强者，與虚爵以驕之，因責其能以隨之。以田畝籍，謂之禁耕；以人户籍，謂之驅遊。富人修閭室營堡，所以平濟窮民也。民不賤農，則國安不殆。餘子爲農使令則必農，農則地必墾矣。大官未可必得，而農之富者，即高其廨舍，可以役人，則農者不休，不休則地必墾矣。令民資於地，心於農，則民朴而可正也。以農一之，窮其佻狡，不可負而逃。不然則事劇而功寡。今廢勢背法而待堯舜，是千世亂而一治也。明主使民以力得富，以事得貴。述毛嬙、西施之美無益，吾面用脂澤粉黛則倍其初。言先王之傳譽而不明吾法，猶巫者祝人千秋萬歲之聲聒耳，而一日之壽無徵也。彼思綿天地者，藏智以待天年之盡，亦安能抑鬱庸兒之下哉。

【前腔】（生）鄉官要遍填，役懶勤逾健。述昭君相貌，不若塗胭。千秋萬歲聲空艷，堯舜何曾近目前。貧無怨，藏書待盡年。怎教人淹淹鬱鬱和他纏？

阿邕，我這《萬年書》做得如何？（小旦）賈生十八稱才子，相公纔和阿邕同歲哩。（生）漢朝的馬皇后、鄧皇后都是十歲就和大漢一般長，幹大漢幹的事。唐朝有個渾瑊，十二歲就立邊功，官拜太師，封王。女人尚且如此，男人何足爲奇？你宋書生未見皇明律罷了。（小旦）俺相公真正是世上的活寶。不知怎麽樣一個娘子，十來歲就辦得事的，纔消受得起呀。

詩

長如劉胤慧終軍，又比長沙少四春。

通齣文章當説白，琵琶空自賦黄門。

第三齣　吟射

【紫蘇丸】（旦籠藕襪，高跟鳳頭朱履上）多文廣義勝挑綉。貫於心，可消閒晝。把僮奴檢制辦家緣，非徒竊附閨中秀。

〔菩薩蠻〕腰肢不必矜妖細，玉山自有真嬌媚。裙襇與釵梁，成群一社莊。　朗吟爲活計，更習穿楊藝。勝似裸倡身，評軀會漾人。奴家姚氏，小字素娥，母親魏氏，乃當今舅父馮熙太師的養母。因此家聲大振，家道頓豐。今年八月，已十六歲。只爲嚴君久逝，這幾年來，總要俺幹辦家事，檢制奴婢。奴家却又好買書籍，目所一見，必貫於心。如今新奉功令，除了大家女婦，和那現在應試的生監，都要勤學武藝。其餘人等，但習拳勇，一概充軍。所以奴家也邀了幾個姊妹聯爲一社，逢十射箭。又恐漸近粗俗，帶著做詩。今日是俺當輪，他們敢就到哩。

【月雲高】（老旦、小旦、生、小生，照旦襪履上）（合）芊嬴能彀，賃妾都桓赳。即有搶攘，道韞不爲俘醜。更把筆高吟，心有錦腸如綉。結多少歡娛伴，締幾個姬姜友。轂轆香輪轉不休，約會嬌娃詣社頭。

（相見各福介）（凡蹴俱要從時）請教姊姊，今日還是先射箭後做詩，先做詩後射箭？（旦）先做詩後射箭。（衆）如此管社命題。（旦）小妹已擬一題，是《賦得凰求鳳》，請教如何？（衆）極妙極妙。（茶罷，各坐吟寫介）（老旦）一號交卷。（旦讀介）本合鳳求凰，如何倒一章？只因南國謝，都誤嫁王郎。開口便道著不得不然之意，可謂筆性快利。（小旦）二號交卷。（旦讀介）閨秀多於鯽，周郎自古稀。寧爲公瑾妾，不作市兒妻。還出他鳳是那色人數，足見胸次不凡。（生）三號交卷。（旦讀介）一在天之涯，一在地之角。儂若不留心，歡來尋不著。直把題蘊洗發出來，古妙渾如樂府。（小生）四號交卷。（旦讀介）衆鳥容師鳳，真凰方可求。莫將小雞狗，錯認作遨頭。事事都有流弊，一定該爲道破。（衆）阿姊過於褒獎，如今該請教了。（旦）小妹的是：都生五色羽，宜共無縫衾。若拘硜執意，便恐已橫琴。（衆）能幹的人要先下手，比『寧爲公瑾妾』的更高。壓卷壓卷。

【前腔】（合）大家顏厚，誤了難重救。莫爲浮名動，反把遺珠漏。風虎雲龍，不爲被伊挑誘。捧硯妾俱僥倖，才子福須尋受。莫説是閨裏無人不害羞，紙上尋郎作好逑。

（老旦）詩已吟完，就該射箭。（旦）小妹今日的新式是用一尺小弓，射那盤裏的糦饎。射箭訣竅只在准頭，弓箭大小總是一理。（小旦視棹上盤介）你這糦饎倒是照依他們賽體會裏烝法做成，小脚和那酥胸股段模樣。（旦）原是秀容人家送來的，不知主何讖兆。（各射介）

【不是路】（合）天寶風流，愛射光身，矢簇柔。端陽粽，古人曾射當藏鈎。粉黄蕕，戲烝肉。段形堪啖，遠勝真將乳割膝。黄薹口，恁般糦饎難消受。才豪糧糗，才豪糧糗。

（老旦）姚家姐姐，外邊如今有什麼賽體會。六七月裏邀些姊妹，先把斤兩稱過。記清某處多闊多長，同進混堂洗澡。大家從頭到脚件件比到，相推相壓。你把朱砂酒塗在我奶脚上，我把朱砂酒塗在你窟臀邊。只揀艷麗處搽，叫做什麽天灸，説是能除百病。所以恁這樣糟饎，細細評論，衆口一詞了，那個某處可以做第一名，那個某處可以做第二名，照數飲酒。第一名吃一杯，第十名便是十杯。又把那些倡伎接來，要他光著身體，拜那浴堂土地。或是捉住個把，做個麵羊，供這菩薩。其餘的都叫寸絲不留，在神前舞。又逼他們學做夫妻。還尋一個女畫工，照他長短尺寸勾畫下來，倒也有趣。只是我們做閨女的，不好如此。（旦）高允太師已經有本説過了，道是以穢嫚爲歡娛，用鄙褻爲笑樂，積習以爲美，天下不之非。《大藏》上説，而我以心推求尋逐，恒審思量，心心相續，惟見妙好。以此愛根而芽諸欲，由有諸欲，助發愛性。所以有這種女富溢尤的頑法。我們以後却不必學他。（小旦）姊妹説得極是，還是俺們這社來得文雅。

【前腔】（合）休學時流，浴室相看不算羞。稱天灸，互取硃砂艷處留。細量籌，分清等第纔斟酒。自脚評論直到頭。倡都有，把伊跣羸娛閨友。百般怪醜，百般怪醜。

（老旦）俺們閒話也説彀了。看的人不知音，恨不得叫俺們删改掉哩。

【皂角兒】説閒談皆因宴游，要心愉，裂開群口。縱不可真相效尤，又何碍傳聞消酒。（旦）恨天下看官們，無意智妙思，惟觀察及妄改胡勾。（小旦）心心接續，審度推求。（生、小生）愛根諸欲，助發難瘳。

（老旦）如今語歸正傳。姚家姐姐自然恭喜快了，社事敢也就歇哩。

【前腔】共床的三公五侯，舉案的藝林才藪。配合了儒流宦流，那還尋壺中朋友。（旦）想是諸位自知喜事快了，所以反來説人。定已有貌徐公，才賈誼，趣駘佗，慧木叔，鳳匹鸞儔。（小旦）就是大家都恭喜了，這會還做著纔好。共擎喜酒，看抛綵毬。（生）那得一個個都嫁在京裏。（小生）説定不許嫁往别處，大家要相聚一世。情逾對食，萬古風流。

詩　三齣成規旦出場，從來無此笑鬨堂。
淋漓盡致談時尚，劇有餘歡是所長。

第四齣　媾媒

【梨花兒】（浄濃施脂粉，籠藕襪，高跟鳳頭布紅履上）須是區區先快活，回人也要看看貨。不要輕看媒老婆，嗏，京裏那個賽得過。

在下姓富，洛陽第一個有名的媒娘娘。身材七尺有餘，面如皎月。家私萬貫，不止日食烝豚。（舉足介）雖然六寸金蓮，也還不玷辱才郎肩膀。（指心介）倒有千般艷，想要使那摟羅小子酥攤。我想名門大族的小姐，嫁了個中看不中吃的官人，真是開闢以來第一件含冤負屈、無可如何的事。咱們得他無數財帛，吃他多少酒食，命裏如何消得起，心裏如何過得去？只得苦這身體，不著試過幾回，方纔肯去包攬。是我手裏做的，再没有一個怨天恨地的人。所以有個把好女兒的人家，没一個不來尋我。

把别人的生意，都趕到咱家來了。况且那些豪華公子、財主兒郎，或是取正或是取小，或是雇媽子、尋奶娘、買青童，動不動要頂標致的。他不先把身體等老娘受用個心滿意足，只給幾個牢錢，咱就把真正好的輕輕告訴了他，也没有這樣獃子。因此京裏的美少，十個倒有九個是咱的摩睺羅。咱却也有一件好處，他合得咱式的，咱再也不肯騙他。所以把别人的生意又都趕到咱家來了。他見咱也不醜，不過粗些。錢財金帛，倒也越發不和咱論。要開典鋪，咱也開得起兩個了。那怕他個個妒咱，有誰奈得咱何？如今都只好投俺爲師哩。（大笑介）呵呵，這纔是千年萬載媒婆行裏不傳的秘訣。

【駐馬聽】計巧情多，自做新娘再執柯。錢無虚費，人不相欺，話少傳訛。滿身如雪賽嫦娥，金蓮略大拳彎過。高架歡哥，上床竟體婀娜。（暫下）

【前腔】（生上）浪子休疑原是我，求神只得親香火。正爲真才定不多。嗦，恐伊欺騙教相左。

小生到京，一來獻書，二來想扳親事。遍問相知，只有一個富媒婆行時，富貴人家説一聽十。無奈這寡婦花娘，恐妨誤了人家大事，必要把小官試試，方纔肯説真話。分明是又討得好、又樂得嬉的妙計。小生年紀雖小，幸喜長成得快，也還不到狠怕他試的地位。只得瞞了朋友，悄悄尋來，此間已是。老娘在麽？（净上）哎呀，好一位小相公，不是本京聲氣，貴府那裏？

【駐馬聽】（生）問我巢窠，不遠春秋鄧國窩。脚跟無線，旋轉如蓬，遊藝中河。浩然氣足，不呵駝。擎拳抖擻，衣微破。來也麽哥，聞君有趣將媒做。

（净）尊庚幾何？（生）准准十三。（净）好生有趣，恁長成哩，是真正麽？（生）難道説謊。（净）娘子原不必就尋，想也因魁偉得早呀！（生）所來並不爲此。（浄）這等何事見教？（生）有位舍親要雇個老媽，又恐怕遇著那不知竅的刁難做作起來。要你揀那可以説明的，和他議定了。（浄）這個咱們原有舊例。（生）又有一位舍親，要個書房小厮。也要你和他娘説定，教導現成。（浄）也都恁地。（生）這等權且告别。（浄）且到俺住房裏奉了茶去。（行到，浄掩門介）

【駐馬泣】〔駐馬聽〕嫣放雖多，董偃年紀少恁峨。身材既壯，件件該同，知想家婆。連吾也起龍雷火，包伊覓個陪錢貨。〔泣顔回〕（生）果能爲月老冰人，拚千金謝你團搓。

（浄）銀子，老娘倒也見得慣，不大稀罕哩！（生）這等任憑你要什麽，就是什麽。（浄）一個男人搭一個女人，有什麽别事幹？你只説我不動手，聽你做作罷了。（生）依你罷了。（浄抱生坐膝介）（生）真個名不虚傳。

【前腔】代結絲蘿，那及媒人艷似魔。成團粉䏢，滿握春酥，長脛豐梭。畫船裏外湧烟波。風絲雨片，侵眸大宛相纏裹。殺睺羅，這濃情到死難瘥。

（浄）你就叫咱吃糞，咱也情願，休説做媒。（生）我年紀小了些，只怕知道不全，你要笑哩！（浄）正爲這點年紀，又恁標致，致得我魂銷心死。就是不知道些，咱也要坐化了。休説比一切人還更知道。

【前腔】料想非訛，比咱年差三十多。齊眠略短，作架能勝，欺壓心過。金剛翻被鬼揉挼，雄長觳頓憑奴挫。肯垂憐容許交摩，願終身作媵爲囮。

（生）實實不瞞你説，我要尋一個又富又貴、又才又貌的正宮。曉得你别號試新娘娘，特來託你。不知如今這個薄面，值得你一看不曾。你若有我一點點心，千萬不可等我錯過。進門所說，鬼話而已。（净）像你這樣年紀，這樣才貌，嫁著的真正終身之福了。咱這女蘇張倒也不消説謊。倒是富貴的，未必才貌。才貌的又難富貴。四樣俱全的，只有馮王義妹姚家小姐可以當得。却又大你三歲，却怎麽好？（生）只要四件俱全，大我五歲也做。只你便是樣子。（净）他的題目原出得難，如今難得你的文章也好。竟在咱身上端端正正還你一個姚小姐便了。（生揖介）娘子多謝！（净蹴介）相公萬福！（下）

詩　十個冰人九個欺，此君倒是佛慈悲。
　　天閽嫁著真寃枉，國法應教媒試之。

第五齣　被阻

【金雞叫】（末上）官小真無奈，著書郎職聊兼帶。捷足飛陞非盡買，想是吾君欠彼公孤債。

老夫李彪，曾論中尉，嚴酷久聞。近日鄧州有一個小後生，自負神童，來京獻策。據説起來，他也姓李，竟不寫一個受業姪的帖兒把我，好生可惡。那所獻的策，也不知什麽草野無知之談。留中未發，定是不取。聞得那富媒婆竟去替他求姚小姐的庚帖，姚府已經寫與。只消和這個媒婆相契，將來就是没行檢的人了。幸虧我的女兒在姚家詩會裏走，不免叫他去一説。咳，不要説是這般遠族，便是九族之内，你眼裏没有我，我也没有這樣好親事叫你做成。

【桂枝香】（老旦上）幸無稱貸，休將窮賣。求天助水或成渠，靠人扶溝難吸海。家貧須耐，家貧須耐。便杯斟琥珀，床鋪縟彩，耀誰來。不如俺好句由心得，粗衣稱體裁。

爹爹唤女兒出來，有何吩咐？（末）你與姚家姐姐既有八拜之交，他的終身之事，你難推不知道。近日有個無知小子來京獻策，竟要求起他的庚帖來，聞得已經寫與了。快到那邊走走，叫他就去取回。

（老旦）既敢獻策，又未做親，或者是個俊秀也不可定。

【前腔】炎凉世界，人情尷尬。估家私播兩掂斤，籌出息稱山量海。非因挺邁，秀才車載。進賢冠戴，爲何來？輕把嬋娟體，仳伊駑下材。

（末）孩兒有所不知。全是那富媒婆的巧舌替他去請來的。這個老花娘若不先和他成了親，休想他替人實心出力。你看我們家裏，論一二十年，他敢來跨一跨麽？據這油花説是纔十三歲，就中了這婆娘的意。你説是個好東西，不是個好東西？

【長拍】小小嬰孩，小小嬰孩。高才自負，胡説思蒙天睞。居心不正，機謀詭僻，好因緣暗裏先偕。（老）這就果然古怪了。似此號多才，怎卑詞曲禮，把伊先丐。爲要中宫求伉儷，懸誥命，待將來。縱爲著金屋門深如海，肯便把髫齡本質，敬奉騷媒。

（末）聞得許下了富媒婆，小姐過門之後，就接他去掌家。裝奩錢帛，説定由他運用。小姐名爲做大，其實倒是替這老妖精做了個小哩。你過去時，只把這些話和姐姐説，他自然大發雷霆哩！

【短拍】已據專房，已據專房。名同側室，原夫婦拆也難開。別要説錢財，嫁過去，夾他褶腿。

（老旦）事不宜遲，孩兒今日還打轎過去便了。任你妝奩充足，當不得先摟住的結髮老刁歪。

詩

後生居上實難容，况本寒儒更褊衷。

議論雖然皆正氣，實由妒毒欲相攻。

第六齣　收奸

【字字雙】（丑衆上）我輩如今最燥脾，猛鷙買充，緹騎。錦爲衣緝事，深更中夜鬼，號啼。圍第抄家，渾當是兒嬉，游戲。

在下錦衣校尉是也。前朝乙渾丞相威風了得，却也忒煞放肆。一個夫人忽然要想做起公主來，就叫人進朝去，硬討這軸封典。略遲了些，夫人便説，我要做個公主，遲遲不允，是何意思？想是惡貫滿盈，合該破敗了。一個李神童走來上什麼書，朝廷一覽，十分賞鑒。説道幸與此人同時，立刻召見。果然天資英發，即授錦衣都督之職。方纔下的旨意，著他帶領吏兵去拿奸相，抄他的家。咱們纔有東西拾掇哩。所以約齊兄弟，悄悄的先向乙府前伺候。

【四邊静】（生衆上）（合）行頭件件都齊備，專來做新戲。笑殺沐猴冠，今朝反奴隸。（丑衆）校尉們叩爺頭。多蒙獎勵，此行近貴，摘下了烏紗，剥去那霞帔。

（生）吩咐把第門前後緊緊圍定，休要放出一人。打開墻壁，排下他的門來。（雜應圍打介）（小丑扮家僮等上）不好了，不好了，京營的兵反了。（丑）哇，都督爺奉旨拿人，什麽是兵？（小丑等）哎呀呀，爺爺超生呀。（設案，生坐）（小丑等跪介）（生）左右，把犯官乙渾，和他正室並姬妾、嫗婢人等，一概拉出被窩，上了刑具，帶在廂房伺候。（雜應下）

【望吾鄉】（生唱衆合）當日于歸，如雲似雨。隨今朝盡作纍囚繫。須知一向誇權貴，滿屋皆珠翠。諸姐母，衆妖姬，一掃休遺棄。

叫書辦把抄出來的東西一一上册。（雜呈物介）

【馱環著】（生唱衆合）覷湘裙鳳髻，覷湘裙鳳髻，寶襪珠衣。萬斛胡椒，充房沈水，真個般般擅美。試檢箱箱玉器，滿廳堂秦尊周觶。當時夫婿積珍貝，因貽佳麗。男歡抃，女展眉。看此刻愁容，難稱佳會。

（内哭介）（雜）夫人們倒也哭得慘傷哩。（生）吩咐禁聲，將侍姆們打嘴。（雜應下）

【隔尾】鋃鐺響處姑連理，聽嚎咷街鄰驚悸，已過三更鼓又催。

（雜）禀都爺，這是夫人小姐們日穿夜换的新舊鞋子、紗綾脚帶，可也要上册呢？（生）怎麽不上？遺失絲毫，便是你們監守自盗。（丑背介）偷些去給我們家婆穿也好，脚帶都是異香熏透的，鞋子大珠釘滿。

【降黃龍】（生唱衆合）對對鸞觥，曲曲夭夭，大小咸宜。墻填二寸，半尺弓彎，滿目珠璣。堪悲穿無日矣，抖開鮫綃香氣。空令俺官司欲醉，沁入肝脾。

（雜）這是各床底下堆積的汗巾，收起來倒也有幾箱。（生）一概上册。

【黄龍衮】（生唱衆合）今生失媚依，今生失媚依。只爲圖榮貴，歡似神仙氣。質同魑魅，天教喪敗，必非無謂。空積下衆巫山雲雨氣。（内雜叫介）

（雜）稟都爺，册都上過，雞已鳴了，就到朝裏去繳旨罷。（生）把人口監押先行，是没入内庭的要件。其餘一切，待日裏陸續運進，交中政院收管，等候回批。

【尾聲】罪孥交付明廷理，到如今恨的是，元載夫人受杖笞。

詩　没入宫中代代言，酬功用此讓齊元。
　　春秋已尚兼人室，習久相安婦不冤。

第七齣　勅娶

【菊花新】（生丞相帽、紫蟒上）來京不意得知交，天下無人識我勞。片刻上青霄，粉將骨矢捐糜報。

下官只憑一策，遽達九重。驟叨司隸之榮，立除黃閣之任。叨拜平章，已經兩月。忽傳明旨，補賜狀元。曉得下官先曾求婚姚氏，緣彼遲疑未果，特頒勑諭許與聯姻。只因他是個女名士，所以有重授鼎甲之命。要使姚小姊歡喜，又將那乙相夫人罰作姚家嫗監，賜爲媵媼。咳，下官今年纔十五歲哩。除了甘羅、渾瑊，千秋萬世，還有那個比得我上。此事出於上意，就是乙老頭兒，也説不得個孺子長矣，而相吾室欲兼我也。正是捫躬撫事，跼影慚魂，粉骨碎身，難言報效。自頂至踵，都是國家恩澤哩。今夜花燭吉期，俗例有什麽預先鬧轎。且待他們儀仗出門，下官然後出廳等候。（下）

【二犯江兒水】（場上設轎，衆花燈，鼓樂介）（合）鉦鼙先鬧，鉦鼙先鬧，花燈三面繞。車中新婦，轎後媽媽，久聞名顏面好。留眼暗偷瞧，京中舊阿嬌。六孔交號，六孔交號，吹銅角聲譁未了。命兒太高，學不得命兒太高。心兒恁驕，合該要心兒恁驕。似這等十三歲的平章何處討。

（内放紙炮）（雜）你們三吹三打之後，發轎出門便了。

【前腔】（合）魁元名號，何必要魁元名號，聊將娛窈窕。要含香口綻，點絳唇開，隔華筵同莞笑。才子興將豪，佳人恨盡消。半載神交，一夕形遭，把相思擔兒同日繳。才高福高，這也算才高福高。琴調瑟調，眼見得琴調瑟調。添一個扶侍佳人忙到老。

（衆隨轎下）（生紅袍、狀元帽、插花復上）

【六么令】煩伊捉刀，堆積文書，省却劬勞。從今玉管不親操，懶夫勤婦堪偕老，懶夫勤婦堪偕老。

【前腔】（净濃施脂粉、籠藕襪、高跟鳳頭朱履上）才疎伎少，針指幫工，箕帚幫勞。文房杵臼，讓親操。甘籠手，不貽嘲。（福介）公相萬福！戲場復入看偕老，戲場復入堪偕老。

（生揖介）乙夫人拜揖。（净）以後稱呼要把乙字圈起了。（生）謹遵台命。（雜抬箱上）

（净）這是大長秋賜的寶物，要把你這府中充牣纔住。你只靠這年紀幼小，才力有餘，享這福分，真好造化也。（生）寶貝還是小事，難得是差你來幫我照管。

【前腔】非儂攬擾，賜結姻親，雨露教叨。願將骨肉報瓊瑶，當年恨請勾消。寒冰暖玉陪偕老，寒冰暖玉陪偕老。

（净）孩子家倒會搗鬼。咱如今在這裏，也不低似做公主哩！

【前腔】危途共保，福分如天，携上雲霄。烏鴉怎入鳳凰巢，翻悲哽，福難消。丢開舊恨談偕老，丢開舊恨談偕老。（内鼓樂放炮介）

（净）親事到門了，相公可到滴水迎接。（衆隨轎上）（净扶旦與生同拜介）

【永團圓】（合）嚴妝扶侍珠翠繞，焚寶篆，炙蘭膏。笙歌不奏尋常調，新打就遊仙稿。這般樂事，何曾不是遊蓬島。莫説平章小，平章縱好，愁擔上肩挑。怎比新婚夜無煩惱。（净隨旦跪起介）只有我過來人，方纔了了。恐負人年少，説與人知道。

【尾聲】意中緣今遂了，生出文人天再造，把古事增删説一遭。

詩

先饒一對玉雙勾，不但絲綸賜並頭。
充牣第中皆内寶，主恩如水滿身流。

第八齣　勝宋

【步蟾宫】（生引衆上）無髯可奮軍威震，談笑處河清江潤。感朝恩將相盡歸臣，勇智須由忠藎。下官早當鈞軸，寵壓群僚。通國的意思又要我更立邊功，以服天下。恰好劉家昏主，叫那沈慶之統兵殺來。這個老賊是南朝有名的奸雄，主意了得，力氣又好。幸虧下官前日提拔了一個楊大眼與他娘子潘氏，這夫妻二人著實可用。所謂有備無患，不免著他向前。

【神仗兒】（副净扮男將，净扮女將上）軍機電迅，軍機電迅。軍聲雷震，威揚勇奮。祖氏難當，你認仇池久據，滄桑屢愍。潘大姐，俺將軍。潘大姐，俺將軍。

（副净跪叩，净福介）小官叩見大人。（生）阿楊阿潘，本閣從稠人廣衆之中，平空提拔你兩個起來，你須照依本閣報效國家的心腸，一樣報效本閣，纔是知恩識義之人。沈慶之這老狗，只有你還抵敵得住。我養軍千日，用在一朝，你須謹遵號令，忘身殉國。（副净）但有使令，水火不避。（净）阿潘又蒙夫人抬舉，但走進府，姐妹一般看待。穿房入户，同眠共宿，越發殺身難報。（生）如今老賊不知你的利害，只道叫個婦人出馬，有同兒戲。你可佯輸兩陣，生擒活捉了他。本閣日後，也認義你做個姐姐。

（副净）那塵頭高起數丈，老賊已不遠了。小官夫婦接了令旗，便向前迎敵去也。（俱下）

【步蟾宫】（外引衆上）兵多糧足山岡峻，先計守，後圖前進。不須他顔竣，做參軍，南國有名老沈。（副净上戰介）

（外）老夫聞得馮氏娘娘十分能幹，十分齊整，要殺入洛宫見他一見。一路百姓秋毫無犯，你這狗官敢來送死麽？（副净）我專要殺那淮南的入娘賊。（外）俺先把淮北的入娘賊殺盡了，再和你分辨著。

【神仗兒】（外、衆合）彎弓使刃，彎弓使刃，不比那降娘堪忍。大家幫襯，殺教無頭可奔。（副净、衆合）他來尋我，不思安分。只怕他蛇口窄，象難吞。蛇口窄，象難吞。（副净下，净、衆上）

（外笑介）哎呀呀，連蚌殼兵都出來了。咦，倒還有幾分光景，你到俺懷裏來，留你做第十個小罷。（净）咱丞相要把你南朝的老婆，無上無下都拿來做小哩。（混戰介）（外）不要你做小了，倒有些弄你不過哩。（净）快拿那龜頭來。

【降黄龍】鹵莽興師，談笑揮戈，咄嗟臨陣。看么麽授首，桴鼓收藏，烽烟消冷。（外、衆）回軍聽凱歌聲裏，隱躍躍帶些嬌韵，只爲揚眉吐氣有個佳人。

（净佯敗下）（外）這個婦人刁惡得狠，前途必有埋伏，休要中他的計。兵書上見易而進，知難而退，竟把大軍徐徐抽退，出其不意。明歲又來便了。（鳴金收軍介）（生上坐介）（净）小妹謹遵元帥將令，佯輸幾陣。無奈這個老賊乖覺之至，竟自收軍回去了。如今若追遠去，必反墮他伏中。只得叫大眼把住隘口，休教復突過來，咱先來禀復者。（生）我也怕你，他敢不怕你哩。（净）這裏不是不尊重得的所

在。（生）如此著唱凱歌。（鼓吹介）

【黄龍衮】（生、净、衆合）回看嶺上雲，回看嶺上雲。兵氣全消，一定是老沈全師退。却無高興，貔貅歸帳，嬌嬈入被，尋一件別事端重勞頓。

【尾聲】輕輕打發他回鎮，方知好個女將軍，從此邊疆息虜氛。

詩

只爲情同行不遥，齊時説宋莫相嘲。
若言須想當然處，潘悖金蓮定撒嬌。

第九齣　結姻

【雙勸酒】（小旦籠藕襪，高跟鳳頭朱履上）牡妖牝妖，忽然榮耀。時高運高，説來堪笑。倒受那人封誥，這場奇福難消。

個儂生長姑臧，嫁與王家叡郎。時年方十五歲，丁門標緻東床。同他進京應舉，家中荒却田莊。長秋親自監試，探花東觀書香。選作奉宸副監，李冲一樣高强。天下更無人賽，榮華帶挈妻房。平地參知政事，不用九轉三忙。因此夫妻兩對，膠粘漆合遨翔。他們兩個男子，渾如共事姬姜。俺每一雙宅眷，同胞没怎相幫。男既互爲歡樂，女亦對食猖狂。隨即連生男女，一般玉雪無雙。約定世爲姻戚，不論年紀低昂。誰男便娶誰女，誰女都嫁誰場。今日婚姻吉日，他來面送衣粧。整備豐華戲席，看盤珍錯鋪張。只消賞封一件，費將千兩烘黄。奴家丁氏，甘肅人也。丈夫王叡，同郡同年，現在官居副相。和李冲平章八拜至交，他的娘子姚氏也就和俺結爲姊妹。兩家長女俱已進上，所以俺每兩位並封王妃。俺去年却又生個女兒，他今年却又生個兒子，扳扯親家在於今日插戴，想必他就到了。

【上林春】（旦八轎上）不是前生修不到，願歡樂萬年同保。纔親義姊風姿，不覺更開懷抱。（相見福介）

（小旦）如今正當三月，日子狠長，且到俺房裏去暢叙一番，然後上席。（旦）且把俺送來的衣餙，請你看過，交進去與奶娘。趁這吉日良時，叫他替俺媳婦兒穿戴起來。（雜呈介）

【摧拍】（旦）感洪恩天高地高，污泥中將人手撈。（小旦）雨露頻叨，雨露頻叨。因而雨下水米深交，從今世世似漆如膠。（合）吾偕汝仰拜青霄，捨他命報瓊瑤。

（小旦福介）恭喜你定了新婦。（旦福介）恭喜你得個女婿。

【前腔】（小旦）羡伊家果然命高，在旁邊添成鳳巢。（旦）才没分毫，技没分毫，富貴榮華不意相遭。這樣新郎，個個該招。（合）吾偕汝仰拜青霄，捨他命報瓊瑤。

（净濃施脂粉，襪履如前上）二位妃太太見禮。（二旦）免了免了。（净）李太太當初是咱做的媒，結親時節送睡鞋拿帕子，那一件不是咱扶侍。如今王子王姬，雖然是兩位太太對面做的交關，那個虛名原要總成了咱。等咱的喜酒吃他一個没了期。（旦）我們正是這個主意，你今日來得恰好。（净）真正是有情有義，有福有壽的太太。（旦）還有一句話說與你，我家官府見你有三日没去了，好生怪你。在那裏連飲食都吃少了。（净）他厭得狠，咱所以不日日去，如今不爲什麽，還是這們怎的分了太太們的工夫。（小旦）你去不妨。他這福分那裏來的，敢怪你麽？（旦）你是最知趣的人，肯日日來，我們愈加熱鬧。

【前腔】（净）爲夫人才高福高，致媒婆身叨口叨。怎敢輕抛，怎肯輕抛？但願娘行日日相招，疊被鋪床永不辭勞。（合）吾偕汝仰拜青霄，捨他命報瓊瑶。

（小旦）妹妹不要毁議，以後但有兒女，不論年紀都要配爲夫婦。兒子也當女婿，女婿也當兒子，女兒也當媳婦，媳婦也當女兒。或是我家添三個女兒，你家只添得一個兒子，我這三個都就嫁他。一直下去，代代都要如此。若是兒多女少，便認義幾個女兒來嫁。（净）你們兩家的富貴，原是古來不曾有，以後也没得的。要做這們個聯姻之法，倒又是萬世難逢之事。咱也吩咐女兒媳婦代代做媒，好來吃你兩家的喜酒，擔你兩家的喜錢便了。（雜上）太太從前的社友，各家都送賀禮在此。（旦）吩咐知院的嫗監，一概全收，加倍回復。

【一撮棹】（合）人宦海適共浴洪濤，聯世好千葉莫相抛。非徒欲今日逞風騷，且落得人盡羡多嬌。休愁彼平生總難料，留話柄遺説女英豪。

詩

同僚如此古今希，世世真當作唱隨。

嫁女當時真極盛，並非詞客妄言之。

第十齣　罵彪

【尾犯引】（末上）自是夙緣，無非爲昔時雙眸昏誤。肯降平生，承伊憐顧。心契者相逢便喜，意違時頻看越疎。回思處，眉攢淚落，蹭蹬卑官苦。

下官不幸與李沖同時，據我看來，不過是安陵襄成之輩。那曉得他竟有甘羅、渾瑊的際遇。下官僅遷左丞。罷了李道固也好。或是撥在冷僻衙門，不常相見也還使得。無奈政事堂上由他作主，偏偏要把下官安在他眼睛前，又不容我告老。真是俯仰於其所不喜，屈節於其所棄遺。比坐針氈、入牢獄還苦萬倍。如今朝廷僚友，號他做個殿上虎。雖然前日被大長秋叫進去打了幾下窟臀，誰知打過之後，愈加信任他。就是個桑哥，纔五更就進衙門了。差一級半級的人見著他，都伏在地上，不敢仰視。各屬令史動不動就叫打嘴。咳，世界到這們個田地。

【本序】（生騶唱，乘輿上坐堂介）立限似追逋，弊竇全無。不靠巡捕，秉軸當權，怎容他逃辜。非誤。那管你先年共譜，又出個多才少婦。喚過那迂愚老狗，看他把甚話巧支吾。（衆官上參介）

（生）各屬的事務，可有已經出限不曾呈堂的麼？（衆）自相爺警戒之後，都凜凜畏懼，並沒有了。（生）可還有輕重其手，做成活套，百般作弊的麼？（衆）什麽膽子，還敢如此？（生）違限一日的，著自己寫在記過簿上；違限兩日的，自陳領責；違限三日的候參。（衆）相爺處分極當。（生）朝廷法度不得不然。鬆一鬆兒，都幹不出事來了。（末上打恭介）（生）别人都曉得些謙遜，你這老狗入的怎這們昂昂然的。（末）念下官運氣不佳，登朝最久，況且到了如今實在昏憒了，要求格外饒恕。（生）你是老前輩，便怎麽樣？莫非嫌朝廷薄待了你，不要替他幹事了麽？（末）這也不敢。（生）你除了誇贊令愛一樣，再幹得什麽事情？既有這樣聰明女兒，何不跪在他面前求他教導教導？（末）這就是綱常倒置了。（生拍棋介）哇，你敢在我面前放肆。

【前腔】緣何慧女父愚夫，察汝衷情，要撞頭顱。輦轂之旁，把冤情嚎呼。皇都，定不比山陬小邑，敬重你無知狗鼠。若把你奸愚並勘，怕一死不足蔽全辜。

（末）下官情愿赴獄待罪，一意聽參罷了。（生）偏不參你，且撚出去。（雜撚介）（生）打道回府。（上轎騶唱）（衆跪送介）

【歸朝歡】司迎送，司迎送，衙門吏書怕本官，三更到部。因前憤，因前憤，高聲疾呼。駡得你神魂喪沮，綸言催急難遲誤。蒼蠅驥尾雖相附，也要勤勞莫詐誣。（作到介）

（净乙夫人上）今日姚小姐去謝社友哩，你衙門回來了麽，爲什麽面有怒色？（生）不要説起。李彪那老狗，今日吃我穢駡了一頓。我不爲他是個同姓，把他女兒請賜做小，幫著夫人替我代筆有何難事。（净）他知道父親和你有冤，也未必肯情同魚水。（生）這個漢家自有制度。

【鮑老催】觀音丈夫，旌旗蔽繞前後呼，蒼生盡知是天下福。雄才振泰，運交天心復。股肱效力扶明主，他有何嫌俺愁眉嫵，定如你圖歡聚。

（净）難得你自己會贊，怎麽又把咱也扯上？

【雙聲子】（净）相親附，相親附，不由俺情如霧。交歡處，交歡處，只有你千般趣。贊廟謨，贊廟謨，秉國軸，秉國軸，賴人兒美麗，勝似相如。

【尾聲】（生）須相恕，幼而癯。（净）差廿載羞貪恩遇。（合）惟要情濃别莫拘。

詩

穢罵當年史實云，癖於礜女亦真聞。
正生都帶些花面，季世皆然莫强分。

第十一齣　拔寒

【普賢歌】（小旦扮書童上）抽豐木客與鹽商，特特回京一望張。寒酸感救匡，今朝擁一堂，等他赴任儂跟上。

在下不是别人，就是李家阿青。自從相公得時之後，把俺薦到各府州縣鹽商木客家裏去。幾年抽豐一打，家私將十萬金。家婆也尋了，女兒也生了。憶著主子的深恩，不免來京看看。恰好俺家丞相提拔了多少孤寒，今日約齊來謝。相爺叫太太和管事的太太接了姚老太太和親家王太太來，連舊時結義的姊妹都叫接到。並富媒婆、潘女將都在屏後覷看，倒也是一番景致哩。

【前腔】(净照舊扮上)新娘都許我同房，落得人生樂一場。堂堂貌甚揚，不愁没那樁，暗情難與兒孫講。(見介)

(小旦)富老娘又來納福哩。(净)説也不該。當日成雙，關上書房。我打草鋪，他卧眠床。忽然叫到一處睡，猶如嫁了做新娘。如今多少桃花面，菜餡饅頭永不嘗。聽儂出去東西跳，除非老婆進來倒脚湯。(小旦)我也有幾句奉敬：初時有挾，不怕不扛。到了後面，賴在横床。聽見響聲就咂嘴，倘然説話便挨幫。肉麻肉到投機處，助情花是老花娘。還有一樁真大胆，金蓮單叫貴人抗。(净)小猴兒休得鬥嘴。老爺早出來哩。(俱下)

【霜天曉角】(生上坐介)孤寒苦狀，昔日曾深講。縱没經綸伎倆，都將夾袋收藏。吩咐門上，這些新爺們來，即刻禀見，不許勒索門包。(雜應下)是。

【小桃紅】(净華衣上)貴人歡喜好衣裝，雖則是寒酸驟起，倒要穿些艷麗冠裳。緩步入門房，先將這話兒温態兒粧，膽兒雄心兒壯。也一聲呼，即刻趨蹌。見過出衙門，半世好誇張。

(雜禀介)新進候選牛羊孫進。(跪叩介)(生)姓牛罷了，爲什麽再加個羊字？(净)只因羊叔子是外外大父，故此取這個名。(生)器宇軒昂，衣冠齊整，將來定然是個會做官的。(净)蒙王爺天地之恩。(跪介)要求放在一班之首。(小生扮堂吏)不許説話。(下)

【下山虎】(丑弊衣上)雖蒙激賞，故態休忘，將謂原狂妄。要照舊日窮時一樣穿衣，必加深獎。

直到他州去坐堂，意氣彌天壤。那時間做一場，聚幾箱金寶，奉承俺娘，美妾添他一兩房。

（雜稟介）新進候選袁不冒進。（跪叩介）（生）五世三公的袁氏是令何人？（丑）實實在在是卑職一百二十服的高高祖。（生）雖受皇恩，依然布素。做官之日，畢竟清廉。（丑）連相公的門生媳婦都立過誓，終身只穿破褌。（生）我該送你纔是。（下）

【五般宜】（副净上）曉得我崔家，名望非泛常。曉得我崔家，筆低昂莫當。同族縱遭殃，諸宗照舊，高華軒朗。渠雖拔獎，吾休屈仰。生女兒尚且值錢香，做門生寧不爽。

（雜報介）新進候選崔有名進。（跪叩介）（生）大族人物畢竟不同。（副净）寒宗中落，重蒙提挈。（生）令伯令叔都有舊識，請起看坐。（副净）門生還有拙作要求改正。（小生喝介）權且告辭。（下）

【五韵美】（小丑上）族雖繁，名雖響，時光各有時物享。要同時彦結成黨。難言倔强，卑躬前往。更要學低聲語，跨步蹌。須待等到位極權移，與伊再講。

（雜報介）新進候選盧能遜進。（跪叩介）（生）都是相好，休得過謙。（小丑）救拔之恩，子孫感戴。（生）屈到書房便飯了去。（小丑）門生告辭，另日專謁。（下）

【山麻楷】（老旦男扮上）拭去粉，花逾放。舒雅風姿，非比村郎。太也麽康，士與宦，家家習尚。竟和他同朝無忌，同行無礙，同宿無妨。

（雜報介）新進候選陳子高進。（跪叩介）（生）尊庚多少了？（老旦）足十八歲。（生）老成練達，方纔有用。（老旦）不是王爺大人抬舉，再過幾年更是廢物了。（生）我權收你做個書記，你情願麽？（老旦）大人盛德，天高地厚。

【江神子】（生）生員學使，篴爲司業，把監生眶。用修謂稟心房，臨川賦盡諸紳狂，總是亂朝胡帳。

【餘文】不惟李儁多奇想，這風情固稱酣暢。休把楊家國忠同講。

詩

他年肅預共印間，子產神遊得往還。

八百孤寒齊下淚，一時回首鄭邦山。

第十二齣　征南

【山坡羊】（生引衆上）（合）熒烘烘近不完的香汉，重沈沈難拿住的威爥。喜孜孜好久長的日光，頂真真須出帳的軍機下，旋起馬要使他南方不敢誇。投降心服無回罵，公主和親進麗哇。非差，不提防好戳丫。齊撾鼓鼙，聲驚海涯。

本爵既當其位，一切邊疆要務，都是此身之責。近來南京這家換了新主，誅夷骨肉，慘慟乾坤。雖然把個養娘十分孝順，説是親奉晨昏，盡歡閨禁。其實不知道這吃猪肉的羅漢，幹的是那一樁。國家妙算，趁他見我大造園亭，猜做和他一樣專工作樂，大興問罪之師，直搗白門之下。因其事大，須我自行從來。北朝戍主要搶南朝戍主的妻母。奉命攬擾邊方，最是落得擄掠的事。今日親臨禡祭，左右小心伺候。（雜樹纛設祭）（生拜介）興，拜，興，平身。（酹酒焚楮介）（生）向來禡祭之例，要將不用命者殺戮一人示衆。今日六軍極肅，可即以猪代之。（雜應）（斬猪灑血介）

【前腔】（合）興匆匆最稱心的車駕，悄冥冥跨過江的鄰舍。慘嗚嗚殺弟侄的肚腸，眼睜睜霸不定的娘妻。媽姑姊娅，同看裸嫗花。蠻婆一任摟來射，還把羞慚去贈他。稽查，在閨禁怎麽呀？搔爬，奉晨昏似艾豭。

（生）前日有個游方道士叫做由吾道榮，傳我一個用兵之法。只消口念咒語，手持火把著地便將地土延燒。只有我軍行立之地，火自滅息。任他億萬軍馬，無法可以抵對。吩咐試他一試。（衆應持火炬上）（舞介）

【孝順歌】（合）唇誦咒，手執叉，齊將火叉在地面上花。土著勝蘆葭，誰個能招架？說起他娘真姱，待把全窩炙成乾鮓。這就是他的欲焰情光，管教南國爲靶。

（生）法子甚靈，你們可擺個圓陣。（衆應團介）

【前腔】（合）團欒樣内有花，無頭有頭裹個四遮。彼馬進吾牙，登時入兔罝。捉個光，惟須手拿。陣法多方，未嘗厭詐。首尾無端，古人説話寧差。

（生）再變個八卦陣。（衆應變介）

【雁過沙】（合）來自武侯家，生休死須查。奇門遁甲毫無假，他人奔入難禁打。古書曾用真無價，單憑劍槊，豈能自誇？

（生）一變就是個長陣。（衆應變介）

【前腔】（合）常山有長蛇，單吞井中蛙。首腰與尾如相耍，擊將一處通身惹。今人解知斯意寡，我將用此教他亂爬。

（生）分開隊伍，另要一個撒星陣。（衆應分介）

【玉抱肚】（合）無非機詐，悄無聲粧聾做啞。合和分希奇神速，任生兵當我吁嗟。試吹銅角故喧譁，拐馬當年怕這些。

（生大麾介）陣勢般般純熟，再演個飛奔衝殺。（衆應，繞場奔介）

【前腔】（合）金裝披掛學完顏，衝山過野，只除非腦怕狼牙。一時間權莫廝殺。

詩

壽陳穎蔡擄教空，用武圖南似捲蓬。
只爲戲場須復鬧，再將無道搗三通。

第十三齣　榮圓

【園林好】（末通天冠黄袍，導從上）洛京成温於代基，全賴我慈英察理。始得做承平天子，惟恭已嗑甘飴，惟恭已嗑甘飴。

寡人元家天子，本漢李陵之後。只因李、王二相進女爲寡人妃，太母推恩俱封王爵。今日是李輔壽誕，奉長秋之命，召他丈母妗子、兒女親家，在昭陽宫一同賜宴，以示殊恩。快把珠簾捲起，太母早臨朝也。（朝上鼓樂介）

【嘉慶子】（净鳳冠黄袍導從，從中門出介）我手提玉雪爲總髻，撫成這死戀生疼。孝順兒没影，民間浮議，全靠著劑恩威，雖重用杖相隨。

内宴既已齊備，傳宣他們進見。

【尹令】（生、旦上）（合）所難暗投臭味，休誇主恩隆備，微躬敢慚形穢。如今這樣團圓，萬本傳奇豈有之。

（三叩首）臣李冲、臣妾姚氏，願文母萬歲，主上萬歲萬歲萬歲萬萬歲。

【品令】（丑扮姚魏氏）何須自生恩養，也凝禧况。嬌娃快婿，兒和媳齊隨。（外扮馮熙）飄流徙倚，尋覓虧吾賢妹。（老旦扮公主）雖則有新官前恨圖嫂氏，嫚親姑氏。况連生玉雪哇哇，又阿侄皇家坦腹姿。

（三叩首）臣妾姚魏氏、臣馮熙、臣妾穆馮公主，願文母萬歲，主上萬歲萬歲萬歲萬萬歲！

【豆葉黄】（小生、小旦上）（合）貪圖好事，寧泠鴛幃。不比那露水夫妻，不比那露水夫妻，情到處便成佳會。一一美麗，個個殊尤，無分高下，辨雄與雌。纔嗅得異香一縷，纔嗅得異香一縷，早不覺令人心醉魂迷。

（三叩首）臣王叡、臣妾丁氏，願文母萬歲，主上萬歲萬歲萬歲萬萬歲！（末）傳旨擺宴。中宮以下王妃公主，俱著簾内遥陪。（雜應）（净南面右手稍前）（丑同席横坐介）（末）告娘娘坐。（坐南面左手稍後獨席介）（外、生、小生跪起，並坐面西一席介）（旦、小旦跪起，並坐面東一席介）

【玉交枝】（净、丑、二旦合）一大半高梳雲髻，掛挑牌珍珠下垂。看長裙掃地，凌波蔽。隱金蓮差等堪比。（末、外、二生合）堂堂一軀才次之，低頭亦視烏靴底。極君臣歡欣宴怡，享承平春暉赫曦。

（丑、旦出位上净酒）（外、生出位爲末壽介）

【江兒水】（通場合）玉貌花容聚，莊嚴泰定時。佳人怎與村夫配，良心忍把多情背。人生肯使良緣棄，個個怡愉宴喜。都仰體至孝君王，把玉斝高高捧起。

（末）李相公今日華誕，特賜金杯一對，司禮滿斟勸飲。（雜遞酒，生、旦跪飲，隨起介）（末）好生坐了，各賦一詩，明日進呈。

【川撥棹】（通場介）良堪慰，没愁容與皺眉。且莫想，各回家共入鴛幃，各回家共入鴛幃。祝千秋恭擎賜巵，上推心不復疑，下酬知得所依。

（俱起介）（生等男女分班叩首介）萬歲萬歲萬萬歲！

【尾聲】今夜呵，夫妻歸去，還同睡。休只顧冷落了鳳衾鴛被。且待春宴重開再入陪。

詩

上命威驅豈自由，蘇秦隱事莫苛求。
古風嚴辨唐斯下，昌易髫齡伴耄遊。

樂安春

樂安春目録

第一齣　概懷

【滿庭芳】（末上）不要崇嚴，方能高傲，天壤何處容狂。揮毫盈紙，怕的處窮鄉。莫説爲生要正，渾如戲，不免登場。隨時轉，交歡勢要，半世味如糖。　紅粧相匹配，非惟成對，又復幫雙。看將軍爲相，功業榮昌。青史當中實事，豈可比謊説荒唐。無難把威權氣節，硬向一人裝。（問答照常）

【賀新郎】徐紇才千斛，奈卑微，非因趙郡，無人青目。轉眼又推元相重，得不翻然轉轂。山易倒，還難容足。既附修，又須事儼，總無非圖個飛騰速。生一世，難拘促。　締姻王爕聊歡贖。仗宮恩牽拉趙鄭，再幫雙玉。徐醫劉監同駔媼，點綴非皆真録。高與李，都爲陪幅。欲使隆之神傀面，戲場中，萬古人相矚。場要鬧，兩榮蹴。

诗　附三家的乖徐紇欲貴莫如何，領二妾的貴王娭無賤與同窩。
陪鼎甲的李和高隨手拉來凑，鬧戲場的朱連葛論世似須他。

第二齣　謁趙

〔商調引子〕【繞池遊】浮生無據，亨蹇隨天去。論初時，未憑天主劍氣，干人琴心覓侶。兩般兒圖謀要予。

〔憶秦娥〕天生我如何，却遣窮鄉坐。窮鄉坐，安能不做一番掀播。剛腸只爲時英挫，柔腸須爲嬌嬈糯。嬌嬈糯，思量羅致，權門須過。小生徐紇，表字非回，樂安人也。三歲開蒙，十齡入泮。借書療目，今古填膺，炊火濡毫，俄頃滿紙。早曉得學者不患才之不贍，而患志之不立。詳於器數，矜於訓詁，則費日月而無成。所以粗誦詩書之文，多識流俗之故。看見如今的人，慕非義之奸利，内以誇妻妾，外以炫交遊。心裏本來十分不喜，及至細細一想，古來便有人説，居官而置富者爲雄傑，處奸而得利者爲壯士。家富勢足，頤指氣使，是爲賢耳。没有前呵後衛，了得人一生麽？没有孌童姹母，了得人一生麽？若必定拘執起來，除非再轉幾世，換過幾朝，纔方有用俺這點才情的所在哩。不趁這青年美貌之時，策足要路，轉眼鬚黄面皺，再想出去，人看見也厭了。你便就自命高賢，附於隱逸，他只説你借此藏拙。叫誰替我分清。此刻一條内線，是這趙郡趙家。他的族人會勝，雖然夫妻訐訟，人欠正經，無奈天另眼。他就像司馬懿家一樣，生的男女個個魁梧齊整。小生不過借徑而已。昨日已認了他家一個嫗監做了乳娘，約定今日請我進見，故此打扮而去。（暫下）

【前腔】（丑上）韓王半部，空説經綸譜。秀才家讀書何補。斷爛時文，虚浮名譽，這班人争襄廟謨。

咱家趙修官，爲常侍，初以白衣給事東宫。自從儲君登極，時常到舍親見家母，寵幸有加，遂授今職。愛的是花容月貌，喜的是白璧黄金。却有一件好處，遇著青年秀士也不棄嫌。有一樂安秀才今日要來晋謁。咳，倒也是個會走門路的。叫家僮查門簿，外面有人候著麽？（雜）一個秀才，從大清早在門房裏坐到這會了。（丑）請他進來。（生摳衣進，先跪後揖介）老侍中貫耳才名，四方翹仰。（丑半揖介）賢世契休説套話，尊庚幾何？（生）馬齒徒增，已逾三五。（丑）好好，丰容可愛，勝彼萬千。（生打躬介）叨蒙獎借。（丑）看坐送茶。（坐介）

〔過曲〕【梧蓼金灘】〖梧葉兒〗（丑）姿容好表，丈夫豈止似莊姝。〖水紅花〗（生）未曾迂身猶兒女，要做趨時道學，不比宋之儒。真死讀這幾行書也囉。〖柳摇金〗（丑）何郎似玉，子建爲徒，視外知中，聽言窺肚。〖皂羅袍〗（生）仰瞻符彩，羞慚小巫。驟蒙推挹，鎸銘大巫。凌烟高閣煩開路。

（丑）賢契有這樣品貌，又有這樣才情，何不坐在館中等候三年貢舉？只消房師主考一會賞鑒起來，頃刻舉人、進士連翰撰都來了。也曉得讀書的人，如此自在受用。怎倒耐煩奔走人家？一時有事了，門上奴才無知得罪，不懊惱麽？（生）不出大賢門下，饒他鼎甲聯捷，總没有一個照應。所以古人情願掃門。這些辛苦，分所應得。（丑）也自高見。

【前腔】非鷹犬欲鼠，狐朋黨勢難除。（生）那清淡讓他夷甫，要共酬君輔國肺腑。結葭莩，全靠這眼睛珠也囉。（丑）無人躡後，跌挫誰扶？莫引其前，英雄没路。（生）方來唐宋，韓蘇上書。從前秦漢，公孫飯粗。噫憐樂句牛僧孺。

（丑）在朝諸公，向來相識的是那幾位？（生）若是門生一向慣走仕途，今日纔詣龍門，便是古人殘客了。（丑）國朝人物，比肩接踵，文章道義，無一不多。爲什麽偏要光降寒署，用這尊稱呢？

【仙吕入雙調過曲】【玉抱肚】（生）雙瞳昏瞀，就金鑢，狂花自除。（丑）特相過，盛意難辜，忍推辭致嘆遺珠。（生）圭璋未琢敢藏諸。（丑）有美還宜待價沽。

（生）蒙老師大人賜茶賜教，門生惟有縷骨銘肌，恐妨休沐，就此告辭了。（丑）既承專顧，就是通家。還要屈在内廳小飯了去，以後到門徑入，竟在書房宿歇罷了。

【前腔】彭宣枉顧，學郗超，何妨共杅。（生）怕生疎，難入閨庭。論卑微，焉敢齊軀？（丑）雖分少長等瓊琚。（生）腹内珠璣恐不胥。

詩

利名驅我不相由，賺得書生死不休。

生做蘇秦原古例，不能花盡在官髏。

第三齣　召醫

〔南吕引子〕【滿江紅】（旦籠藕襪，高跟鳳頭朱履上）倚枕呻吟，翻覺是人間晝永。無個事，淹淹惜惜，四稍難動。救胃散香秔未飽，傷寒論緑窗無縫。召名工，怕的診趺陽，争操縱。

山莊相近太平家，數日無心賞物華。不慣閒思人世事，如何瘦損牡丹芽。奴家王氏，小字玉媖。生於閥閲之門，居在輦轂之下。父親王燮，雅好清狂。母氏少君，養隆慈妣。弟昆姊妹，凡八九人。異母同胞，各三四子。日内不知何故，茶飯懶應。家規例召醫家望聞慢切，咳，豈不是厭煩的事麽？（丑粉面、高跟鳳頭紅布履上）小姐，你前日許下了安樂神，已曾脱了衣裳在房裏舞拜過娘娘了，爲何還不見好？（旦）竟在這裏想呢。此等俗説，信他無用。（丑）敢是粉做的人牲，娘娘還不喜歡。必須把個活人脱光了，獻一獻纔好。（旦）昨日也做過了。（丑）再不自已脱一脱，叫女畫工來描一個全玩，掛在神厨裏去罷。（旦）養娘，以後休要信這等狐神。

〔過曲〕【梁州新郎】〖梁州序〗春窗有日，春衣無統，舞拜教人慚懵。霞綃捲盡，分明肉段芙蓉。真身呈露，米粉烝來，競向妖狐供。巫師描畫寸分工，似此祈禳理欠通也。〖賀新郎〗（丑）祠太伯圖形送，總無非成例人遵用，休拗性不依衆。

敢是老爺那天做弄夫人，把你思慮壞了，所以難得全愈。（旦）也未必是。（丑）再不就是你爺惱了你外婆那天起的。（旦）爹娘又著人去請什麼徐郎中了，不要見他纔好。（丑）丹陽徐謇那個郎中，真正是個時醫。任你什麼貴人，倘若時時要用方子調經，都要問他。只爲他單治女科，用心不雜。只是一件，不曾請過他的就叫奇怪，他專靠的診視趺陽，另有秘訣。別人認不清的症候，他把這幾處一診，就如越人洞見肺肝一般。（旦）這個却怎麼處？（末扮門公上）太醫院大老爺進來了。（小丑紗帽華衣上）小姐穩便，也不敢奉揖了。（丑）相求大人用心診脉。（小丑）府上這裏不消囑託。

【前腔】（小丑）金枝仙眷，瓊花仙種，珠在掌中。加瑩海棠微笑，人間桃杏羞紅。白榆霄漢丹桂宮，樓寶扇團么鳳。自知靈鵲會梁虹，非是憂思致懊憹。

（丑）菩薩愿心都許過了。（小丑）不是真病，没有大病，稟復老爺放心罷了。

【前腔換頭】（小丑）不須教頂禮金容，無量壽同名虔誦。更花幡手綉，瓣香修供。夫人南嶽，阿母西池，都受麻姑奉。惟須一席酒請徐翁，三劑膏肓一掃空。

（丑）那脚帶不消解看了麽？（小丑）這等輕病，只消望聞問就儘彀了。連寸關尺都不消把得，看什麼趺陽太衝？

【前腔】（小丑）論源頭大趾爲宗，察胃氣趺陽宜重。致醫家稽首，誠惶誠恐。非關餘念，豈有他腸，因此相娛弄。曾經嚴誓不怔忪，捧玉持盈但足恭。（書方介）

（丑）我有個腰酸腿麻的舊病，也要懇求一方。（小丑）你這個倒要看看。（丑脱鞋向裏坐）（小丑診介）

【節節高】（小丑）朱門錦綉叢，幾重重。金蓮誰似伊堪捧，同儕鬨。合院同，稱揚衆。盡誇肥

白長弓重，只愁雞眼時時痛。（丑）重捻輕搓已非宜，爲何頻視提來哄。（小丑）只消肉從容一味，不時服就好了，無須立方。（下）

【前腔】（旦）簾帷颺午風，𣰽㲪紅。華堂入夜笙歌湧。人參籠，蒼术筒，當歸甕，齊齊閣起休常用。（丑）好焚楮幣將神送。

【餘文】（旦）明年花下知誰共，撒黃連單擎蔗鍾。（丑）坦腹休教似乃公。

詩　安樂祠狐出稗官，此家好裸合金鼉。
　　醫生諱勝招商店，等博轟堂一手攤。

第四齣　入仕

（末長班上）一到便鑽通，三元在袖中。四更應待漏，兩對絳紗籠。俺這官府，只因拜了趙常侍，門生果然一舉聯捷。今年新例，文武通考。總要一日内場，一日外場。那内場却不要别的，只要算學、醫學。外場又不要别的，只要棍法、步箭。説是這個四件纔是實在有用之物。通得醫理的，没有一個看不出律例的事。會得使棍的，没有一個學不得十八般的人。所以俺本官輕輕的就奪了一個狀元。一個李神儁是個老名士，一個高隆之是個阿孩兒，倒只中得探花、榜眼。只從今日爲始，便要隨班上朝。半夜起來，就催做飯了。馬夫快駕車子，送官府到午門去。（雜車夫上）曉得。

〔南吕過曲〕【香柳娘】（生上）聽傳臚一聲，聽傳臚一聲，儂家名姓，洪鐘似響當階應。是新科俊英，是新科俊英。（末）不像柳春卿，幾乎没投奔。（生）正青年後生，正青年後生。（末）夫人未偵，侍書堪幸。

（行到車下）（末指介）那裏是六部班房，那裏是各寺班房，那裏是科道班房，老爺只在這翰林班房坐待衆位便了。（坐介）

【前腔】（生）這呦呦鹿鳴，這呦呦鹿鳴，題名看餅，能醫煩悶詩書病。笑拘墟老生，笑拘墟老生。（末）千佛羡名經，空談事由命。（生）説章臺懶行，説章臺懶行。（末）青綾被輕，玉堂清興。

（外、净、丑、旦等八人各冠帶執笏上）（末）各位官府都出班了，老爺也到品級石邊立著等候罷。（生等立介）

【前腔】（衆合）覷高魁首名，覷高魁首名，午門遥覲，侍郎背後容垂搢。甫春闈再登，甫春闈再登，轉盼免衣青，烏紗罩圓領。（生）怎通班共驚，怎通班共驚，多應末生十分僥倖。

（同叩首、舞蹈介）萬歲萬歲萬萬歲！（拱手各下）（末）請老爺步出午門，上馬回寓。

【前腔】（生）要心恬夢清，要心恬夢清，尚難安静，扶摇直上由誰勁。合從伊使令，合從伊使令。（末）恩怨要分明，方纔衆人信。（生）况前途遠程，况前途遠程。（末）須防待升，忽然一蹸。

詩

琵琶人慣演辭朝，漢代威儀不可祧。

今日變爲零小齣，一般嚴肅一般教。

第五齣　從葬

〔仙吕入雙調過曲〕【字字雙】（丑麻衣上）朝廷痛惜俺先堂，完帳。威風鬧熱返家鄉，歸葬。乾兒一路搶婆娘，白相。臨危吩咐好收藏，奇創。

咱家官正做得鬧熱，誰想忽爾丁艱。就是咱太夫人，年紀尚未六十。叨蒙官裏這般厚待，便在這花花世界多享他幾十年福，有何不妙？他却要去和閻羅王議事了。臨危吩咐把他幾十年來梳下的短髮，剃下的長毛，修下的手脚甲，和漿糊的一塊絹頭，都要塞在他鳳鞋裏面，金櫃收藏。後來祭奠之日，要叫子孫頂戴爲尸。從前死過幾個和他同床共宿的姐母，他因看了《西京雜記》，都把水銀灌斂了，如今要叫取出和他貼肉同棺。墳上要雕一個石頭仙女，鎸刻肚皮當了碑記。正經誥命不算，他要出些手積，問朝裏納一個延壽娘娘的神道官職。主上格外加恩也竟准了。老人家一生好兒戲，到這會子還是恁地，做兒子的不好違他遺命。（嘆介）不是咱家不會嚎哭，如今就哭個不住，也嚎他不轉來了。今日不知明日事，一路且自頑耍。就像阿堂一樣，閉了眼去，也没有什麽餘想纔好。門生裏面，要相幫扶柩的不知若干。只有新科狀元還有主見，所以奏明同走。

【仙吕引子】【似娘兒】（生素服上）雙手攬朝綱，誰敢與論短争長。誰知忽有慈親愴。他年似道，師成叔黨，都似今喪。

（見介）不孝莫大於滅身，老師還要著實節哀纔是。（丑）他們搶了人家多少老婆，要等將次回去方纔放還。你爲什麽不叫他們給你挑選個把？（生）老師如此毁瘠，門生那得心情。（丑）迂哩迂哩！

【前腔】（雜扮親族巾服扛材上）（合）恩叔賽同堂，喪到日例要幫扛。許多親眷都來搶。（導引僧道儀仗等合）瘥原最潔，脬難乍冷，屁也奇香。

（丑）列位高親賢族著實有勞了。（雜）這是趙郡舊俗。時下大例咱們分内，常侍千萬不要又賜什麽代帛。（丑）多承多承。（作到穴介）（生）金井俱已打就，快叫堪輿分金。

【解三酲】（外持羅盤上，打線介）按諸家五行方向，埋下去拜相封王。（丑）威行壓卯誰相抗，何必待葬親娘？（生）香毛仙爪藏玉箱，寶帨包裹鳳履裝。兒孫長，爲尸戴妭，魄護靈勷。

（雜）諭祭有司到了。（内鳴鑼驅唱介）

【前腔換頭】（小丑扮有司）冥職焚黄隆報貺，諭祭從來有短章。（拜奠介）（丑）多勞公祖將頭搶，先母福靠君王。（生）就此焚黄罷了。（丑伏哭介）（生）妖嬈肉殉實殊常，遠勝西京掘舊藏。碑奇樣，佳人赤立，鏤腹旌亡。

（小丑向丑跪介）奉行不謹，求賜寬容。（丑略扶介）不及留茶，另日專謝。（小丑下）（内放紙炮鳴鼓）

（雜跪稟介）葛榮反賊，忽然驅兵繞道打這邊過去，怎麼是好？（生）自古道，兵來將當，水來土掩。人急計生。侍中帶來的義子，都是四方驍健，待門生執旗指麾，包管百可當萬。想他意不在此，必定長驅直過了。吩咐山下衆人，速速披掛上馬。（丑等齊下）（内雜甲上）（生登雲介）吩咐立如鐵壁，看旗方許出兵。（雜應介）得令。（净領衆上，繞場衝奔介）

【前腔】（生唱衆合）一路寬容何怏望，向日恩深豈可忘？無能上報真愚戇，惟拚命去相當。青衿白面莫道狂，但視軍麾奮虎狼。渠知狀，必趨他正務，捨我而颺。（混戰介）

（净）這些亡命，不必與他蠻纏。又穿了什麼白衣裳，撞著悔氣。大小三軍，另取别道，逕趨省城去罷。（衆）得令。（繞場俱下）（雜）罷罷罷，嚇破咱們的膽哩。（生）天下事寧可料凶，不可料吉。此賊雖然去遠，須防分兵復來。這也是老夫人的命數，没後該受虚驚。如今仍舊齊集人夫，連夜成墳便了。

詩　魏世人亡求貌似，與之宴好若夫妻。
不盡新搊休妄削，兵來不過鬧場嬉。

第六齣　事元

〔仙吕入雙調過曲〕【普賢歌】（净丞相帽紫蟒，八人濃施脂粉、籠藕襪、高跟鳳頭朱履擁上）於今生殺盡吾操，國太妻姨貶入牢。因多一個脬，貪看一嘴毛。那管長姑與胖嫂。

本堂元乂，國之宗盟，今之姨丈，威權風靡，生殺手操。富貴猶吾所輕，色欲乃其僻好。近日配了一具肉圍屏，就是赴堂理事，也都帶了進來。（笑介）哈哈哈哈，叫做人生若此，可以樂而忘死矣。

【前腔】（八人合）奴儕生得極風騷，都把當朝宰相招。從來不要熬通宵，定幾遭，他那東西跋弗倒。

（净）造化，你們到也個個識貨哩！（生冠帶上打躬介）老公相真正是公忠體國，來得好早。（净）這些事務你都摸得著些，就替我幹幹罷了。（生）《四書》上説，籩豆之事，則有司存。這些零星細務，原該是卑職代勞的，公相只消微示風旨便了。（净）妙妙妙，你這個人是個妙人。我且問你，娶過親事了麽？（生）年幼未聘。

【北新水令】（净）及時婚娶覓桃夭，便男兒也嘆梅標。要娶個比你大些的好。衣裳教自解，蠟燭要他澆。新例蹊蹺，做鸞鳳要顛倒。

（生）此時禄薄家貧，也還無心及此。（净）你看見我身邊有這許多活寶，也動些情興麽？

【南步步嬌】驀地成親由心料，只恨多袍帽，渾身癢怎熬？難得他們愛我才貌，司敗任胡嘲，那時通亂叫。

（生）公相神仙降謫，累世修來。小官眇爾寒儒，敢覬非分。

【北折桂令】照鸞衾燭影紅摇，不容遮眼要常瞧。倚馬才情，王公氣概，擲果豐標。看比我姿容尚少，又誰知尊齒微饒。（净）我説他們也把我當個有才貌的了，你就説得我恁文驟驟起來。（生）

相頗雄驍，鼻也隆高。好看安仁，有用的敖曹。

（净）要曉得酒有别腸，詩有别裁，色有别膽，欲有别軀。

【南江兒水】（净）行樂無權，柄没下梢，娘胎要帶纍然料。長大須教昂然跳，雄心那管湫然竅。否則花星高照，自嘆無聊，辜負了那人花貌。

（生）不是公相細説，卑職株守書房，那裏知道這些道理。（净）新夫人不要像你一樣古板纔好。

【北雁兒落帶得勝令】（净）温香一暗飄，軟玉應儂抱。新郎若害羞，新婦須脱套。道學故粧喬，幾日再成交。啓絳催登榻，抒葱代解袍。（八人合）林梢皓月斜西照，秋宵休愁體過勞。

（生）公相倒會説笑。

【南僥僥令】淇宫無半個，斷袖未招邀。不識何方充嬌客，怎便把良辰預刮脊？

（净）待我替你做個媒兒如何？

【北收江南】持柯自會配風標，惟須問你那蟶條，方纔好遣鵲填橋。（八人合）青鸞誤邀，紅鸞誤招，秦樓便不願吹簫。

（净）我意中倒有一個人家，給了你，真正門當户對，女貌郎才。只是這個丈人，必要和他抵足一宵。看看你的體氣，方纔肯許，却怎麼好？

【南園林好】（生）這因緣先求見饒，那機關如何自表，怎好遺冰清知道。（净）如今的例，十家倒有九家要這們的，就是貧家也要央個媒婆試試。你也忒煞迂執。竟説是吃他刀，真和假没人瞧。

（生）新娘子什麽相貌，也要曉得纔好。（净）有個郎中常時在他家看病，也是你貴族人。我問他時，必不相賺。

【北沽美酒帶太平令】焰騰騰袄廟燒，呆答答細推敲，烈火乾柴怎不熇？（自指介）看區區有樣，分厘色總成交。（八人合）俊東床圖眠逸少，老玉鏡不招温嶠。腐馬遷怎容投到，俏崔鶯要他銷號。（净）牝猫興豪，正聲聲叫哮，忍教伊尾巴空趫。

我先回府去罷，明日竟討庚帖送來。（下）（生）這個人的行爲，不日就有大禍。我如今也只爲捨不得離了這個地方，没奈何費多少的俯仰。即又不好，離又不好。如今連婚姻大事，也要閒管起來。他又十分盛意，一團高興，竟叫人辭不得的苦。咳咳，也只好聽天由命了。

【北清江引】鴛鴦錦毛能妙巧，容恁般粗糙。衷腸難向伸好。惡憑天報，人間的愁煩今始到。

詩

宦海浮沈都見錯，不能君子皆真確。

綉腸轉處或花花，粉面朱唇是生脚。

第七齣　得娶

〔南吕過曲〕【梁州新郎】〖梁州序〗（生插花上）人兒嬌俊，美而妖健，倒是明珠無價。終身倚玉，便宜我這蒹葭。不虛前度，東嶽其頽，鉛淚潸然下。熊肪不足換奇葩，只恃文通筆也花。

〔賀新郎〕情重處身無那，況情人助説多情話。光焰起，果難把。

〔菩薩蠻〕只愁當路能爲祟，無鹽嫫母教相累。今日甚光華，將何來謝他。何煩人教演，辰卧宵興膳。婚戲例堪憎，氤氳分不清。下官今早娶了王小姐過門，定情之際，喜出望外。他洛陽的風俗，初婚一月，白日同眠，直到黄昏，反起飲膳。這個道理甚是不錯。只是全要那迎送伴娘，手動口祝，窗外人眷，紛紛竊聽。祖母娘親或於先日請一位福壽雙全的宅眷，來教新郎解衣換脚，抱卧瞧新，著實近於惡道。此刻外堂親友已來赴宴，又有什麽戲婦之法，要到新房裏來鬧。那伴娘和他賭酒，下官一不拗衆，也只得隨鄉入鄉了。不免進房去坐，待他進來則個。（暫下）

【漁燈兒】（旦上）老佳人教看風花，兩弓玉口導瞧拿。縱垂髫爭令抱他，齊牢正倕，日當空，羞也烘霞。

（净、丑濃施脂粉、籠藕襪、高跟鳳頭紅布履，扮兩伴娘隨上）老爺夫人可並坐在這床沿上，聽他們去胡鬧一會，到了五更也要去了。

【錦漁燈】憑手導，抱推拉。扯啓朱唇，祝贊無涯。相伴寬衣没寸紗，不如伊挨肩，窗外聽聲佳。

（外、末、小生、老旦等扮賀客上坐地介）（净、丑）俺每不坐。（一人起設椅介）請坐了，纔好奉酒。（取燭照介）等我們通身上下看一看著。（拉净、丑轉介）還要看一看後跟。

【錦上花】（外、末等合）伊倒是絶艷葩，恨咱無葛與瓜。從來肥胖出豪家。都恁長，好奢遮，朏股大，尤可誇。金蓮六寸，白如耙，鳳履大紅紗。

（奉酒介）新郎、新娘的酒，從來都是伴娘代吃。（净、丑）老爺們肯吃，俺每也吃。（外）竟是豁拳罷了。（豁拳介）（净、丑指老旦、小旦介）這兩位老爺，猜拳吃酒都不公道。（老旦）我叫做李神儁，他叫做高隆之，和這裏老爺是同年。你們該加倍作養纔是，怎倒和我打鬥？

【錦中拍】（净、丑）你幹的是襄成子瑕，愛賞後園花。門生每盡留叠卦，群學子嗟嗟呀呀。與老娘全非一家，不勞伊從頭晙下。後邊的雖然似他，前面須拿，金蓮須架，况羅敷久先嫁。

（老旦）你是何等人家的一張嘴，倒比富樂院裏人還利害，再罰一杯。（净、丑）偏不吃了。（老旦等脱净、丑鞋置杯介）等我們吃個樣子你看。

【錦後拍】（净、丑）葛洪書，怎麽差，脱履規蓮自晋家。醜詞須問者，嫚言須對者，談北俗婚宵更治。要女和男，没辨始相誇。俺且把酒底蓮香吸下，休道是逢場兒作戲剛爲耍。

（小生）我們用手豁拳，二位伴娘要用脚豁纔算。（外）脚怎麽樣個猜法？（老旦）祇消指灣指直，猜個一樣不一樣就是了。（净、丑扭身向後不肯介）（小生跪介）你也把這鞋杯吃了便罷，不然鬧到天明也不肯去。（净、丑持鞋飲介）

【北罵玉郎帶上小樓】（净、丑合）何事教人戲自家，將鸞鳳，口鼻乂自家。香氣自難誇。當平常，誰覺得艷治奢遮。笑書生井蛙，笑書生井蛙。這雙眸容易歪斜。（外等合）感嬌娘念咱，

感嬌娘念咱，既賜了鸞杯鳳斝，還受我牙芬口蔗。（净、丑）没來由胡鬧蠻纏，黄金跪下欲念回邪。（外、末等）論人間，許詼諧，也算歡譁。豈都要的真真纔拚重價。

今日鬧房，不曾被人掃興。燥脾燥脾。拿了棒香手帕，大家走罷。（下）（净、丑）天也明了，厭物也去了。兩位新貴人仍舊請安息呀。

【前腔】我把蘭湯再捧拿，澆蝴蝶洗哇哇。相煩重叠雪蟬紗，托鸞舥，快抱起煉石神媧。（生）不須伊再乂，不須伊再拿，相看轉令身麻。（旦）豈情根久芽，豈情根久芽，不信道伊行倭韃。能致令癡魂消化。（净、丑）擬終身奉侍屏帷，擬終身奉侍屏帷，願永遠看承照察，莫避休遮。（生、旦）既然他在其間，與事同窪。真個是一家人，何須賣假。

【尾聲】（合）窗前任聽喁喁話，料他家先曾似咱。且看俺萬代兒孫，受氣的香風鮓。

詩

如今器物力求新，做戲填詞更認真。
爲要一新新到頂，至於無齣不嫽人。

第八齣　附鄭

〔仙吕入雙調過曲〕【二犯江兒水】（小旦扮雛閹上）長秋小幹，長秋小幹，年來新奉命，跟他供奉，刻不容寬。任閨房床簀，都聽咱眼睛看。呢喃與合歡，全不瞞。儂落得消閒，只徐家標致漢，常來問安，常來問安。同居共館，却惟言報主，須教力殫。

秦公家裏串，雙女寺前嬉，只待姑夫到河中洗四肢。在下司禮小監便是，奉著裏邊的命，跟這鄭儼供奉。他和娘子説的趣話，那一句不在我肚裏。和他往來的朋友，只有徐紇一個是個好人。回回勸他盡忠報主，咱也待進去説哩。（踢毽子介）

【北耍孩兒】（小生冠帶上）三生石上憑誰勘，似恁的抽填離坎。孱軀偉秀粉花腌，更曼膚駢脅而男。榮華尊富，雖因此拘束，煩勞却未堪。何曾敢孟光同榻，竟夕沈酣。

（見介）小中貴十三歲了，還恁貪頑哩。（小旦）供奉和大娘子大咱一倍，倒還愛頑。咱家可憐沒有甚麽事情頑得。

【七煞】（生上）緑複裙紅勝藍，千程萬里香猶泛。楊花白糝飛何處，超乘今推鄭子南。雛宫監，貼身巡警，争好呢喃。

（生揖，小生扶介）三日不見，如隔三秋。（生）分有尊卑，荷蒙下友。（小生）我看你的才情，將來必在人上。（生）供奉有此品貌，纔方有此爵位。晚生何等人物，值得掛在齒頰。（小生）別人熱鬧過了，也該輪到我們。方纔一個元丞相，如今一敗如灰哩。（生）那時候見他一味自是，便知不是吉兆了。

【六煞】（生）不肯醒，一味婪。風流何在燈昏暗。行非拒諫，醫難療僞，辨堅心計莫參。（小生）堪爲鑒，忘身奉主，雖死無慚。

（小旦）如今的劉騰太監自已説是漢帝之後，雖然也和咱們一樣少了些微，他的受用之法也不差似元丞相哩！（生）他却怎麽受用？（小旦）這些拜義子的，都要把娘送去陪他睡覺，方纔算你是他的兒。

【五煞】那等人不抱慚，誰曾怨他把娘賺。皮膚靠靠勝搔癢，嘴舌嘗嘗也解饞。（生）非輕醮，野狐妙法，彼已全諳。

（小生）這種受用到底有名無實。（小旦）他還有個新鮮法子，把那美貌少年都纏了半大小脚，女粧女扮，説是外貌算做老婆，其實要罰做老公，伴了他家姬妾，又替他生得兒子，這倒有些奇怪呢！

【四煞】當老婆無鐵塹，肉包饅首强人啖。翻成越擁帷圖北，又做田常去指南。（生）人無憾，弓彎願學，此夢殊甘。

譬如土司無子，妻得傳印。妻恐死復被奪，又娶一妻對食。（小生）人急計生，何所不至。總是先年創法割人雞巴的該殺。

【三煞】幾面親樂，且耽微詞，北史爲藏餡。握蓮一樣挑牙笑，吸露還堪捉麈談。（生）髯須鑱，傳聞將鸖，取骨煎涵。

小中貴到了，後來不要學他們纔好。（小旦）啐。

【二煞】（合）腹不能背，可貪雄成雌，距便非男。通家不算遭侵侮，奉職惟將算婢姏。風流擔，桑冲硬脊，幾擔齊擔。

（生）這些人感那老劉的恩，尚且把受之父母的手脚毁傷改變了，拚命報效。我們吃這樣大俸禄，再不盡忠竭力，便不是個人哩。

【一煞】（合）有翅冠，有補衫，千鍾美禄全家噉。粉軀碎骨何爲過，竭力輸忠是舊談。憑心膽，功名汗血，虎穴龍潭。

（小生）年兄不消顒望，不久也就高陞了。

【煞尾】（生）這中間敢似焚。（小生）你詞壇已久淹。（小旦）啓黄扉，應得伊來站。（合）驥尾蒼蠅似快颿。

詩 幸因佞薦始驕矜，佞幸原來各有能。
不是兩人該合傳，如何百種恣劉騰。

第九齣　超陞

〔黄鐘引子〕【點絳唇】（丑乳媪上）人赴東床，徑開西邸垂楊軟。絳冠初囀，鵲噪門深遠。

俺乳娘爲什麽起得恁早？小姐今日滿月，新姑爺先來拜謝。所以府裏的人，三日前就忙起了。飣果盤、裝看棹、叫戲子、擺燈屏、抹抬箱、點盒擔。哎呀呀，要是俺小人家，何消費許多事。向來舊例，合家堂客要打女婿。說是越打越發，報他家看新娘子的仇。如今都只用脚踢了，也要和他們說，不過關目而已，不是認真廝打。踢得人家怪痛的，却怎麽好？

【前腔換韵】（副净扮媼上）他日高洋，段嫂愁相見。無他譴弄他遭厭，新婿難欺踐。張老娘今日踢喜，須是我和你去叫他們演習一番。（丑）不差不差。（下）

〔中吕過曲〕【泣顔回】（生盛服人從上）擢髮罪難湔，這事原該深譴。蒙恩輕減，飛來况是金蓮。憨癡俗例，則今朝一鬨知難免。便遭他毁體傷眸也，卑人應得敢求憐。

（望上拜介）（三旦、净、丑、小生等女扮上踢介）踢一踢，夫婦齊眉誇第一。踢兩踢，萬代孫曾稱富室。踢三踢，生兒盡做高官職。踢四踢，終身懼怕渾家舄。

【前腔換頭】（生）相求略緩待來前，莫遣紅蓮落片。雲鬆雪褪，春趺解散行纏。（老旦等合）推伊過犯，本應該遍體當重趼。這輕輕繚撥盤旋，竟該叩謝敢稱冤。

（雜旗鈴上）報報報，貴府令坦老爺徐，高陞黄門侍郎，賞銀只要一千兩。快賞快賞。

【千秋歲】（雜合）賀高遷，一氣連三轉。這聖意真個相偏。滿路朝官，滿路朝官，盡仰面看天，齊齊稱羡。升丞相，知非遠，夫人命驚親眷。恰好歸寧見，要黄金百兩，方得欣然。

（老旦）這樣凑巧的喜事，真正百年難遇。連我們若親若族幫打女婿的，都要拿出東西來助賞。列位且到旁廳去坐了，等待禮完打發。（雜）多謝多謝。（下）

【前腔】（生、老旦等合）好人家喜事重重見，真叫做天賜因緣。富貴榮華問比賽，爲誰誠歡誠忭。新娘福，新郎薦。新郎貴，新娘變，看得旁觀嚇。使金蓮再踢，纔得心全。

（院子上）小姐轎也到了，請進中廳等待行禮。

【尾聲】朝陽鳴鳳如君鮮，忠讜宜乎福自天。葵丹共免，莫負君恩慚𡰱冕。

詩

單説陞遷欠鬧穰，歸寧特寫亦茫洋。

因而打併兼資笑，古俗非今所得匡。

第十齣　三妻

〔正宮引子〕【燕歸梁】（旦冠帔上）褕翟從夫愧短才，欣左右有裙釵。渾如爲我作佳媒，郎倒是强依偎。

副予天賜兩名家，左右咸宜夜景嘉。不怕檀郎違命令，中閨有黨好排衙。俺相公勤勞王事，既蒙聖恩超擢，又賜趙修、鄭儼兩族閨秀，爲左右夫人，以作奴家副室。這般異數古來罕有。洛京舊俗，副室迎到，先與正壺同眠，驗其童身真僞，次早起跪緩啓窗扉。還有兩件卑污之事，奉承主母，名爲奉堂之禮。午刻方與郎君結親入帳。奴家昨晚倒先受用了一宵，方纔那般肉麻。不過如今吉時將近，好叫他們出來成禮哩。

〔過曲〕【不是路】（老旦、小旦冠帔上）月滿雲開，親捧雙成餍飫來。鮮葩蜕又憑口鼻識，玫瑰赴陽臺。先陪南國嬌嬈色，後配西園翰墨才。鄉風猶畢生如是，都堪愛。聖恩須拜，聖恩須拜。

（旦）兩位都出名家，與奴等輩晨起執行大禮，實所不安。尚待酬還，少免惶恐。（老旦、小旦）姐姐首先結髮，况本高門。愚妹妾禮當然，敢勞賜答。常依膝下，實所心甘。

【錦纏道】（生插花上）愧樗材，厠鴛班，金門玉階。恩似賈充推尚，嗤他當中少個粧臺。總修軀峨峨躧鞢，盡豐腴穠秀難偕。仙珮拂雲來，得遍閱蘭香錦衩。慚非宋玉才，剩一點靈犀心在，許九重春色到茅齋。

（生、旦南面立）（老旦、小旦北面拜介）恭喜夫人，賀喜夫人。（生、旦揖答）（旦）有喜同歡，有福同享。

【普天樂】（老旦、小旦）趙家人，都如繪，鄭强淫鄉睚眦。誰曾料琥珀宮釵，來相夾，鸞鷟仙胎。朝靴綉鞋，到明晨，四雙齊踐天街。

（四人串飲連杯介）

【古輪臺】（生旦）似蓬萊尚書，紅杏倚雲栽。昇仙橋柱留題在，鷫裘自解。駟馬喧陔，盈載的春山眉黛。清洛城邊，碧嵩樹外，襄王雲雨漫分來。昭陽樹色，共夕陽鴉背長埋。争如今，此凌波羅襪，同心羅帶，同上鳳凰臺。人光彩，一時齊染御香來。

（二旦）恭喜夫人，賀喜姐姐。（旦）有福同享，有喜同歡。

【尾聲】（生）同栖玳瑁恩如海。（老旦、小旦）三隻文鴛一鳳偕。（旦）只這是第一面詞林風月牌。

詩

小人無種自腥羶，往往其家產淑娟。
真旦假生多不過，只因外貌本端然。

第十一齣　臨戎

【北醉花陰】（净扮爾朱上）老去惟存一腔血，爲國事，心頭轉熱。烽火照，戰塵遮。封豕長蛇，憑據了朝門臬。金鎖甲，碧油車，不斬群奴不返轍。本鎮，魏家老駙馬是也。身爲帝婿，世鎮太原。主幼國危，不得不出。衆軍士，俺的兒，須要擺齊鐵騎，直搗長驅。浮渡黄河，方可下寨。（衆）得令。（挺槍繞場介）

【喜遷鶯】（生戎裝領衆上）（合）積儒素堪嗟，争學得淮淝一戰捷。同毳幕小高凶烈。耀鑌刀，世兆驍桀瞧跌。鄭阿爹去把河橋空損折，須是俺向前攔擋，半路邀截。（兩軍相遇介）（生）爾朱榮這老賊，朝廷待你不薄，怎麽倒來送死？（净）哇，俺是皇家嬌客，貴主兒夫。你這漢狗何等樣人，敢來這裏撒屁？

【出隊子】（净衆合）抬槍揮鉞快，填濠忙看堞。何須硬探去行諜，靠這雲梯與礮車。一鼓而

吞，教蹀血。（混戰介）

（生）你這老賊，有本事過河一步。也該思想前來通共幾千人馬，看看去了一半了。還不束身待罪，更待何時？（净）這小狗才，水也似的一個哇哇，只好等俺捉住，賞給衆軍做那出路婆子。

【刮地風】（生衆合）他覷咱三軍似螃蟣，將我輩認做書蛙。料衝鋒陷陣多驚怯，識什麽陣法龍蛇。待上殿去攏曳，妃隨主躡。左盤斜，右盤斜，頓金蓮同彼吱喳。

（再混戰介）氣殺我也！不把你這老狗切段撏毛，你也認不得我這哇哇哩！（净）你頭撞不過來，掉轉屁股拱過來罷！殺人場上，還和你説書傳雅語呀。

（生）快追快追。

【四門子】（净衆合）鐵衣寒弓，影摇邊月。婦隨夫子曳，爹撇家鄉，欲作京華客。肯當鋒不怨嗟，嗤陣圖憑鏌鋣。捉將他入帳房，堪那些劍戟光旗鼓揭，四團圍教迎駕也。

（生）好哩好哩，掩得他退下去哩。（净衆回奔介）休要得意，將過年，且去了。正月再來和你理會。

【水仙子】（生衆合）前前前有地穴，把把把利刃銛鋒追上者。等等等賊衆馬兒趄，便便便砲聲兒放徹。叫叫叫叫他馬和人一謎跌。那那那左邊廂，兵出攔遮。這這這右邊廂，回軍雁翅斜。饒饒饒蚩尤無霸頭如鐵，也也也要墮入兔兒罝。

（雜）禀知元帥，窮寇莫追。他的馬好，如飛去了。俺每也就收兵轉去罷。（生）好生奏凱。（内鳴金介）

【尾聲】（合）獻馘朝堂耻幾雪，凱唱入笳鼓重疊。暫解釋聖心西顧切。

詩

戲終還要鬧軒閧，方使庸人醒眼睛。
查點其時無別個，姑先請出爾朱榮。

第十二齣　總政

〔仙吕引子〕【望遠行】（生、吏役上）丹心翠首，憂國雙眉新鬥。滿眼軍麾，端是以前人謬。既在神武門前，不比王官谷口，惟跂望甘泉馳奏。

下官自從奉命督師，朝廷説我竟能退賊，特除樞密兼攝平章。書生一介，位極人臣，也可謂生平願足了。争奈爾朱這厮兵精將勇，幕下多謀。雖然暫退，其計愈深。日内簿書，旁午無非爲這邊事。咳，若不是下官小有伎倆，如何差發得開呢？（拜印介）（生坐）（雜吆堂介）

【前腔】（末等八人扮吏上）軍書雨驟，不怕忙人不瘦。家務偏多，恰值用兵時候。惟賴主事高才，不住飛洛馳奏。幾萬件，片時都就。

（生）你們各屬令史，今日要將書手唤齊。就在這政事堂上，我向你説，你就寫下。我向他説，他就寫下。只待本院過眼，立刻用印封行，方纔不誤緊急。（末）令史知道。

【桂枝香】（生）孫騫齊秀，牛弘隋舊。空麻便可，敷宣擊火，俄成結構。陳家沈炯，陳家沈炯，聊堪吾友，還須吾授。（末等合）德林儔，先許爲君死，揮毫事意周。

（各寫呈介）調兵的文書完了。（生）催餉的文書接上就寫。

【前腔】殺師不救，秦人歸咎。皤皤黄髮，休違截截，諞言無受。聞鼙念切，聞鼙念切，安能携酒，何容栽豆。（末等合）筆颼颼賀六，稱將聖高澄賜老麀。

（外傳鼓介）（雜上）稟上太師爺，南邊的兵馬又殺過壽春來了。警速文書在此。（生看介）

〔南呂過曲〕【大砑鼓】南酋過壽州，乘人之急，只是狂囚。（末等合）也須籌畫圖長久，中樞加上幾分憂。怎説匆匆不及勾。（外又鼓介）

（雜上）稟上太師爺，太行山、終南山、武當山、少林山的土賊，都出來搶擄婦女。州縣直達部科，要求發兵分剿。（生看介）

【前腔】嬌羞柳樣柔，恁般消受，好了豪酋。（末等合）想因房下無佳偶，乘危擄掠揀髀湫，總是朱榮作蹇修。

（生）今日你們各屬委實也辛苦了。我這堂餐不用，你們同去一醉。（衆）多謝太師。

詩

出將還須入相來，戲場套括已千臺。

當時况有真能事，史上分明嘆捷才。

第十三齣　慶壽

〔黄鐘引子〕【傳言玉女】（老旦、小旦同上）枕席無拘，含孕怎都雙肚，見檀郎意。公情溥空中，聽者盡形壽，甘同春煦。共相陶鑄，共興雲雨。

（老旦）奴家自從去歲嫁進徐門，今年二月萬分造化，俺每姊妹三人，一胞各生兩子。後朝八月十五是相公的誕日，今夜姐姐辦酒替他預慶。明夜俺每兩個合做，倒也不差。只得來叫知院，替他鋪設伺候。（小旦）趙姊姊，俺和你今夜只把他兩口灌醉，送進上房。由他叫喚，俺每休去。（老旦）你今夜便不去，他明夜也要來。還是同去，大家有興。

【女冠子】〖前〗（旦上）玉音雙許仙郎，緣本天付。〖中〗才人倩女，天然佳偶，争容錯亂，美玉明珠。〖後〗連宵諧鳳侶，只如社友招邀，詞人聯序。向鴛鴦被裏，鼎足賡吟，共成新句。

兩位阿妹，酒筵都齊備了麽？（老旦）你妹子已曾叫人替你鋪設停當了。（小旦）只候你叫他出來，替他把盞。

【畫眉序】（生上）嚇蠻書，何意都成美人賦。飽於芳秀也，飛瓊連遇。藍橋下未見驚濤，巫峽裏頻邀香雨。人人美健兼妖俊，神醉目摇無據。

（旦深福，把盞安席）（生回盞介）

【前腔】（旦）覷名姝金屋，從今更誇富。請挑燈細認，儼然相聚。巧妙是月老紅絲，和好是香衾白玉。

（旦深福，把盞安二旦席）（二旦回生、旦盞介）

【前腔】（老旦、小旦合）愧鴉塗貂續，何堪殿佳句。喜三妹，號娶唱隨如故。若好合非論先來，長一歲羞排年譜。

（坐飲介）

【前腔】（生）隔星榆翻，仗支機到銀渚。（旦）愧中閨浪主，大虧相助。（老旦、小旦）這不是今上恩綸，本註在韋郎姻簿。

（生）把俺六個孩兒抱出來，各與一匙喜酒纔好。（丑、雜抱上）

【滴滴子】（三旦合）神明的、神明的，赫然如睹。應酬謝、應酬謝，瓣香休負。召麟承他相顧，願年年到家，分身入肚。則百斯男焉用婢乎。

（雜上）同年李老爺和高老爺，都送有壽禮在此。（生）領了畫册，和書房相公説，二十日發帖請酒。

【鮑老催】共時際遇，春坊尚未陪樞輔，門生玉笋空自補。（雜上）徐太醫又送延壽丹、肥兒丸來。（生）也著同日發帖。欣同譜，有醫廬相水乳。（雜又上）門下的元公子問明日有何差遣。（生）説没曾有緊要的事，不敢相煩。如今翻轉相趨附，人生真不容人主，猶記得弓腰處。

（旦）相公初登仕路，出於無可如何。如今事在己爲，要著實鑒戒這班纔是。

【滴滴金】人情險薄如朝露，不見當時李義甫。（生）只將來青史留名污，笑藏刀，猫作譽。（老旦、小旦）連我們將來也要吩咐子孫，不必學外家行爲。奸雄何處，總卑田院中生受苦，吮痔吮癰，一筆掃除。

（净、丑扮乳母、伴娘上）夜已深了，請姑爺和三位小姐同進洞房去罷！（起行介）

【雙聲子】（合）閒情賦，閒情賦，前日裏空相慕。陽臺路，陽臺路，到今日親來附。鸞凰譜，鸞凰譜，鶯燕圖，鶯燕圖，願人間才子總配嬌姝。

【餘文】才人必有多情蠱，多少情苗天使枯，試遣才人筆底甦。

詩

附勢趨炎例隱情，但將事業細鋪陳。

只消一本佳行狀，萬古千秋算正生。

生平足

生平足目録

第一齣　論足

【蝶戀玉樓春】〖蝶戀花頭〗（末上）豈必王宫始有色，人若遭時，便得功名力。禍遠灾消倉粟溢，姬姜貫豢無朝夕。〖玉樓春尾〗輸忠守土按軍律，任起樓臺居翼翼。朝廷欲保不遷移，妙在不庸伊不得。

【前詞】雖則齊梁悲改革，李氏山南，獨演風流劇。教盡生平歡且適，鳴笳來往沿江室。晝行衣綉當時格，不鎮本州無足述。恩封貴主婉於真，嫗監尤堪相狎暱。（問答照常）

【燭影賀新郎】〖燭影摇紅頭〗聽説家門，李家遷哲。山南姑世官梁室，衆人推德，望兼威克。興敗非渠可救，歸周帝，翻加爵邑。襄陽節度，故土重臨，傍江起宅。〖賀新郎尾〗群姬繞漢分居室，往來時鳴笳導從，遍偕鴛匹。偶憶周文崔就女，與那長鸞姑嫡。投天抱咸封主秩，捴屬天壤無兩事。同僥天幸宜歸壹，因摶攏一妻一側。

詩　李遷哲古今無兩個，崔就女韓姑堪相佐。
争社會不過取烘堂，造華居實事非虛做。

第二齣　主社

【戀芳春】（生上）世守山南，生而禀昂魁梧，俊偉娟妍。在世身爲男子，已十三年。常笑他人偃蹇，縱似我異才嬌面都貧賤。人世歡娱，除非各有其天。

〔鷓鴣天〕髫齡已解事風流，身未峥嶸且俯頭。可惜椿萱都見背，幾時襲職領襄州。　排騎吹造高樓，生兒育女滿雙眸。若論血氣偏剛質，不盡寰中儷不休。小生李遷哲，字景先，祖籍襄陽，世爲梁宦。守本州者七十餘載，問馬齒焉十二有零。先公前歲捐館，在制未襲其官。所喜小生禀昂星之精而下降，復饒姑射仙姿，得太陽之氣以成形。更擅陳思麗賦，分合佳人作配。却非一室所能專，還須樂境齊臻。務使千秋難比並，不枉了生乎斯世，方遂了小可此中。今日這些説話，也莫管他是醒哩夢哩。里中有個社會，年例寒家爲首，且去照料一番，再幹别事則個。（暫下）

【啄木兒】（外、净扮土地公母上坐介）餐同享，帳共眠，日裏都眠没個見。在人間，彼此貪婪，不如今萬載千年。　雖然髮白髯鬚變，夫妻不肯稀踈厭，不似那世上凡人喘向先。

小聖，襄陽南界社公、社母是也。社裏近來出了一個從古罕有的大福人，所以小聖奉玉帝之命，將俺老夫老婦用不完的精神力氣幫貼與他，等他好去生百十個兒女。（净）寧可我的貼他罷，你貼了他，自己却怎麽好？（外）啐，俺每神道的力氣是無窮無盡的。（雜扮各色男婦上）（設酒肉楮定）（臺上下燃

香燭介）

【前腔】公和母，老更顛，鎮日孜孜情未淺。俺田園靠你豐穰，俺兒孫靠你連綿。要伊臉胖雞豚獻，要伊興發醇醪餞。全要你兩位呵呵笑向前。（生復上）

（雜半跪介）公子自己到會，比差大叔們來更好。社錢一定配得公道，社肉一定分得均匀。（生）這何消説。如今女巫裏面要算陳珠、章丹兩個齊整，所以今年差人請了他來。（丑扮村婦）想來也和我一樣罷了。頭髮未必還多似我，脚未必還小似我。（生）他只有不肯自贊一件還不如你。（丑扭介）恁點年紀就會打人瓜皮醬哩！（老旦、小旦上）公子萬福，衆位拜了。（生）各色俱已齊備，你就跪拜起來罷。

【三段子】（二旦合）裊娜近前社，夫人休不見。憐活人秀娟，與神靈可無糾纏。元皇祭孔俱奴勸，晋朝特出芙蓉面。引你風流，老當增健。

（祝介）自從禱告之後，不但各位田中多幾斛麥，要求社裏衆人永守一位妻房，李公子聘下十位小姐。不但各位宅内人口無灾，要求社裏衆人個個五男二女，李公子一位生他十女百男。（雜男）你這仙姑也忒可笑。我們便添一位半位却也何妨。（丑）仙姑到處聞名，便是這點好處。

【歸朝歡】（通場合）遍處選，遍處選，也只一眠。剛一對，不妨死戰。如公母，如公母，乃稱福全。永成雙，並無不便。豈容娶小分殽膳，肥甘只儘夫人嚥，纔是前生結好緣。

（生）可把猪羊剁下等我分俵。（雜各領介）俺們就把神前蠟燭送到公子府裏去。（放紙炮，鼓樂行介）

詩
冲場無甚合敷陳，聊借陳平事在身。
巫祭不惟招俗眼，言言暗照後邊文。

第三齣　封主

【半翦梅】（旦籠藕襪，高跟鳳頭朱履上）自幼勾留帝父闈，舊姓原崔，舊姓原崔。（老旦扮養娘）今朝寶册進宮扉，夙世因依，夙世因依。

（旦）天下父母心，重男不重女。五歲失雙親，怙恃俱無據。至尊念故人，取來相嫗煦。鍾愛比同昌，何異身來處。沁水待疎園，驕暉當盛遇。寧同僕固氏，待遣回回去。女子地易高，遠勝男兒步。非有夙生緣，安得如斯趣？至苦變奇甘，難酬天保詁。奴家複姓宇文，生父名爲崔就。進宮纔過五年，賤體倏長八尺。深恩何以酬還，韶光真好迅速也。（老旦）今朝是萬歲爺親選的吉期，敢爲要揀駙馬，所以急急册封哩。（旦）啐！

【黄鶯兒】（外扮禮部，雜抬黄亭上）貴主正驕暉，解臨鸞，淡掃眉。龍床將選鴛鴦對。才稱婦魁，辨能解圍，人間那討這無雙配。册封賫，何必要金枝玉葉，宮内寶，盡傳伊。

聖旨下，跪聽宣讀。（旦跪介）（外）皇帝詔曰：人倫夢影，愛即爲珍。情貌交孚，真翻遜假。爾阿崔髫齡玉雪矇矇，鼾卧於朕懷；笄後光華娩娩，低徊於母膝。終朝相見，笑眼歡容，竟歲如初。先意承志，而且觀其競體，衛風碩人；論厥才鋒，烏衣道韫。嗚呼！漢唐親出堪憐，割送於邊庭。榮德帝姬，允合妙遴於士價。是用涓兹上吉，册爾爲光親麗華富平公主，錫之金印。欽哉謝恩。（外）請殿下就此冠帔，等外命婦進來參拜。（老旦作放簾勢）（旦更衣畢）（雜復捲簾介）

【前腔】（老旦）笥腹當奩隨，賜金珠，自後推。同昌未見稱才藝。（外）劉家孝虧，元家德微，争如主主知爺意。賀崇禧，東床子，敬好事，要來催。

（雜扮命婦冠帔執笏上）（外）拜興，拜興，拜興，各平身。（雜復引前蹴福介）今殿下榮膺大典，侍妾輩誠忭誠歡。各有微儀，用申賀悃。（旦）諸夫人上品國封，本爵已靦顔受拜，更蒙厚貺，愈覺不安。

【琥珀猫兒墜】（雜合）榮封甫畢，比即視更衣。錦綉珠璣映雪肌，穿來寬窄稱腰圍。低徊，只恐他年更要增肥。

（老旦）今日有勞禮司，且待殿下稍閒，差人拿帖道謝罷。（外半跪打躬下）

【前腔】（旦）端相諸位，宋子與齊姬。態度端嚴骨格奇，金蓮各别總祁。頎相携貴相，多同没甚高低。

（雜）初次仰覲芳顔，便承殿下獎許，將來出宫開府，妾輩越發好來親近哩！

【尾聲】何穠本咏王姬美，纔曉得琢句人並無欺僞。（旦）你我成群正好嬉。

（雜下）（旦徐下）

詩　庶姓難將公主充，乙渾妻未養深宮。
果饒飛鳥依人意，肅衲宏糠亦可封。

第四齣　豪爭

【梨花兒】（丑花衣上）咱是高齊駙馬曹，山南避亂居村堡。堪恨梁家小奴獠。嗏！臺下逢他和一鬧。

在下不是别人，北齊武成大王嫡嫡親親的一位女婿，叫做燕子獻的便是。俺父親叫做燕榮，前朝有名人物。到了八十歲外，還有本事生出區區小子。俺渾家雖是韓長鸞的姑娘，却自小兒在候陞天子身邊，封爲陽翟公主。别要説咱燕家的舊勢，只咱長鸞侄兒有萬夫不當之勇。齊主面前不託他去禀奏，文武百官那一個敢自己向前説一句半句話，流水爬在地下搗蒜，還要罵得那些漢狗狗血噴頭。誰敢哼一哼兒也怎的。如今只因孝昭善忌，在這蕭梁地界寄居，密訪陳文帝舉動。可笑李遷哲小狗才，出會演戲頑要，竟不邀咱在内。齊邦恁强，也因内亂，以致外侮。你這梁國老婆寄在人家懷裏的想耐久麽。咱至不如是齊朝駙馬，你只是梁家上司官的兒子。他靠著自己屋邊，所以欺咱。咱却在韓家門裏學過幾下拳脚。（笑介）咳咳，戲臺底下，只叫你認得咱姓燕的哩。（暫下）

【不是路】（雜扮走會人上）鼓樂喧闐，臺閣迎來自水邊。今宵猖鬼締良緣。赴華筵，名爲走會，圖隨喜接。會人家，户炷烟，齊歡忭，還多助會人扳眷。只要防著那阻會的半途生變，半途生變。

張大爺，我們和你走會，原爲那大家小户的堂客，都站在門前接會，可以借意看看。恁跑得快做什麼？（答）今年各鄉各鎮來助會的神祇旗幟著實齊整。（雜）倘有那宦家市霸截路攔阻，就叫聘來的把勢和他厮打。到告狀時，有李大公子哩。（下）

【粉孩兒】（雜與班外人扮老少男女喜神上）年規例，扮猖神，安復樂。有童男美女，老翁諸少。衣裝百般奇且妖，向街坊舞唱譏嘲。美酒成缸，先許我挨户嘗到。

你們扮喜神的，休要醉跌倒了。（下）（雜執儀仗，扛神轎上，繞場）（班外人扮枷鎖男婦上）（雜人跪扳神輿）（喊告介）

【紅芍藥】扯轎揁跪地呼嚎，非徒是遊戲裝喬，實爲著街鄰肆强暴。若只去審官司，這輸贏便難保。披枷帶鎖有冥條，向前來把神哀告。使那些訟師們有賄難包，全要這散五瘟神道知竅。

（下）

（雜扮看戲男婦上）快些走，快些走。老爺一打標回殿，那裏就開場哩！（答）前夜演《愼鸞交》，昨夜演《凰求鳳》，串頭有趣得緊。今夜演的是什麽《憐香伴》，説是更加有趣哩！

【耍孩兒】牝牡成交休恅草，爲什麽綉襪弓鞋的，見男子倒去求邀。想他們怎肯把這蘇合與蜣螂抱。若説到一樣髀湫竅，甚意思相摟抱。

（圍棚提傀）（生上同望介）

【會河陽】（合）兩個佳人，總是阿嬌，同眠共起怕相抛。止不過合者蛤將男效，舌頭也可以談飢飽，趾尖也能彀挑唇竅。

（丑忽擠入舞拳介）咱把小李這奴才的屁眼撕他開來。（雜亂跌亂嚷介）打殺人哩，打殺人哩。

【縷縷金】（雜合）揮拳脚踢臀腰，臺前人夾緊命難逃。聲聲小李真胡鬧。不想這鬼番蠻倒恁逞雄驍。大家和他跳，大家和他跳。

（丑低頭尋路，撞净臀倒介）（净）怎麽把你娘的褲子都撞脱了，你敢要和鬍子親嘴呀？（雜搶紅鞋塞帽下介）（净）你娘一隻鞋子，怎麽又要你頂了去呢？吼！（一人扯脚帶）（净奪介）你這拉牢洞的，連娘的脚帶都搶起來，敢拿去上吊哩！

【越恁好】（合）戲須徐看，戲須徐看，爲甚恁喧囂。怎在這神前衆裏施凶手恣咆哮，嬌娘撞倒鞋也抛。金蓮散了，還要把足六寸藏諸帽。還要把白布帶拖拉到。

（净赤足繞奔介）你們那個肯駝，煩你駝了我去罷。（雜齊應擁諢介）

【添字紅綉鞋】（合）阿猷纔怕腥臊，腥臊。騎將獨角魂銷，魂銷。永休要把湯燒，留氣息在膚毛。（净）手握著弓鞦弓鞦，非但背駝跑，非但背駝跑。

（生）你們都莫著惱，等我襲了前程，拿他解送陝西去便了。

【尾聲】這蠢囚真是癡顛倒，離却强齊也桀驁，恨只恨絶好花臺人散了。

詩　戲中看戲自烏知，索性描摹極鄙俚。不脱嗔癡成世界，揮毫便欲把時醫。

第五齣　平梁

【北仙吕點絳唇】（副净戎裝領衆上）氣莫雄粗，西周于謹真人虎。蕞爾稱孤，一跨到江陵舉。天將興彼故生身，立國須先有重臣。祚殫運窮渾易識，邦家任事已無人。下官于謹，奉命督師。只因蕭衍老翁富貴將去，慮衰謀左，魄奪神昏，故取侯景之禍。梁湘東徙國荆州，大勢已敗。多疑善忌，骨肉自殘，以致下官兵到，一舉成功。威聲所臨，甚於破竹。如今都城已破，待遍徇諸州去也。

【么篇】（小生戎裝上參介）雪面瓊膚，偏多英武。顔如女，殺盡庸夫。是敬德高高祖。（副净）尉遲迥聽令，今著達奚武統軍一萬，沿襄河一路殺去，直到山南中鎮與我大兵相會。只有李太守兒子已經差人奉書，你可領兵二千連夜趕上他。這幾個村堡一草一水不得驚動。其餘所在，有一二分才思的男人，都要拘留聽用；有一二分姿色的婦女，都要趕去填宫。

【混江龍】攻城須智，非徒一到便張弧。他既有城中虚實，俺倘或地理生疎。不按兵書難野戰，休排血刃把城屠。他見荆州已破，自然處處膽寒。該用文告的所在，只消一紙更好。雖有那贓官猾吏合遭殃，却又怕崑岡失火難留玉。俺主公只得了子女人材便罷了，不比得那闖賊，要殺得世無人影，他纔氣洩胸脯。

（丢小旗介）好生幹辦。（小生接旗打躬介）小將去也。

【倘秀才】（副、净等衆繞場走介）也不必按軍聲啣枚寂静，也不必扺險阻審視方隅。也不必察水草提防下毒，也不必愁反間逆料虛誣。也不必結雲梯遥窺動静，也不必備鍬鋤近搗空虛。也不必奮火攻教他化蝶，也不必引水灌使彼爲魚。只消俺這聲勢，就可以開城席捲，奪路長驅。

（雜）從軍苦樂全在主將上分。俺每談笑而行，不消提心吊膽，都托賴元帥的高才哩！

【滚綉毬】（合）别家惟聽囑付，要拚生共捨頭顱。覷著那刀山劍海，教認作袵席氍毹。陣亡了只當做軍前大睡，偶勝的却便似死後重甦。遇著刀還他絶命，没了衆那想無辜。誰似俺元帥呵，像唐虞半分揖讓，笑湯武一味征誅。不忍説體天道，眉間肅。殺行秋合，只靠著蓄深謀。掌上風雲起壯圖，佐命規模。

（副净）自古兵驕者敗。雖然託賴朝廷福氣，大功已成，三軍原要小心，不許猖狂放恣。（雜）感元帥爺教訓。

【油葫蘆】（净唱衆合）側耳聽，聲莫浪呼。令如山難玩忽。只臨行數語當兵符。衝鋒的争先赴敵休回顧，接應的要審機觀變將前護。便是稍折挫也莫失了軍威，遇倉皇也休亂了隊伍。若説到遇堅城逢勁敵，要把雌雄賭，自有俺主帥運機謨。（小生領衆用長刀夾美男女上）（參介）仗老大人威風，已收下五州十九縣了。小將細心簡閲，其中人材甚少，趕來子女静候安插。

【天下樂】倒還是美婦多於智丈夫，俺只看細和粗一摟空。管他沾也麽不沾，似花人敢覷如糞土。會意的便用文，倔强的忙用武。（指点介）便是這些美少年呵，也就是著衣冠的巾與幗。

（男女下）（雜紅面、黑面領衆衝上戰介）一路的文官武職都望風降附你了，俺這山寨頭目偏要起義勤王，領教領教了去。（副净）尉遲公就與抵對。（副净登雲）（小生大戰介）

【那吒令】（紅、黑等合）俺這裏未下馬擎刀弄斧，他那裏也上馬鳴金擂鼓。便是你爲客的力能勝主，也只怕遠來軍十難當五。咱與你撲著手掌兒來，屈著指頭兒數，看剩你幾顆頭顱。

（副净）這些人靠拚死命，俺三軍佯退轉來。轉山岡繞出其背，他自然要惑亂了。

【鵲踏枝】（副净、小生）俺此際建著雄圖，肯爲你誤了工夫。又不是分頭逐鹿，各仗韓盧並倚昆吾。你就是力拔山兮如項羽，也要知八千兵不彀征誅。

（紅、黑）你看他那營裏有許多美人哩，小嘍囉們，拚命進去搶他的來。

【寄生草】無意合兵機，萬事隨天數。俺也待錦江山裂片單條幅。擁嘍囉做個山頭主。難道只許你宇文周篡奪元家祚。須先把美人奪轉作嬪妃，方爲忽享齊天福。

（副净）這賊好不見機，竟直衝進來了，正好裹住斫殺，一個休教走脱。（連戰介）

【元和令】（合）砲驚天旗眩目，砲驚天旗眩目，聯絡處如雲霧。演奇門不用舊兵書，馬如龍，人似虎。這是人工到處有天扶，虎攢羊，羊叫苦。莫放走，盡情屠。

（趕至鬼門，紅、黑暗下）（小生參介）方纔裹住斫殺，一個都不存了。稟明元帥下寨安營，明日五更再往前去。（副净下介）雖是草寇擋路，也給你的功牌。

【上馬嬌】雖只是烏合軍莽陣圖，不待俺展翼再張弧。原虧你俊傑魁梧，人俊傑又魁梧。那怕不遂了奇謨，那怕不遂了奇謨。

（小生）方纔那些男女，請教怎麽處置？（副净）略略看得的都要進上，一毫也莫動他。只把矮、麻、黑、醜四種分俵軍士。內中有些老而不醜的就搭一個龍陽小夥，賞各將官。

【遊四門半】（副净）黄昏下寨，一更初横。吹著箄篥在征途。（小生）勸三軍，莫把離愁訴。（合）休嫌是矮、黑、醜、麻兼老，也當做美人圖，也當做美人圖。

【么篇】（小生）老佳人難得使眉蹙，非是俺心性忒豪粗。（副净）勸諸君莫把離愁訴。（合）他倒覺男子美而都，還恐怕嫁不盡好兒夫，嫁不盡好兒夫。

【煞尾】（副净）上陣運機謨，下陣偕鴛侶，全然是雌雄鬥賭。（小生）雌反爲雄，男終讓婦，輸贏内又顯贏輸。（雜合）水旱分途，搭個龍陽更覺枯。雖則他不甚貪圖，一霎便住，都能令彼不歡娛。

詩

　　鬧場必要動刀兵，況本當年實事情。
　　若只莊言真笨伯，西廂有例合遵行。

第六齣　國婚

【鳳凰閣上憶秦娥】〖鳳凰閣頭〗（生花紅紫蟒上）才人有幸，獨遇紅顔厚命。天邊日下，並頭蓮，互識風流情性。〖憶秦娥尾〗真傲倖，玉真到手，讓婚無令。

下官自隨于都督歸國，蒙恩主一見傾心。新替富平公主築第，就把俺選充駙馬都尉。擇定今日吉期，來此合巹。欽賜文武狀元，又就行文本州，著有司官在俺山南，照此畫圖造公主府。不日授俺襄陽節度，衣錦晝行。自幼有一相者，説俺貴勝公卿，樂過天子。到今日看起來，纔曉得這個人原是神仙下降哩。殿下鑾輿一到，就要成禮。不免權盹一盹，養養精神。

【前腔】（旦輦，老旦並丑等外命婦策馬隨上）（老旦等合）今生有幸，傲殺紅顔薄命。況聞佳婿似佳人，更有風流情性。非僥倖，有誰不奉上邊威令。

（净）殿下、駙馬望闕謝恩。（生、旦同叩介）

【高陽臺上逍遥樂】〖高陽臺頭〗（生、旦合）如海深恩，驚天喜事，非徒冒濫虚名。〖逍遥樂尾〗低徊相顧眼都青。張良如見，崔生似浩，弄玉重生。

（丑）請殿下正位中庭，受都尉四拜之禮。（旦坐，生揖）（生拜，旦起福介）

【錦堂月】〖晝錦堂〗（生、旦合）環珮輕盈，笙歌婉轉，煩勞貴人趨應。王制須遵，敢言唱隨常情。〖月上海棠〗黑心符，背地傳神，今不過當場致敬。酬佳景，七月流火之時，恰逢歡慶。

（丑）請駙馬一同上坐，等合府官吏出班參謁。（生）到明日罷。

【前腔换頭】（丑等）非佞，貴主夫人髫齡，駙馬生來福量非輕。（老旦）命不均齊，雙仙那得頭並。（生、旦）同佳晏應共歡娱，太誇揚惟須傾聽。

（老旦）據揀日子的人占卜，必要當晝定情，方爲大吉。飲晏竟到晚上便了。

【醉公子】（净等）更静，人飲晏，更加有興。要乘此陽光，長情先定。（老旦）教並，姑换取，金蓮待起，黄昏重代整。（生、旦）嬉笑處，看各位夫人，朱唇相暎。

（生）三品以上夫人騎馬送嫁，在公主面上雖則是古來舊例，論起寒舍其實承當不住，惟有另日潔誠詣府叩謝。（命）好説，過謙。

【前腔】（合）誰倩，臣妾分應該勞脛。敢忘規背矩，懶於奔命。（老旦）須證，即當晝交歡，亦出唐書匪妄行。（生、旦）嬉笑處，看各位夫人，朱唇相暎。

（老旦）諸位夫人送來例是騎從，回府例用騶仗。擺上晏時，各位的執事人役敢也到了。

【僥僥令】（丑等合）華誕看貴盛，兒女觸常情。且盡尊前歡娛酒，澆灌了荒田歸去耕。

我們送了公主進房，且到你房裏坐坐去。

【前腔】（老旦）兒童能共枕，遲暮感伶仃。只有伊門遵勖，好不叫俺老人家拭眼睛。

【尾聲】（生、旦）人間自有神仙境。（老旦）都是這業形骸把前程註定。（丑等）我輩還居第一層。

詩

貴經賤狎父羞提，反拜原情理亦宜。

婦德曾聞周主少，清河或免乞鄰醯。

第七齣　領州

（丑上）小子名喚陸俏，兵來嚇得鬼叫。公子被他帶去，只得自耕自噍。誰知未二十年，歸來仍襲官號。叫做什麼節度，更覺威風豪燥。久把公主娘娘做了上房，那套家中造府現成，就在衙門左奥。昨日馳驛到任，先向衙門祭告。多人伺候兩轅，上自鎮撫司道。放俺鈐下蒼頭，專管輪盤傳報。索將轉桶門包，更比堂官踴躍。他們今出三堂，俺且温恭其貌。

【北新水令】（生、旦同上）連元駙馬訖還鄉，這榮華誰能趕上？ 一個把子房爲愛婿，一個在沁水做情郎。 此樂難當，一萬年願稱隨唱。

（生）今日請殿下出來，先把家務定個成規。（旦）都尉言之有理。（旦正坐，生旁坐介）

（生）鈴下聽我吩咐，今日先理家政。 要事即忙通報，其餘不許亂傳。（丑應下）小的知道。

【南步步嬌】（凈濃施脂粉，籠藕襪，高跟鳳頭朱履上）滄海桑田，合改當年樣，且把時髦撞。 如蒙刮目相幫，助持家包教興旺。 羡殺這俊秀好東床，全然不似他愚贛。

（出紅包介）五十兩銀子孝敬門上大叔，煩通報一聲兒。 北齊陽翟公主，與崔家有舊親的，特來求見娘娘、駙馬。（丑接笑介）你也是個公主哩，怪道長得恁體面。 都尉爺吩咐過，小事不許亂報的。（手攧介）看這東西面上，大著膽去替你稟一稟瞧。（稟介）有個北齊公主，説與崔家有親，要來求見娘娘。 小的回他概不傳報的，他嘆口氣待回去哩，也進來説一聲。（生憶介）想就是燕瘋子的老婆了。 也罷，也罷。 這個人久聞其名，從没有見，倒要看他一看，是個什麼樣子。（丑出介）請進請進。（凈見，向旦深福）（又福生介）（旦）你如何到此地來，與寒宗有什麼親？（凈）奴家當日的遭際，也和娘娘一樣的。 不想國破家亡，非二十年前比了。 嫁著的人又是一個蠢漢，從前在戲場下竟得罪了駙馬。 新近自鄴回襄，就成了個半身不遂。 陽也倒了，癱在床上。 奴家却受李府之庇，大兵不曾進村，得以苟全性命。 知道大喜榮歸，特地要來謝謝。 崔季舒俺姨兄，親是瓜皮柳樹，不過一個話頭。（旦）你這個人利口巧言，狠見能幹。 叫看坐來，吃了茶去。（凈）二位貴人在上，奴家斷斷不敢。（旦）升沈從來難保，一定同坐纔安。（净重福就坐介）（生）你家那個瘋子原無保身之道。

【北折桂令】（净淚介）纔説到海底滄桑，君是神仙，妾等牛羊。怎當得貴手高抬，看同等輩，堅命同床。真正是大福人，所以如此量大。羨只羨那俊龐兒高年技癢，不由儂脚步開張。看著這珠絡嚴粧，晝錦華堂，回想著蠢身軀曾有今朝，羞得俺扭肩膀有地難藏。

（旦）只看你藥面膏唇，雲猶委地，姿容偉麗，人見氣揚，即使狂逸特甚，頗覺憨情軟語，原是舊時標格，並没有一毫賤相。如今的來意，還是只要謝謝，還是另有什麽見教呢？（净）奴家今年已四十八歲了，家中又放著個癱子，别的没有。我分若蒙收在這裏做個侍姆嫗監，倒還粗可相幫。

【南江兒水】（旦）超邁偏能脱，端莊却解狂。唐時鄭舉雖年長，謔談足餙充肥相。突干好在風魔様，倚戀徊縈慢講。只這對解籜金蓮，值金千兩。

（净）娘娘把奴家從頭到脚都贊完了，叫奴家更加慚愧。只説自小至今，也曾見過許多世面，相幫管家倒還幹辦得來罷了。（生）我們正在這裏商議家政，恰好陽翟進來，也是天賜其便。

【北雁兒落帶得勝令】（生）白雲般似月有光，何須要牡丹初放。覷著你娉而修，興欲狂，轉秋波，魂都喪。成圍柳在風前颺，玉山行像霧絮行。要知你擺架子新鞋様，只將那致光詩舊法量無雙。這是女媧陸畫下的媌娥像，相也麽當，便知道婉隨情是所長。

（净）若蒙娘娘抬舉，一切家政從今不用費心，都交與奴家便了。

【南僥僥令】（净）轉側相依，媚從君，風月堂。隨情承順相偎傍，全要望主娘娘不立防。

（旦）你還有什麽異人的本事麽？（凈）要吃酒時，可以奉陪百觥。

【北收江南】（旦）都似這般樣的酒量呵，便教人喜笑顛狂。那怕你横心任意恣情腸，俺還誇好事不尋常。似華清曉粧，豈瓊花再芳，想見了動人艷處絶閨房。

（凈）娘娘這們樣看，待奴家轉一世，還要做驢做馬，報答你的洪恩哩！

【南園林好】（凈）論儀容，何能比幫。沐洪恩，無須再商。瞻尊範，珠鮮月昶。形頓穢，德難忘。

（旦）你果然替我管得這家時，名爲李家媪監，實以姊妹相待。

【北沽美酒帶太平令】（生）似花語有雪香，煉難灰可喜腸。可惜没宋玉高唐爲發揚，麝蘭熏燕粉搶。想癡了人這嬌模樣，玉亭亭菱花腕漾，秀娟娟翦波眸爽。畫難成舊家踢儻，寫難完風流跌蕩。連公主心降意降呀，却增儂一重業障。

（凈）如此，奴家回去，把幾畝田園交與老奴，以爲瘋子活計，徑自進來便了。

【南尾】（凈）既窮尚帶癡肥相。（旦）我瞧來姿原秀朗。（生）那世上的恩仇本合忘。

詩

近開一法頗娱人，曲裏藏春白甚文。
世上頗多幽暗事，要從言外想緣因。

第八齣　起宅

【臨江仙】（生便服上）趁此紅顔兼緑髮，看些臺榭交加，非然空有貌如花。鶯思啼别院，春欲覓鄰家。

下官到任以來，四方寧静，盗賊潛踪。百姓力耕，年成豐熟。天子屡下璽書，多方奬諭。政治之事，也可以不勞而理了。公餘多暇，把些男女鄉親，請來吃酒過節。又將許多食物給他帶了回去。一個個替我家念佛，要我福壽多男。就是漢高光武，也不過如此受用。况且公主殿下，十分琴瑟調和，又有陽翟韓嫗在旁謔浪笑傲。論起理來，也就狠該知足了。無奈下官禀氣太厚，殿下反以爲苦。况且年年生育，倒有許多時候莫可如何。我想妾多子多，將來合該廣娶。只是養花要瓶，必須多造臺閣。已在襄漢一路沿河千里，各各定了地基，只等工師到來交付他的圖樣。

【三學士】（外扮工師腰斧上）持斧牽繩走大家，積了金帛三車。見多少平民忽起紅樓閣，見多少巨室頽成白土沙。所以平生栖草舍，只爲到了那窮的時候，人無見，没嘆嗟。

駙馬爺叩頭。（生）前日同你量定的地基，共有四五十處。如今且把這些圖樣逐一點交與你。（外）禀問駙馬爺，每處用多少人工一日？（生）木瓦石作，每處共要百人。（外）一應物料都要齊全，方纔能彀趕快。（生）管帳相公都是我再三挑選的，自然不差。你只一年之内，包我一概完工便了。

【前腔】(生)圖式多般悉照他，要細巧與雕華。這是我秦國摹來諸國樣，況且有何稠酌定世無加。你有口須言，休似啞，傭工輩易得差。

(外)在駙馬爺這裏不消吩咐，没有敢不用心的理。況且一處賺一百兩，小人也有五千兩銀子進益。稍不周到，上人就看不出，天雷也要打了。

【針線箱】(生)這是快活園、福壽院的圖式。福兼壽總由大厦，快活處須教好耍。卓程烏頓還稱亞，門户要軒昂高大。這是守雌堂、疑夢室的圖式。堪將雌守須如畫，似夢非真莫管他。休相訝，讀蟲飛詩句，有誰不羨慕稱誇。

(外)不但要豐堂崛起，高扉洞開。左榭右臺，迭相臨望階。閣殊異房廊映屬，還要閣道周流地形顯。敞連間永巷，列衛露門。小人今日出去，須索把些木頭，造成許多小小房子，呈來看過纔好。(生)也狠使得。

【前腔】這是雪香居、艷香寢的圖式。將卧雪尤須幽雅，艷香寢專眠姐姐。則這俏鸞鳳，怎住喬間架。這是堂堂亭亭的圖式。總要遣人驚詫。房廊映屬前賢話，級閣相殊看始佳。丁寧者要因材究用，奇似龍蛇。

其餘的，我也説不得許多，你自己拿去細看罷。(外)小人都理會得。只是生下公子，每一位要賞一罈喜酒哩。(生)再添你十斤喜麵，一百喜蛋。

詩　名目言言有本來，曠懷冷諷並心裁。
肯堂如此還舒暢，餘子營巢更可哀。

第九齣　置媵

【縷縷金】（净上）央奴訪小家婆，河南山陜地選能多。要跑完閩浙纔教意可。單尋寡婦意如何，坯成易看那，坯成易看那。

奴家受李駙馬之託，替他尋訪二夫人。他立定一個主意，只娶寡婦，不娶處女。這是什麽原故？處女福命未定，漁獵了他，恐傷陰隲。寡婦已是命薄的人了，情願再醮，又不是貞節守志之徒，便多要他幾個也不爲過。况且他出的式，要長大曼儬强健，能七件俱全，方許代聘。那處女身材纖細，未曾長足，如何便看得出。又還不肯叫人細看，能幹之處無由著名。越發不消説了，主意委實第一。因奴家身子壯實，出路在行，又是他第一個心腹，所以特特相托。奴家和他却没有還不心腹的理，而且纏擾不休起來，也就著實怕他，巴不得多替他弄幾個去。如今陜西、山西、河南、淮北，逐州逐縣的都差人津送回去了。吴越有那陳蒨爲王，不便前往。只這福建、浙東還要娶他幾十，方纔住滿這些屋宇。每到一處，却只説單娶此地的，使他肯來，真正妙法。昨日纔到温州，已去叫媒婆哩。且等到來，又作理會。

【前腔】（丑上）聞呼喚，脚忙挪。料應無別事做圈囮。會把嬌娃賺，再無二個。成人美事本蕭何，區區賽得過，區區賽得過。

（見半跪介）昨日只說取小，我道是位老爺，原來倒是奶奶在此。這般賢慧，真正難得哩！（净）你莫管他奶奶不奶奶，賢慧不賢慧，只依我出的式上緊去幹便了。其實取小的是襄陽李駙馬，金堆滿屋，天下有名。我乃他第一門頭，一個嫡嫡親親心腹的表姊，所以來替行事。（丑）天下也大得狠，爲什麽偏到這個偏僻所在來尋？（净）只爲這邊堂客最會横陳，所以不到别處，單來這裏。（丑）夫人意思，要尋個什麽樣人兒呢？（净）只要寡居，不要處女。（丑）别人家取小，全要圖那開頭一泡的樂處。你家與衆不同，這又叫人解説不出。（净）實不相瞞，我那表弟是長信君轉世，處女當他不住，所以如此。寡居裏邊也還要揀上等長大的，纔方去得。

【前腔】秦嫪毐轉身波，一命闗天，重怕蠷蛾。習慣風流事，放心頻做。又長又大白牛婆，方纔對得過，方纔對得過。

（丑）怪道夫人也是這般長大，你們那裏男人，先就不比這裏哩。（净）啐！（丑）肯出多少聘金呢？（净）上等合式的，整一千兩，媒錢加一。次等也有五百。（丑）俺們這裏的，此道只曉得幾十兩頭。如今有這重聘，又有那大本錢，就是做小也有人肯去哩，就是遠處也有人肯去哩。聽見丈夫是個駙馬，他去到時，也就是個小公主。連富家的都肯去哩。（净）本錢的話，要你在背地裏形容給本人看纔好哩。（丑）等他問我何由得知，却怎麽回答他？（净）只説你們有個同道是那裏人，親自領教過便了。

（丑）還不妥當，俺竟説曾往杭州探親，和他相與多時，他往那裏對帳。（净）有竅，有竅，是個賺錢手呀。

【四邊静】（丑）要金剛宅眷纔禁磨，象鴛鴦方耐拕。（净）你只説他通夜没休時，朝來又連做。（合）重婚浪貨呵誰膽懦，畢竟託圓成，要福全忘禍。

（丑）如今還是有了十分長大的，再來領你去看，還是有要嫁的就領看呢？（净）看看不費你什麽，除了麻、矮、黑、醜，都去瞧瞧就是。

【前腔】奴家也要消閒過，何能就收貨。（丑）村俏百般形，瞧瞧勝呆坐。（合）紙包多個，散之免禍。成否有遮羞，大家齊撮妥。

（净）倒有一句要緊話囑付，那已經要嫁的，就説若是全無此念，或賄旁人進去哄誘，或叫公婆在内逼勒，一來恐怕惹出人命，二來大傷陰隲，絶子絶孫。不但駙馬不肯行這樣事，就我也不肯行這樣事。再有一件，已看中意的，要請他到我寓所抵足一宵，看他爲人能幹與否。（丑）這都容易。

【前腔】（合）敖曹可動原騷貨，不妨把伊做。厚德豈容傷，子孫怎麽過？横行賈禍，媒人任錯，抵足一先嘗，且救嘴唇餓。

詩　漢景當時法已昭，相如亦解此謀高。
　　價廉工巧惟斯輩，安用千金一老饕。

第十齣　練軍

【南普天樂】（生戎裝領衆上）馬如龍，人疑豹。弩張弦，刀離鞘。天生就，天生就少俊英豪，比廉翁智勇尤饒。（衆合）呀，任邊疆斯擾，軍聲似沸濤。看取山南赤縣，反側氣潜消。

本州爲節度，非但樂平生。北地雖人静，南邊或鳥驚。故鄉須蔭庇，報國要丹誠。裘帶無妨碍，何能罷練兵。田蚡有言，臣之所好，田宅婦女。下官一二年來，建造了無數莊屋。又因寵奉陽翟，得他報恩之力，把四方的賢淑替俺覓來。不但個個有貌，而且個個有才；不但個個有才，而且個個有德。如今分住各莊，生有兒子的，便叫他總理一莊之事。老韓這個人，要得之於牝牡之外；賞其專長，更索之於形骸之中。識其無短，雖然是離宫别館之意。其實要借此巡行，訪察奸宄。古語道：有文事者，必有武備。綢繆牖户，及天未雨。所以下官在此，即復訟息民安，終以練兵爲首務。咳，來到教場，天還未亮，操期難誤，不到者斬。（雜跪介）没有一個敢規避的。（生）如此起鼓。

【北朝天子】喜糧充米饒，羨人雄馬驕。女和男繞，看都歡笑。圍場闊遠，把旌旗動摇，鼓登登人齊了。（衆合）悄静兒聽操，挨肩兒跑道，大刀大刀大大刀。號開天劃分陣表，滿山花承平兆，滿山花承平兆。

（生）今日要你們挺槍追趕繞山十匝。（衆應跑介）

【南普天樂】執軍麾人年少，子房身，王濛貌。能英武，能英武，不但風騷。設機謀豈得輕佻。（衆合）呀，任邊疆厮擾，軍聲似沸濤。看取山南赤縣，反側氣潛消。

（生）又要你們手執長柄大斧，如墻而進，直往下劈。十周此山。（雜應換斧行介）

【北朝天子】聽軍聲忽嚎，看挨層緊包。氣昂昂何怕么麽到。藏鋒斂距只教他怕遭，繞松林齊齊到。（衆合）武藝兒果高，賊頭兒穩梟。怎逃怎逃怎怎逃？進如墻，遇時身不保。背嵬軍誠忠孝，背嵬軍誠忠孝。

（生）再要你們拖刀反走，佯輸詐敗三五六匝。（雜應）（換鬬刀奔介）

【南普天樂】試佯輸將人調，似隋珠難彈雀。他那裏忙追趕忙追趕，地動山摇。咱這裏代伊行，魄散魂銷。（衆合）呀，任邊疆厮擾，軍聲似沸濤。看取山南赤縣，反側氣潛消。

（生）還要你們一聲炮響，忽地跳高一丈，腰刀亂砍，使敵人莫知所以。（内放炮）（雜應換刀跳介）

【北朝天子】把渠魁首梟，縱餘生任逃。但行軍要識些兒竅。窮兵死戰，把便宜暗銷。要全嬴無折耗。（衆合）要皇恩遍叨，只封章一草，管包管包管管包。盡超陞無分大小，轉悲凄成歡笑，轉悲凄成歡笑。

（生）鳴角止操。（雜吹螺下）

詩　戲場交戰止圖看，不是真真要斫删。
只得丈餘寬地步，全憑奔繞起波瀾。

第十一齣　笳遊

【海棠春】（老旦上）年方六八非昏懵，費耗過許多漿湩。却也得便宜，閒把王濛捧。

老身賈婆，跟隨公主赴任。蒙他兩口另眼相看，穿的比別人强，吃的比別人强。橫床開鋪，貼身伺候。除了韓家那花娘，各事就要問我，向後光陰儘可消遣。近來駙馬取了百十個小養在各莊，閒暇之時到處遊遍。他逢五逢十，有什麼小濯足大濯足。要許多婦女替他動手。萬歲知道了，賜了他一副金坐盆、金提桶。大濯之時，叫人和他共盆，逐個陪到學何尚之做法。又教了一班女佾，舞起那孫武順聖樂來，好生雄健壯妙。每遇鳴笳，導從往來各莊，就叫這班人在前跑馬，有似飛烟公主。叫俺跟隨照應，所以坐車先行，他的飛騎敢就到也。（暫下介）（丑、副净等女扮拴假馬上，繞場介）

【玉胞肚】（合）于頔邁衆，舞孫吳俱伊愛寵。教女佾皎長妖健，持干羽壯妙魁雄。雖然人在李朝中，做戲何妨作乃公。（下）（喇叭、嗩吶、鉦鼓，生車上）

（老旦復上）（生）老親娘慢慢地走，休和他們厮趕。等我到了，你再到也不遲。（老旦）駙馬量大難飽，我要去叫他們安排可口點心。

【前腔】（生）蒲公在宋，學高皇聊先借用。段文昌一生須補，踏金盤有意符同。尉爺之足果香濃，謝母淋搓嫡趾翁。（生下）（馬又上繞介）

（外與班外人扮男女上遠望介）李駙馬又出來頑要哩！（婦）説他就是當初管社的李公子，都不大認得了。（外）只可遠遠瞧，看他倒平和，那些夜不收，要拿鞭子打人哩。（下）

【玉肚交】〖玉抱肚〗（馬、妓合）成群飛鞚，似飛烟能争一縫。轎前頭騶呼銅角，引人看鼓笛笙鏞。〖玉交枝〗把兒夫擁來烘又烘，孤孀豈意歸豪縱。穩於他當時季龍，穩於他當時季龍。

（老旦隨生車上，作到介）

（生）且莫進宅内，先在木香棚下坐著，小濯了再講。（老旦）常時都有别人，俺一年替你洗不得一兩次。今日坐在這裏，香氣觸鼻，著實有趣。就等老娘伏侍伏侍你罷。（生）只是我這勞脚臭汗忒多，勞動了老親娘，過意不去。（老旦）比如公主小時一樣，屙屙不要洗哩。（生）既然你老人家一團美意，假戀女婿，也就憑你便了。（老旦捲袖）（净、丑等下卸馬復上）（安盆傾水，代脱靴襪介）

【前腔】（老旦）從前供奉，替哇哇揩污拭洞。豈知今還將嬌客，洗兒般像弄孩童。（生）雖然論年全不同，却一樣捧盈持玉相疼痛。

詩

戀場一樣有工夫，關目多時白可疎。
半齣未新非我意，就中不但悦登徒。

第十二齣　慶歲

【傳言玉女前】（旦盛服）（丑、副凈、小旦、小生、末等俱女扮）（濃施脂粉，高跟朱履隨上）（旦唱衆合）人事更新，又掉轉東風陣。歲除時，多人計窘。

俺家來做這官，已經十有餘稔。今朝又是歲除佳節，已經吩咐陽翟，叫人抬著食箱去拜獻了社公社母。派開一切禮物，回答人家餽送。稱他幾百封袋，分送故友窮親。如今粧裹已畢，只待料理家中哩。叫陸俏進院來，先把各門上的門神，著些人來一概都换過了。大門上貼男門神，房門上都要把弓鞋裙背的女門神换上。（外扮老奴應介）小人去和他説。（生上）

【畫眉序】（合）這畫似趙和温，不像那小户寒門的老猢猻。要莊嚴，閨閣須著長裙。畫上了綉襪弓鞋，護衛著脂鮮粉潤。須曉得新人原是陳人，也年年談説津津。

（旦）再把各廳上的屋柱紅燭、各房各進的高脚銅爐一概安排。現成枕頭，大的紙砲，也扛在門樓上去。（雜）一概曉得。

【絳都春换頭】（合）安頓。今生富貴，本定自前生，無非緣分。一概要焰焰烘烘，正小高卑都休論。只靠這家聲遠爆春雷奮，醉佳醞如重合卺。恁百年抵得千年，地位誠爲高峻。

（旦）陽翟是回家去了。養娘和公子小姐們簾内吃酒，只來在這裏的幾位姨娘陪俺和老爺度歲呀。

（丑）侍妾們照依年例手製了百福弓鞋、長命行纏，待替殿下更新換舊。（跪抱脚介）（旦）今年免了，也不消抱脚叩頭舉行大禮，只大家萬福萬福就算了。（丑等起，蹴福介）既然如此，俺們也不消迭遞更新，彼此换脚哩。（旦）倒是把通家的新鞋擺在看席前面，取個和諧之意，這例斷不可廢。（丑等應擺設介）（生揖，旦答福）（丑等福生，隨互福介）（各坐）（小丑等斟酒介）

【下小樓】（合）看他呵，全消憂悶。曲弓弓待附身，雜糅布列諧新運。這脚帶呵，繫足命長無盡。這弓鞋呵，修肥短瘦難均。

（丑）吩咐門樓上，三吹三打之後，點放紙砲三次，再將百子串砲列架施放。專待門開，就放各路夥計、各莊佃客進來參拜。門未開時，叫他擁在門邊，取個熱鬧。早膳之後，再引夥計娘子、莊家婦女入宅賀節。衙門吏役兵丁，都尉要到午刻纔去受禮。

（外應）他們一一理會。（内吹打介）

【雙聲子】（生）笳簫韵，笳簫韵，鼓樓下人蹂躪。門開進，門開進，似入試諸賢俊。參拜慎，參拜慎。如謁覲，如謁覲。看分班、肅嘿炬光相趁。（内紙砲介）

（旦）頭砲已經放過了，俺每且去等兒子、女兒叩過了頭，大家一處和衣歇息，直待三砲出來不遲。

【尾聲】（生）嬌妻愛妾歡難儘。明日那些賀節的婦女進來好不怪鬧哩！又待看繽紛緑鬢。（旦）總不用那舊戲迂腔俗套文。

詩　歲除不用畏三尸，積善人家帝所知。
天下相同惟一事，萬家齊換綉鞋兒。

第十三齣　傳子

【紫蘇丸】（小旦扮公子上）偶然做個公侯後，是前生苦修人否？俺親娘不是等閒身，在胎已作龍駒吼。

〔菩薩蠻〕功名別個須爭競，惟諸㢈子由天幸。認著好胞胎，閻羅准下來。好學通文理，耻作憨公子。而今世太平，無妨代總兵。小生李奇，是節度公嫡出長子。父親年届五旬，特題一本：『年近桑榆，欲從閒適，請以臣子襲安康郡公之職。』只等批准下來，俺就要做官哩。

【醉扶歸】（生、旦、净同上）（生）想人過五十也該休，因此上仰求恩主賜優遊。（净）不閒猶愛逞風流，暇時誰個能相受。（旦）喜雞皮三少有君儔，俺中闈倚作藏身竇。

（生）我兒過來，聽爹吩咐。你父只因年邁，没有兩副精神，管了事情便妨作樂。見你深沈明睿，所以題請襲職。你須朝乾夕惕，免得父母掛心。休像那些兄弟惟以琴瑟爲事，直待功成名遂，再來學你老子也不爲遲。（小旦〔一〕）孩兒聽命。（旦）就是你也該顧惜性命了。

（净）他如今的法子，只著别人悔氣哩！

【前腔】（生）漁翁家住桃園口，少不得尋春要泛武陵舟。（旦）桃花流水讓先籌，逢迎願落諸君後。（净）只爲這老彭蒼相忒無休，堅持只遣他人漏。

（小旦）爹爹既怕打攪，倘有孩兒不懂的事却怎麽處？（旦）只消問你高姨也就曉得。（净）爹娘還有要緊，姨的年紀和鄭穆公令愛一樣了，是閒空的。（旦）啐！

【皂羅袍】（净）莫説朝來清嗽，是高姨作惡，以致傴僂。（旦）爲伊疼痛要伊揉，這叫做娘肥能使爹爹瘦。（生）没事了，無妨盡命，新出的須防過尤。人若果時時相避，俺也就龍鍾自羞，年來已怕靈犀透。

（雜扮報人敲鑼上跪介）求駙馬爺重賞。（净接紙念介）捷報貴府大老爺李奉旨，准其襲職。（生）門房領賞。（雜叩謝下）（净）如今差發人去通知各莊上的姨娘，叫他們帶了各人的公子、小姐，一概都來同吃喜酒。殿下今夜却開一個總鋪，豈不是團圓一樂。（旦）也説得是。

【前腔】（生）虧得你度量寬洪能受，致螽斯頌似葛藟興周。（净）從前散出幾多嫂，今宵砌個鴛鴦囿。（旦）韶華非昔，固羞並頭，前緣合併，聊呼衆麀。（生）金蓮準備挨名覿。

〔一〕小旦，底本作『生』，據意改。

（小旦）今夜的酒，該是孩兒去辦。（生）要知道如今朝裏全是那國丈楊堅把握，再過幾年不是這個世界了。他曉得你父親陳平近婦，委權乳臭，到也放了一大半的心。子孫的事如何保得。只看唐虞朱均、夏殷桀紂、周家的管蔡幽厲，他祖宗豈不是人物？只待俺和你娘百年之後，就到別莊去住。把這官造的公主府，做了李氏祠堂。這纔叫做開花不如結果哩。（小旦）父親今日所見，正與孩兒一樣。（生）你也想度及此，真乃李門之福也。

【尾聲】只今又看桑田莠。（小旦）襲爵無非免結仇，管教他酒釋兵權遂老謀。

詩

當年實在好團圓，青史由來不足傳。
床上故書前世夢，特將彩筆與敷宣。

萬年希

萬年希目録

第一齣　希風

【蝶戀花】（末上）筆墨何曾真有主，非覰輕微，就是無鹽御。不比亂離時善武，託妻寄子深相遇。　刻稿何難宮禁去，果市奇瑰，焉用權臣舉。楊柳萬年纔一睹，啣杯誰賞新詞句。（問答照常）

【漢宮春】先世河東，柳晳襄陽才子，刻稿初成。却受時流訕笑，遊遇多情。參軍子敬，賞丰標，薦與公卿。當日算宇文權幸，乾兒大賈千名。　忽被隋皇召見，學新篇創格，刻像宵賡。蕭氏觀音共坐，寵異難勝。汾陰邗水，殆無之，不令同行。爲之配，是桑和家姊，崔生令妹纔精。

詩　刻詩稿刻出千古無雙的知己，做戲法做著一人作伐的姊婿。
　　嘲同學嘲了妹甘爲妾的狀元，見權臣見過娘願陪眠的義子。

第二齣　祭詩

【鵲橋仙】（生上）乾坤寂寞，藐懷焉寄。自負情鍾，我輩心期。看遍妙莊姝，原不必盡爲吾儷。

子集稗官共百車，讀完諸史覽諸家。古題新意全翻樣，截段分層世使差。要以濃情爲命蒂，却從空色出詞華。隨人暫作麻衣鬼，歲臘猶穿醒骨紗。小生柳晢，字曰信臣，祖籍河東人氏。因陳宣帝皇后是俺姑婆，所以遷居襄陽，冀免北朝差役。相貌吾家故物，何用自己誇揚。倒是平生才韵，殊復不在人下。偶因目今時尚，無論字畫器玩，先要講個舊字。想到一切文章，都被古人做盡了，再要創變其體也不能彀。只有樂府古詩一種，從無真傳確注。只顧去用他格套摹他字句，雖然古藻煸爛，有些舊意，摹到什麽年代方是了時。况且既有了這許多古人，何必又添上我。竟就剖藩抉籬，另自做將起來，即借他的題目，全發我的意思。换韵連句，空所依傍。只有一件不好，自己原也曉得，爲要時人易解，中懷直達，未免段落太露。層次可尋，殊失渾淪斑剥之致。也是無可奈何。要知道，億百千萬的人都照那樣，只一個人專用這樣，也就不妨。再過幾千年，俺這樣範，又要算伏羲神農，古上加古了。（嘆介）咳，只要才能英變，善發金錦之箱；悟入華嚴，胸有丹青之國。任你牛溲馬渤，都成頓挫沈雄。隨他媟語嫋風，總入深微般若。若比那口爲莊語，心挾鄙私的，倒有中奸邪正之别哩！前日刻了一部詩稿，殺青已完，無奈與衆不同，反招批駁。小生仔細思量，費了幾年心血，不如祭他一祭，然

後將板焚毁便了。（取書置案上拜介）

【小蓬萊】血出心頭似水，不如人著局閒棋。詩腸極異，詩名最下，負了英奇。

你不能像别人有了幾句濫套，就去享那肥馬輕裘，崇酒大胾的福罷了。苦茗一杯，也還可以消得。待小生敬你兩碗。（取茶置案又拜介）

【宜春令】三灾石盡人携，笑青雲扶他上梯。嘆文心虛費，路逢劉勰空彈淚。不應君破盡籬藩，反令我俯眉流涕。一樣的摛詞琢句，其中殊異。

古人曾自得意説，是他的文章該以媚香享之。你就不能彀有那龍鹽雀腦結成樓閣的濃烟，書房沈速，還該是本分之内。待小生燒他一爐。（燒香復拜介）

【前腔】燕和許，或媚之妙香，熏大手膚詞。俺全抒己意，古題不用楊雄字。空弄他古藻媥斕，何若我新成家計。説什麼靈珠在握，全是一團陳氣。

詩詞原是因時轉移之物。那通草花定不如樹上花，糖果子怎比得鮮果子。待小生供他一瓶鮮花，獻他一盤鮮果。（置花案上，又拜介）

【玉抱鶯】〖玉抱肚〗鏤金鋪綉，却須兼芙蓉早曦。看這邊孔竅明冰，覷那邊絨綵花枝。似蟠桃終須現摘，不要那蜜和飴。

若要酬這詩神，須得齊姜宋子。如今有一條雲額一夾鞋樣在此，不免添作供養。（置額案上，復拜介）

【解三酲】未能除脂腥粉氣，合教他翠倚紅偎。風雖從鄭還兼衛。經手口悉禪機，錯認作頑庸死煞冬郎句。怎説與囊錦嘔肝李賀知，還愁的把屠沽市儈引入房幃。（起介）要曉得言乃心聲，也只是句古話。人若無情無欲，就是佛智也没有勾牽引誘的法子，休説忠臣烈婦、孝子義夫呢！

【前腔】閒居賦高超清異，拜車塵願作鞋泥。不看那張良博浪錐秦帝，渠標致似蛾眉。只爲你柔毫裊出情千種，因此把綉夾雙弓供養伊。休拘泥，便道俺長卿好色，我願當之。（焚楮介）詩呵，如今既無知己，焚書毁板要和你告别了。只在今日，盡這番賓主之誼。休説俺和你周旋已久，怎一旦如此怨毒也。

【尾聲】意空馳，愁難寄，因緣那得個暗中媒。且和你飲盡梅花蜜一杯。

詩

書成似欲上金臺，聞説燕昭骨已灰。

當事縱非陳仲子，君王自領美人來。

第三齣　看術

【海棠春】（旦籠藕襪，高跟鳳頭朱履上）千牛年少多浮浪，知異術嬌嬈隨降。處姊習家風，武藝咸精當。

〔烏夜啼〕新春二九已交關，慮花殘，甫著罷弓鞋綉襪試憑欄。年莫算，事難斷，夢無端，除挈個娉婷朋友且相看。奴家桑氏，小名玉媖，字以貞白，乃千牛桑和之姊，世居少林山下。俺桑家的風氣，滿門婦女没有一個不學武藝的。五世於兹，未嘗改易。所以幾經兵火，獨保身家。雖然粗習書計，全不通文。武藝這件東西，倒也是有用之物。桑和阿弟身體輕儇，緣得千尺高竿，飛得雙刀過樹，有肉飛仙之號。所以新君即位，取作千牛，帶備身刀，管御器械。去年有一道士，來在少林脚庵。他又禮拜爲師，學了個挈致活人之術。説定只在今朝挈一個美女來看奴家。特地早早梳裹，好看戲法。想他朝裏事畢，必就回來也呵！

【前腔】（小生上）飛仙爲號無須讓，寵盛處少年居上。阿姊閟時，多試法，教舒暢。

姊姊今日好早，纔交巳刻就出房了。做法的人來哩。遠則千里，近則咫尺，都可以挈得過來。你意中要挈什麽人呀？（旦）我意中却有誰？竟做個撞天婚罷了，叫他從那裏來呢？（小生）天上來也使得，墻裏來也使得。（旦）萬一果然標致，虚空掉將下來，倒不要跌疼了。如今只叫他墻裏出來罷。（小生）姐姐不認得他，又就要替他説情了。在你面上俺就依你。（就壁畫符，口念咒語介）姐姐快來，你看這圓光裏面不是遠遠地有個婦人來了。（旦）咦！咦！奇怪奇怪！只差相貌還看不清哩！

【惜奴嬌】壁上圓光，喜長裙拖地，窈窕清揚。人間異術，真能賽過仙鄉。（小生）徜徉，請出更加豪爽。玉齊肩，珠擎掌。（合）惡肚腸，願朝朝做法，挈盡娘行。

（小生）五官白浄也都看得見了，姐姐略站遠些，等你弟子扯他出來。（又畫壁念咒介）太上老君急急如律令，疾。（小旦從壁出介）哎呀哎呀！這是什麽所在？（旦）你是西鄰的宋小姐麽，爲何打墻裏鑽到我家來？（小旦）什麽東鄰與西鄰？俺是襄陽崔曉鶯，你們兩個何名何姓？説話聲音也與我們不同。（旦）這個也莫管他。你今年十幾歲了？方纔來的時節，覺道怎麽樣的？（小旦）剛二十歲。俺只立在這裏，忽然一個頭暈，就像睡著夢魘魔一樣，被個鬼怪丢後一把，就來在這裏了。（旦）這裏就是蓬萊山島。想來你該神仙，故此鬼送你來了。（小旦）你敢是精怪哩。我不要成仙，只要回去。（小生）要回去時，只等起風就吹去了。（旦）怎麽你的面孔竟和我鏡裏一樣長短，也不差分。（小旦）真個真個，我鏡裏邊也像你哩。（旦）我是仙人，你是凡人，怎麽相像起來。這也就是前世有緣，我該度你了呢。

【前腔】端相。一樣嬌龐，更四肢長短，仿佛相當。且在蓬萊仙島，和俺並枕同床。（小旦）彷徨。這是何方，教依傍。（小生）魃和魈，非吾黨。（合）惡肚腸，或生生做法，掣著娘行。

（旦背向小生介）既然人物不醜，就留著做個弟婦，也不辱没了你。俺又有個夥伴，免得思憶爹娘。豈不一舉兩得？（小生）要等我討笅看。有緣的就是陽笅，任你如何做作。没有緣的就是陰笅，即刻要送回去。若是打强留下，了不得生灾發禍呢。（旦）這倒也是。（小生袖取出笅，連跌介）不相干，不相干。快送去，快送去。（旦）權且叫他伴我幾夜，再送去也不遲。（小生）趁他家裏並無一人得知，即刻畫符送去。只當他做個夢，方爲大吉。

【錦衣香】不比那淫婦腔妖精樣，捉上床權安放。没天雷説人無狀。（旦）只爲他狐狸本自逞猖狂，迷人技癢到處尋郎。（轉身見小旦介）（小旦）莫瞞人耳語，没冤仇不要相傷。（小生）並没胡思想，錯疑這帳。（旦）便風姿可愛，豈能相强。

（小旦）等不得起風了，就煩送了我去罷。（旦）男仙人，你怕他罷了。連我這女仙人也怕起來。（小旦）細看你們不像精怪，俺曾見做法的人，挈那酒肉來吃，想必就是你等。（旦）没人肯送你，你却怎麽？（小旦）我就自己走出門去。（旦）你知道這裏離家有多少路呢？（小旦）我只問到衙門裏去就不怕哩！（旦）這個倒是打點告人哩。人就害你，却如何處？（小旦）要害人時，只得就要求你這個女仙了。

【漿水令】看你這俏儀容，是夫人嬌樣。好規模，是衙内尊腔。俺這農家媳婦販家娘，全仗你扶持救護，同類情長。（旦）千金體保不妨，與卿原舊葫蘆樣。（小生）要骨肉，必異姓，認姨爲上。（合）但相送，但相送，莫更商量。

（小生）崔家姐姐，既要去時，立轉身來，看我做做法。（小旦向壁）（小生畫符其背，口念前咒加響介）宿命通，他心通，神境通。本無器界，共業執同。豈有時處，衆生妄從。學金剛智，穿石如空，太上老君，急急如律令，疾！（將背一推，小旦倏下）姐姐，再信你弟子了麽？（旦）只是這個人兒，我越想越捨不得起來。（小生）你明日揀襄陽人嫁，就會得他著了。（旦）啐！（小生）人有什麽認真，同是夢幻泡影。要看標致堂客，我到没事之時，再挈幾萬個來，給你看看何妨。

【尾聲】佳人變滅成空相。（旦）爲這紅顏厮像，争得他重會閨房。

詩

諸緣都似夢魂通，誤認爲身境本空。
想討便宜應已慣，故教後裔有桑冲。

第四齣　社抑

【香柳娘前】（丑花衣上）學綝之寫來，學綝之寫來，不須摩揣，從伊嘔出心頭塊。

在下姓崔名生，大號博陵。只因薄有田産，無事消閒，向來剿襲套括，綴緝字句，學做幾句歪詩。與那宦門子弟劉吳樓、車尚功、樊士和等結一社會，借意頑耍。近日忽然走出一個柳誓來，自命無涯浪士、有憶情生、窮微極妙之夫、好奇尚異之子。說他自己的詩另開生面，絶後空前。大家細加評駮，也不過是打油而已。單惱誇這大口，要把他强邀入社，著實打落一番，燥燥脾胃。說我這裏壇場空闊，好舞大頭，硬硬要借此地作耍一日。我想老柳不知，見他在我這裏，只說是我的主意要弄送他。他要成佛作祖，我自學古入官。他詩獨不足傳，却於得我屁事。要費這些力氣，平白與人訂仇。且待他們到來，衆人洶洶，俺只淡淡可也。

【香柳娘中】（净劉、副净車、小丑樊上）把狂生擠排，把狂生擠排，命好不須才，數奇志空大。

博陵兄請了，那小柳還不曾來麽？（丑）小弟商估，人家請他，他未必到。還要尚功兄的管家再去奉邀一遍。（丑）花郎快去。（净）只説各位大爺清早到，齊候到這咱晚了。（小丑）你務必等了他來。

（小旦應下）

【香柳娘後】（生上）嘆詞人命乖，嘆詞人命乖，撞著些咬橛奴材，你叫俺同誰分解。（小丑）畢竟新名士不同，要得三請纔到。（生）午牌赴考，也不爲遲。（丑）且奉了茶再説閒話。（浄）今日大才在此，一首半首不足以盡其所長，要出三個題目。（副浄）目下新年無事，俺們先舞大頭，再打十番，夜放烟火，就把這三件事情做了題目。（浄拍掌大笑介）有趣有趣。（戴假面扮和尚）（强生扮柳趣）（生不肯介）（浄、副浄、小丑扮舞介）

【前腔】（丑）做聰師快哉，做聰師快哉。（浄指生介）（丑）因何相外，久聞柳趣該淫債。（副浄跟行介）（丑）學金蓮繞齋，學金蓮繞齋，你便做乖乖，暫時把伊代。（小丑翻筋陡介）（丑）看琴童嫩孩，看琴童嫩孩，覆去翻來，肥臀可愛。（浄等脱衣介）

（丑）這事是那無賴少年頑要的，畢竟是十番文雅。（鋪氈遜坐介）（小丑）該吴樓兄司鼓。（浄）博陵兄是個主人，一定坐在上面。（丑）斗膽從命了。（小丑）叫你花郎和他青童，我家阿喜們都來幫弄。（丑鼓、生魚各吹打介）

【前腔】（浄）好風流秀才，好風流秀才，花郎怎戒，婦人暫别伊須帶。（副浄、小丑）把裩襠扯開，把裩襠扯開，久創已能捱，喊聲莫雷大。（生）聽笙鑼溜諧，聽笙鑼溜諧，鼓往魚回，醒迷呼昧。

（浄）小弟兩首，已經想在肚裏了。索性等放了烟火，三場俱畢，寫出請教。（副浄）小弟單做『池塘生春草，澄江浄如練』。那種從來不消思索，筆到便書，所以不好。（丑）憑誰寄語謝元暉，休道澄江浄如練。小弟是要配配古典，摹摹舊調，雖然不能神速，免不得也要獻醜。（小丑）崔兄爲何竟不嘖聲。（生）今日委實文思枯窘，等諸公賜教之後，從容奉和就是。（净）你今日再服了麽？還是俺是才子，還是你是才子？（生）老兄闒閬新門，八叉七步，小弟異邦寒畯，怎麽比並得來。（净）你當面是恁説，出門便改了供。須賭個咒，俺纔信你。（生）知劣就是，何勞旦旦。（副净）你們山西人只會貿易，實實不敢相欺。俺這精騎五千，勝你疲兵十萬哩。（生）都見教得極是。（小丑）下午想到黄昏時候，詩還一字没有。且放烟火，明日交卷罷。（副净）只便宜了柳兄。（場上置小烟火於棹放介）

【前腔】（净、丑合）看人馳馬隤，看人馳馬隤，離奇光怪，煞時不見懸諸偏。總硫硝做來，總硫硝做來，火焰在胞胎，絶精無賽。（生）願群公首回，願群公首回，休幸人灾，倒頭安在。

（净、副净、小丑）崔大兄請了。明日柳兄若不交卷，便是打落我們。大家捉去搗出他肚腸來。（下）

（丑）這班人也忒粗鹵，老兄不要氣惱。（生）自古竿木隨身，逢場作戲。呼馬呼牛，聽著都長學問。嘻笑怒駡，參破總是菩提。同是一嘴，駡人便覺取厭，贊人又就欣然。同是一脚，男人踢來便嗔，女人踢來反笑。這也何足介意。倒是打攪半日，雖然毳飯也覺不安哩！（丑）忽聞妙論，茅塞頓開。（生）我自坎坷，於人何怪。（丑）請了。（生）請了。

【尾聲】無端惡少將人駭。（丑）定是曳兵佯敗。只記了下次相尋莫走來。

詩

勢利場中苦戰争，並詩求勝更堪矜。
寧逃空谷從麇鹿，莫入人群梏此生。

第五齣　遊遇

【青哥兒】（老旦軟翅紗帽，男扮腰劍上）摛坊敞，征車鬧，有何人可同歡笑。黄昏偶爾倚門瞟，郎君絶妙，甫得一回脾燥。

老身唐氏，乃是太原節度抱玉李公一個最得寵的主課青衣。所以先大夫把俺竄名軍籍，請給祭酒虚銜。不料時移事易，孑身匿影。思量做女人的，若不嫁個丈夫，就受異鄉欺侮。嫁了人時，不得自主。幸喜囊資頗厚，特特在晋州道上開個歇店。人都曉得白果樹下，八字墻邊，有上色的多肉餛飩，整鏇渾酒。咱却借這意思物色可兒。無奈開了三年，只得半個。直到昨日黄昏，纔遇著襄陽來的一位柳晳秀才。年紀纔過十六，狀貌有似嬌姝。只得著人邀他同膳。原來做得好詩，出來遊學，要到洛陽城裹去想功名。咱説在這裹行參軍事，有個平敬是我舊交。他是權門走狗，極會鑽刺。明日差一伴當先領你去會會，缺少盤纏在咱身上。（低介）就是方纔所説半個。他果然没處商量，捉衿肘見。一聞此言，不勝感激，流水起來作揖。咱就乘機邀他抵足，直到赤肉相粘，嗅著咱的金蓮，方纔問明就裹。他有所圖於咱，自面至踵，通前徹後，聽咱盡情恣意。正是衆人所作過，兩人無不作。他人所未作，亦無不作者。在枕頭上又做了一首情詩見贈。如今甚是疲倦，且等睡到日午，再唤起來不遲。

【剔銀燈】（生揉眼、搥腰上）妙人兒雖然半老，情義重令人願飽。吾生初次知人道，纔曉得這其間千般奇巧。緊捧著金蓮願報，敢説道嬌兒做得也望乞恕饒。

齒異情同況旅遭，纏綿一樣可憐宵。客心孤迥蒙資引，願捧金蓮叩漂鮫。（老旦）你這詩兒忒煞做得濃艷，足見一往情深。更使就木之人，恨不相逢未嫁時矣。（生）還有一首，索性污耳。要識而今在戲場，多施莊論便迂腔。縱然身是公卿料，不礙途中泥老娘。（老旦）一發參透世事，齊視老少，曠識奇才，千古無匹。願他日無相忘，纔不是口與心違一輩哩。人參湯在此，且請用一碗著。

【一翦梅】一盞人參續命膏，補上前宵，又助今宵。（生）情來自己不相饒，雖爲人嬌，不怪人騷。

（老旦）如今且和你抹抹骨牌罷，摸不著雙關春意的牌詩，記著夜裏罰酒。這是一片花飛減却春。（生）這是一色杏花紅十里。（老）這是九重春色醉仙桃。（生）這是一日看遍長安花。（老）這是玉洞桃花萬樹春。（生）這是五月榴花照眼明。（老）這是雲破月來花弄影。（生）這是南枝纔放兩三花。（老）這是緑水紅蓮一朵開。（生）這是白玉花開緑錦池。（老）這是穿花蛺蝶深深見。（生）這是廣寒宫裏一枝梅。（老）這是杏園猶見一枝梅。（生）這是梅須遜雪三分白。（老）這是柳色梅香總是春。

【啄木兒】（生）纔磨墨，乍濡毫，早寫出風情年少稿。袒著那春衫呵，似雪梅花捻就酥胸，摸著你香汗呵，似露梨花濕透鮫綃。只見你忽然羞縮嗤聲笑，只見你口兒甜極龐兒俏，廣博身柔老更妖。

（老旦）這叫做愛則忘其醜也。是前世的緣法，所以叫你看不出來。你到後來吃慣了婦人酒食，再會面時就要不肯相認了。

【前腔】（生）睛斜盼，手善撩，六寸光圓蓮不小。只怕我記不真呵，碧涓涓秋水嬌波，只怕我咏不到呵，座生春意氣驕豪。書齋敢展文公教，陶家未見伊才調，玉帝知時天瘦了。

（老旦）倒有一半是你自己說了自己，正不消咱再替你做像贊了。咱不怕誤你功名，摟住過了一世，纔肯放你去哩！

【三段子】你情喬貌喬，筆尖兒語言更喬。識高見高，耐性兒比才更高。愛娘不自誇年小，驍雄增上容顏好。似恁的玉色郎君，咱恨不胎懷珠寶。

（生）小生倘有僥倖之日，情願供養你過老。碧翁在上，斷不食言。（老旦）老身自己蓄積，送老倒還有餘。只要稍個字兒來，便見你的情意了。

【前腔】若真個情高義高，莫遺忘書多寄遭。非是我撒癡撒嬌，向哇哇忘羞絮叨。一來呵，連宵已訂三生笑，二來呵，耄年更有春歸懊。你若不寄書呵，就在那裏説我老似徐娘，不防譏誚。

今日只消一頓又和你安置了，且到明日再講老平的話。

【歸朝歡】不是你，不是你，琴挑句挑，休將我笑。（生）尤愛你，尤愛你，充肥咬譤，峨峨裊䠷。（老旦）艷陽根子休教倒。（生）金蓮一對千金少。（合）到了後來也不做別事了，只當是母女相依伴寂寥。

詩
戲攙肥嫗是新機，活潑全由側畔奇。
宋屋須教庾信住，休言異代不同時。

第六齣　見平

【步蟾宫】(小丑濃施脂粉，冠帶上)爹爹曾作高齊佐，這世界隋朝又坐。揚州刺史子參軍，只可惜花週已過。

下官平敬，字敬誰，薊州人也。生平剃面傅粉，奇衣婦餙，婦人孺子樂以爲夫。今年六十二歲，也算不得個人了。無奈前生結過人緣，但入權門無不傾倒。雖然前程微末，或者老還交運也未可定。咳，我的年紀雖然過時了，我的興趣還强似别人哩。今日閒暇無事，門子且隨我到書房裏去幹些要緊。(暫下)

【黄鶯兒】(生上)開卷趣偏多，古和今要會蒐羅。張鎡以外惟君可，只差難動那富貴呵，一任你横推竪挪，輕呼重聒。他睡鄉城壘堅難破。有了那蜜蜂窠，就你先賢古聖，也道是老書魔。

小生承祭酒好意，叫俺來見老平。耳朵裏邊久聞此人混帳，只因受那鄉里小兒之氣，没奈何要走這些路數了。門上有人麽？(小旦扮門子上)剛剛煞癢，又來喧嚷。戳娘臭毛難算俺帳。什麽人呢？(生)襄陽柳晢。八字店裏叫來拜參軍的。(小旦)秀才摸著好酒食哩，且請少待。(下，隨丑上)(小丑揖坐介）貴鄉何處，何事見教？（生）晚生家本河東，現住襄陽。只因唐祭酒有個字兒，纔敢過來晋謁。（出紙條遞丑介）（丑看搓介）他那裏叫來的，下官自當另眼。原來高才博學，有什麽著作麽？（生）拙刻一部並呈台覽呀。（袖出詩介）只這一點是晚生的家私。（丑揭念介）新詩一千首，古錦初下機。除月與鬼神，别未有人知。咀嚼五味具，空腸出秀句。恐爲世所嗤，吟向無人處。四卷三年得，一吟雙淚流。知音如不賞，歸卧故山秋。（以指密圈介）妙絶，妙絶！

【前腔】（生）富貴樂偏多，怨先師教法苛。雨巾雪帽誰知我。（丑）先生且不必愁。你低吟似歌，狂吟似訶，休要厭那詩云子曰聲煩瑣。（生）愧蹉跎，寸陰是競，遊子肯閒過。

（丑）小弟在此道中，略知大意而已。倒是細看這副尊範，迥非等閒可比。小弟幼年也不算醜，比起你來還趕不上五分。這纔是千人千愛，萬人萬喜的相貌。（笑介）只恐富貴來逼君，君何憂不富貴乎？

【簇御林】焚香看，漱齒哦，這便是佛名經出普陀。能開一切眉間鎖。詩就好死了，没有一個好品格，便要低看了幾分。這樣風彩，連歪詩都要當神品哩。何况你這詩中意思本與人殊。有無限情包裹，恰便似有意擲情梭。把鴛鴦亂畫，兩畔示諧和。

（生）參軍僻好則然，未必世人皆爾。何曾見衛玠的功名，畢竟過於丁椽。侯湛的緣法，决然勝似駘佗呢。况且婉孌董公的事，晚生又不屑做，竟不知何時脱穎，甚日出頭哩！

【前腔】容回想，體自摩。少鉛華，本色多。（丑）就是小弟也不曾肯做這事，年兄越發不消得了。只要你毫端不受些塵呵，又何妨脂共粉添旖旎。况且男人就是恨你，婦人也要保你。只這店中祭酒，就是劈頭劈腦一個識貨大王了。結絲羅，朝同枕簟，夕死彼無疴。

（生）既蒙參軍獎許，就要相求轉薦。休怪小生得隴望蜀，總由躁進之心未知厭足，以致出言無狀，唐突知己。

【琥珀猫兒墜】我凝神静想，逐字苦吟哦。這一次是有意班門弄斧柯，不比那彈琴偶遇子期過。婆婆他也曾笑綻櫻桃，稱讚我才少情多。

（丑）小弟這個所在，如何安得住你。只今宇文太師，他有佐命之功，十分權幸。却與小弟相識已久，現在攝大元帥征吐谷渾。目下快班師了，要見他時只消路口去等。我竟寫封薦書，把足下當件禮物送將上去，管情一見如故。再將你那佳刻，做個見面招牌，求他御前説説，隨他榜眼、狀元，包你唾手而取。只是安身已穩之時，小弟有書信來，務必彌縫照應，方纔算個漢子呢！

【前腔】現有個□皇佐命，故國舊同窩。一見俺哥哥，管取連忙把眼睃。你只想那輪金義子獻家婆，因何且把詩篇去當嫦娥。

（生）如此，知感不盡，今朝暫别，篴吉領書。（丑）小弟明日就寫現成，你只叫店小二來，就可以拿了去哩！

【尾聲】而今勝把媒人做。（生）還仰仗周詳訂妥，切不可造次糊塗把意思訛。

詩

本恃胸中實實超，俗流却只看風標。

相知何必皆同類，董卓猶能直蔡腰。

第七齣　謁帥

【北粉蝶兒】（净丞相帽、紫戰袍裹甲領衆上）七尺昂藏，不枉了七尺昂藏。假妻娃滿房盈帳，天鑄就劣胆歪腸。賭金珠，私驛遞，密謀深壯。逼王姬改醮非狂。通族哭，咱偏無恙。

國破家亡吾自樂，義女滿前兒繞脚。寵榮更比越公深，機巧使人全不覺。下官宇文述，字继先，原係北周宗室。如今的天下屬了國丈楊公，新主是他二郎，又與咱親家至密。平生所好的是奇裝異服，淫巧器物，十個九個來仿咱的樣子。只因吐谷渾獻女，大行皇帝回他：受了你一家的，各國都送將來，得罪那一個是。他做小丈人不成，倒就反叛殺來。主上登極，特差下官領兵前往甘州堵御，一連敗了他三陣，已經退回去了。（笑介）哈哈哈哈哈，你若肯送咱時，只弓了兩脚，改了南粧，豈有不受之理。如今班師復命，離京城只得幾里路哩。叫各營的將弁擺列刀槍旗幟，挨隊緩行。（衆應介）得令訖。（生上衝介）（將）你什麽人，無知至此？（生）參軍平敬差我投書。（將接入介）好生看著。（净看書介）平敬是咱故人，著傳書的進見。（將）是。（長刀遮客入見）（生跪參，起躬介）末生叩見太師。（净）好一個人品。咱這朋友書上狠贊你的詩才，詩在那裏？（生取，跪呈）（净扶起介）起來起來。（揭念，點頭介）吟來體犯諸家少，改定人移一字難。連歲苦心三百首，寫來暫請侍郎看。你狠有造化，主上正在這裏要個二者俱全的人哩，纔出書房的孩子，看著許多人馬也不怕些兒麽？（生）太師就如父師，没有一個子弟見著父師怕的。（净）狠會説話。

【石榴花】（净唱衆合）一件件繞身隨手現鋒鋩，電色閃毫光。可喜的是弓灣夜月，劍倚秋霜。槍能貫甲，箭擬穿楊。你不見這猛鬆鬆，你不見這猛鬆鬆，馬蹄兒踏碎了桃花浪，一道紅塵，人間天上。氣昂昂的猛貔貅，氣昂昂的猛貔貅，好似天神樣。奏凱了各返彩雲鄉。

（將稟介）各處農商人等，拜過義父的，和姐兒們的丈夫，聞得元帥班師，都來京師賀喜。有連名手摺在此。（净）叫他過五七日，到府裏來叩頭。（將應下）（净）咱房裏使唤的丫頭，都有那靠勢財主叫標致子弟來招了去，這都是咱的義子。不過揭寫錢主衙門，打著咱的旗兒做些買賣，好在官河裏面壓制别的船隻。咱也要相貌看得方纔肯收。每年孝順無數東西，叫著親爹，還不如你有緣留住不叫出去哩。（生又躬介）深感太師濟拔。

【撲燈蛾犯】（净唱衆合）叫爹爹來時，抬著娘。衆媳婦多半都肥胖。似將來投阿合麻者，與南邊師王賈相。都寄在孤家名下，這戲本是個甚心腸。只因人甘爲義子，似不惜後面令閣與萱堂。

（將稟介）義媳婦兒和他婆婆，邀了這些認義的小姐，都來遠接太師。（净）軍營裏怎麼便益，叫他都到府裏住去。（將應下）（净）咱這受用之法，你是看見的。没有標致兒子，就叫女兒來哩。不是輕易就肯薦人。只因你這才貌走將進去，剛剛合式。所以非但不要你做義子，連門生帖兒也不勒你一個便宜便宜。（生又躬介）深感太師濟拔。

【上小樓犯】（净唱衆合）義男嬌婢婿良，後園花任采香。就饒他受了天符，踞了人頭，做了君王，還不如咱這禄食千鍾，侯封萬户的風流豪蕩。誰似你無人能創。

不多幾日，你就有好消息了。且在保國寺裏去住著等候罷。（生又躬介）辭了太師。（下）

（净）繞這樹林跑一跑馬，然後進城。（衆應跑介）得令。

【疊字兒犯】（衆）對對旌旗明亮，個個戎裝鮮朗。更有那煌煌的司命旙，離離的護纛幢。五彩飄揚，助的軍容壯。（净）喜孜孜將歸内房，笑吟吟競捧霞觴。婉轉彷徨，女兒們都增歡暢。顧不得貽謀化及色中亡。

【尾聲】（衆）逐渾王如反掌，去之時，誰能攔擋。（净）除是那不知命的螳螂將臂攘。

詩

孤寒無命繫鴻鈞，賴有奇才助此身。
不爾求財贖罪者，無非售後獻前人。

第八齣　内召

【北新水令】（小生通天冠、黄袍導從上）高洋舊例引閨媛，鬧穰穰渾如逐電。嬋娟争覷我，我也覷嬋娟。把帝里嬌娘，趕一日批評遍。

（登棹坐介）寡人天縱文魔，忝作隋朝第二代主。恰值干戈日久，人已厭兵。忽然一統承平，衆出望外。四海帖然無事，至尊只有爲歡。今日特在端門備陳百戲，男人只許遠望，婦女都令近觀。除麻、矮、黑、醜之外，有一名不到者，查出責其里長。所以傾國而來。更有一樁大喜之事，竟得了一個千古奇才，叫做襄陽柳誓。覽其詩卷，如獲朕心。聞得相貌非凡，尤爲可愛，已著今日引見。等這些投梭擲果的看看本朝人物，眼見紅裙粉面一群群上臺坐架也。（三旦、净、丑與班外雜人扮婦女青衣艷服同上）

（携矮凳分左右作棹上介）

【南步步嬌】（旦、净、丑合）鉛精鑄就芙蓉面，血點脂唇艷。金盆搗鳳仙，染甲如花，好持紈扇。行到鏡臺邊，幾回自訝觀音現。

（外丞相帽紫衣，引生青衣巾上）草莽臣柳誓見。（外立）（生俯伏介）（小生）有諸中者必形諸外，可謂貌與才稱，名竟無虚，賜卿侍立共觀，以便和詩應制。

【北折桂令】（小生唱）（生、外合）纔來到鳳闕龍軒，不住在燕子樓頭，就住在朱雀橋邊。何嘗不香氣氤氳，羅衣飄漾，只多些膏沐腥膻。試看那假西施賣弄他香温玉軟。儘有那蠢登徒爲著他意惹情牽。怎當得水鏡雙懸，能别媸妍。多謝你轉秋波，輩輩多情，争奈我懶重看似箭離弦。

（雜華衣上，舞流星介）（丑）打得好熟落哩，比那街市上的迥乎不同，穿也穿得華麗。（净）説是萬歲裏面做一件把戲，賞一千兩銀子哩！

【南江兒水】（净、丑、旦合）鼍鼓聲雖近龍顔，眼望穿，爲甚不近些兒，盡使紅裙見；響些兒，傳要誰家院。畫欄杆倚得纖腰倦，想像仙郎不遠。怎得他迅似流星把十萬丫叉槌遍。（班外能者華衣上走索介）（净）這樣標致大娘，不知皇后娘娘出來瞧瞧也否。（丑）那萬歲爺背後許多簾子，自然就是三宫六院在裏邊哩！

【北雁兒落帶得勝合】（小生唱，生、外合）覷著他，瘦腰肢似可憐，好容貌如堪羡。爲甚的兩桃腮褪却鮮，雙柳黛堆著怨。多管是待庶士韶光變，别征夫期久愆。休怪那輕薄子無情面，辜負你老嫦娥愛少年。賢孟光休得要嗟，偃蹇歸也麼眠，只梁鴻是舊緣。

（雜華衣上，植梯於足，小兒鑽介）（如不能樹梯走索，則姑以跟陡、倒立，裸身舞劍等代之）（丑）他的脚兒也和咱們差不多大，怎麼上邊就放得一張長梯子呢？（净）咱們竪起來的時候，不叫丈夫把肩頭手臂齊來抬著大腿，小腿就要酸哩。

【南僥僥令】（净、丑、旦合）你看這位小娘子，也是旋市街頭髭，粧成額上鬈。金蓮六寸人人羡，扯拉下帶兒來轂轆圓。

【北收江南】（小生唱，生、外合）呀，都似這般樣的時興寶髻呵，倒不如那蠟梨頭短髮如氈，似這等愈奇愈出不如先，那些個食蔗後來鮮，好教人嘔涎，怎教他向前，况又是棋高寸半假金蓮。

（小生）只消今日柳郎幾首應制七言，便勝過無萬策套。著賜狀元及第，打著傘扇繞臺行走，吩咐臺上婦女擲物車中。（生謝恩介）萬歲，萬歲，萬萬萬歲！（傘扇隨行介）（生换冠帶騎馬）（雜吆喝）

【南園林好】（丑擲帕、净擲履、旦擲果介）（合）滿皇都蛾眉億千，幾人能天子爲天，空教人賣些腼腆，未必得上邊憐。

（扇夫）狀元爺不要打馬，這幾位奶奶小姐真正天下無雙哩！（生）相了一日，只這幾個還上得眼。

【北沽美酒帶太平令】（生）解憂愁，草似萱。醒瞌睡，艷異編。地少朱砂赤土先，也只好抱衾裯備嫔員。怎能彀在左右把中宫分擅？七分粧三分顔面，四分真六分强勉。覆霓裳，銀紅雖淺；襯羅衫，榴裙太艷。望得你心穿眼穿，總不可怨天恨天。你若是三生少緣，怎受得御樓頭遥相繾綣。

（生下）（净等隨下）（外）請陛下下樓升輦轉駕回宫。

【北清江引】（小生）上林春色看幾遍，固勝河陽縣。天香並未聞，國色何曾見。或者那御溝内的人兒，倒有幾個中得選。

詩

乾坤未欲空峥嶸，粉墨從來易蕭瑟。
風流文采敗猶傳，看史欲眠因老實。

第九齣　賜妻

【翠華引】（生花紅上）日下嬌娃百萬，斯人獨共衾幝。出自君恩特賜，張郎合畫眉山。

下官詩卷登科詞林首選，又就叨蒙聖恩，以千牛桑和之姐賜爲正室。面諭此家婦女長於武藝，配卿文士彼此相資。那容儀的好醜，天語雖然未及，俺想方今主上專講才情，愛我如斯，斷不以東施相匹。不曾黄昏鸞輿已去，只待進門便知端的也。

【太師引】（宫燈鼓樂引旦冠帔乘車上）芍藥欄將蓬蒿剗，待紅鴛徐行此間。燕喧鶯鬧，正當春鳥語緡蠻。清香一炷茶一盞，想地主享用清閒。凭書案把牙籤細翻。（生偷覷介）渾不似揮刀道韞容剛悍。

（同謝恩介）萬歲萬歲萬萬歲！

【前腔】（生）國色難，天香罕。渴相如，情思欲删。似這樣不粧點的天然本色，無脂粉的緑鬢紅顏。終年晤對都不懶，不須要鄭氏丫鬟。（旦偷覷介）紅絲絆，果潘家阿安，况還有江淹送的紅緞。

（雜）請狀元爺賞了喜錢，小人等後日拜堂，再來伏侍。（生）都到西邊廳屋吃了喜酒再去。（衆各謝

下）

【三學士】（生）奚待媒婆蓮瓣跰，執柯坐在金鑾。有了這香紅淡白人堆雪，不復用錢買胭脂画牡丹。（旦）慧業也須存氣岸，長明至衆敢讙。（净、丑濃施脂粉，籠藕襪，高跟鳳頭朱履，持炬上）此刻已經二鼓，請狀元、夫人同歸洞房。（各扶行介）

【前腔】（旦）武緯文經爲侶伴，俯看鄉里何難。（生）只笑我憂貧慮賤心如搗，直到了今日呵，纔覺得造物生才意可安。（笑介）可惜的力不勝雞人有短，嬌嗔處須略寬。

詩　得君如此信堪誇，今夜瓊漿已到家。

縱有歇時情不斷，正由休去思無涯。

第十齣　宫宴

【天下樂】（老旦冠帔黄綉袍、籠藕襪、高跟鳳頭朱履上）昔日于歸百輛迎，謟姑拉婢共床棚，而今位與恩齊等，翻覺梁家主號輕。

〔行香子〕我楚楚精神，秀拔軀身。娘家曾喚觀音，只端妃韋氏，世冑佳人。得與同眠、與同食、與同行。小童今爲隋后，本是梁朝公主。孔曼且碩，小字觀音。嫁來時節，阿翁還做周臣。十分惧怕婆婆，媳婦好生難做。所以主上即位，相待加隆。只有賢妃韋氏，乃孝寬子壽之女。出自京兆韋家，族大勢豪，世爲名將。五官四肢，比得我上。所以十餘年來，食必共席，寢不異衾。自從去歲遷都洛陽，只見西苑周一百里，其内爲海，海北有渠，緣渠十六院。楊氏婦女，往往進御。狀元柳晢，就做了幾十套曲，名爲《神仙留客》。主上煞癢之極，竟就叫俺兩個不必避他。幸虧這一個人，也纔得十幾歲哩！你看榴花照眼，且就山磴少坐。

【桂枝香】（小旦傅粉、冠帔紅綉袍照，旦襪履上）功成婚定，皆堪稱慶。婚定處天遂人謀，功成處人徼天幸。喜關雎復咏，關雎復咏，容顔相稱，家聲相並互相成。共被如團玉，雙心似看冰。皇后萬福。（老旦）賢妃少禮。（小生黄蟒，携生手上）一個糯米捻的柳狀元，給你瞧瞧。（生跪叩介）（旦）也就起來，在這山邊坐坐便了。（生低頭不視介）（小生）寡人自從見了你的詩稿，把從前筆墨一概燒了。如今没有一首不做你的新式哩！（生）微臣無知妄作，幸逃天譴。俊加獎勸，愈覺悚惶。（小生）朕自陝西至洛，雖著你們挈家隨駕，無奈夜裏不能相見，所以畫你一個喜像，如今還掛在這亭上呢！（生）即使粉身如何報稱，生生世世願近龍顔。

【前腔】（生）低頭延頸，當風傾聽。先把這穢質回看，後把那蕪詞思省。莫不是南柯未醒，南柯未醒。（小生）不須把良媒相倩，只須這才容爲命覰分明。才似陳思艷，顔如叔寶清。（老）待我炙兩圓火，再同陛下去游。（旦扮王子上）這火燒得人痛，兒子不叫娘炙。（小旦）你就替你大娘嘗一嘗炷，不大疼時再炙你娘。（旦）兒子情願嘗炷。（老旦）可憐我的嬌兒，我也不炙罷了。（小生〔一〕）前日那個何稠進了御童女車，如今皇后妃子都坐在這如意車上，看俺自尋樂地。吾兒與狀元同車，隨後追趕便了。（浄、丑女扮上推車介）

【賺】（生）這幼女輕盈，嫩柳新花畫不成。乘春興，你且看四肢難動只聞聲。（二旦）事堪驚，呼噦但滚珍珠淚，恐慄難勾碧玉情。（生）遥遥聽，周仁蔡六非吾幸。但存恭敬，但存恭敬。

（小生、生等各下車介）（小生携二旦）已遊到五湖邊了。梓童看者，柳郎看者。

【前腔】（小生）漾漾盈盈，碧浪家家海畔生。陶朱境，夷光共載任遊行。（二旦）柳先生，昔人曾説才如海，海底應知盡是情。（生）臣憎佞，劉楨有眼敢平平。得遭明盛，喜遭明盛。

（小生）這座蓬萊山頂，看洛城百萬人家，如在欄檻之内。山陰是湖，山陽就是海哩。朕與兩卿、柳子暫時一望如何？（老旦）正該如此。

【長拍】（小生）閬苑瀛洲，閬苑瀛洲，風吹船轉，教望豈容前進。何如此處人工疏鑿，細看來宛似天生。（二旦）自愧不娉婷，辱仙郎手挽，帝堯肩並。如意新車教試過，恐自此略相憎。（生）能賦豈殊洛，襪妙莊王令，玉數第三名。

（小生）今日不必大宴，只在這村居草舍旁邊，坐石烹茶，酒茗雜進，却不更好。（小旦）陛下所言極是。

〔一〕小生，底本作『生』，據意改。

【短拍】(小生)如畫仙山，如畫仙山，農家景致，令人忘富貴功名。(二旦)輿馬減閒情，步蓮疼甚。(生)總願將身作錦，我皇帝特解勝淵明。(小生)日已斜西，又濛微雨，著一個人送柳狀元到湖濱書屋裏，和建昌諸葛穎宿了。聽他們去做些打換交易。朕與兩卿也就到溫湯院去過夜罷了。(大監應引生下)

【尾聲】(小生)柳和諸同衾枕，噥噥唧唧度長更。(旦)幾曾見牽牛的，臥看成雙織女星。

詩　且將繁盛奉雙鸞，任道驕奢業必坍。
吳質已多思憶病，當時猶未憑欄杆。

第十一齣　獻妹

【憶鶯兒】(小旦青衣坐車，丑隨上)(小旦)當彼時窺艷姿，衛鮑當年詎勝斯。苦没緣由去近伊。(丑)花曾照衣，沙將築堤，便爲貳室猶堪喜。(小旦)願相隨才郎，妾媵猶勝俗人妻。

(丑)賢妹賢妹，今日送你來此，雖然爲我免禍，也由你自情願。萬一他家那個勑賜的大媽拈酸吃醋，有些不賢，却也不要歸怨愚兄纔好。(小旦)説那裏話。自從那年詩會，妹從屏後窺見此公，便知不是凡品。無奈你們那時正在與他不對，不得央媒議親，以致今日落第二義。他既中了狀元，就不曾賜有正室，也未必扳我作配哩。不做這件，難道丢了如今世上第一個才子不嫁，倒去嫁那魑魅魍魎不成。只怕他記憶前仇，若相拒絶，却是你妹子的死期了。（丑）桑梓終是桑梓，况且我那時候不曾狠得罪他。你的相貌又和他恰是一對。這倒拿在手心，不消慮得。（暫下）

【燕歸梁】（旦上）迎出華堂等客歸，乘緑鬢未蓬飛。（生上）退朝先覓狀元妻，莫令説藁砧非。

（丑等隨上）門上阿哥唱偌。（外長鬚扮閽人）襄陽説話，想是老爺親戚呢。（丑）相煩阿哥代爲一禀。鄰居崔博陵妹子年長，揀不出相貌相同的對頭，特地送來與爺做個二房。（外）好呀，好呀，真個比俺夫人差不到一二分哩。（如言進禀介）（生）有這樣的奇事。崔博陵那嘴臉也有分把花面，不信妹子就不相同。回他，若不曾有正夫人就好扳親，這個斷斷不敢，快請遠便。（旦）襄陽崔氏好奇怪哩。别要是我訪問過你，你回並不知道的。崔曉鶯呀！蒼頭速速出去，請教姑娘名字。（外出問介）夫人請教姑娘名字。（丑）名字曉鶯。（外進覆介）名字曉鶯。（旦）出去把他大爺邀在東廳權坐，竟接姑娘進來。（外）叫了俺老婆同去。（净上同出）（外邀丑下）（小旦入見，旦忽抱介）有趣，有趣！奇哉，奇哉！你還記得那年白日做夢的事麽？（小旦）真個著實面善。（生背咂舌介）不差，不差！去得，去得！（旦）挈你來的，就是我哩。那年斷不肯住，如今怎麽又來呢？（小旦）你家那位男人呢？（旦）那就是我家兄，我是嫁來這裏呀。（小旦）這等説來，那時不住，如今著實肯住哩！（旦撒抱介）你如今肯，俺又不要你了。（生）令兄爲人原無紀律，姑娘爲何也就肯來？

【前腔】（小旦）當日窺窗際，憶伊行面目到今時。（旦）强扳婚媾也相宜，虧戲法做良媒。

（生）你躲在屏門裏瞧我？可惜我竟没有瞧你一瞧。許久不聞鄉音，忽然聞得倍覺有趣。況且令兄舊時相好，斷無可不遵教之理。只是屈了姑娘一點點兒，怎麼陪罪纔好？（旦）日裏没有工夫，夜裏也好陪罪。我竟和他一年一換，輪流做大就是哩。（小旦）姐姐怎麼就恁會説笑話，我還是只管房裏的事，讓你出去當家的自在。

【漁燈兒】容傍倚，睡旁邊，已得依歸。小扶侍大的故事，俺也還記得個把哩。願執濯洗儘金蓮，踏頂敲頤。（旦）天賜忽到個絶妙人兒伴我嬉，況先日豈應相戲，俺恨不抱將伊永夜眯暌。

【錦漁燈】（生）天生就嬌面孔，齊齊美麗。（小旦）你戴著俏烏紗，更長風姿。（旦）情願把到手花封讓阿姨。（合）個時節，原不能分辨個妾和妻。

（旦）我們這三個人睡在一處，休要説似肉兒般團成一塊，就是愛説笑話也説一個不了呢。（生）他是我襄陽人，我到底要把這幾年恩愛補上了他。（旦）誰叫他不早些來，封誥倒可相贈，這個不許。

【錦上花】（旦）一怪你到得遲，二怪你計策奇，不叫這風流女棍倒討便宜。（小旦）一愧我命運低，二愧我福分微，情願把剩湯賸汁供養心脾，先要你充飢。

（旦）你快到東廳去陪待那崔舅罷，俺叫人整備筵席。出來就是涎樣，也等吃過晚飯，再來涎也不遲。

（生）謹遵台命。（下）

【錦前拍】（小旦）多謝你前頭的把後來廕庇，做大不吞醯。儂只把觀音看你，纔知我偏房微意。

（旦）俺怎肯自圖歡樂，教別人皺眉。有時節也要你分當利害，有時節正要你權時暫替。只説今宵便須狂戲，就不用緊緊的把牙關閉。（小旦）他們就不在家，妹子和你也好做夫妻哩！（旦）我們雖差點點，認真做將起來，比他們還多件把。

【錦後拍】有舌在，見時先可討便宜。況這一對玉梭兒，也當那人利器，當那人利器。前後的遇著他，總能稱意。（小旦）便朱唇也得肉芝喂，餛飩笋各有一般滋味。休説到烝羊子，合蛤弄酥飴。

【煞尾】不多怨恨今朝釋，看不破只觀流水。（旦）俺共你只一陳婆，十年休要把他洗。（生上）崔舅用過晚膳了，你們也去晚膳罷。（携二旦下）

詩

遣與襄陽隔一墻，隱形崔子世無雙。
不知富貴緣何事，偏動佳人作妾腸。

第十二齣　從幸

【北醉太平】（生戰袍領衆上）剛刀軟槍，盔甲輝煌，元戎頭上紫豪光。想沿途古戰場，骨如鎖解肌如醬。馬蹄血濺桃花浪，爲文且復吊諸殤。看紅裙不必忙。

主上引洛達河，復引河入汴，引汴入泗，以達淮。自長安至江都，造了離宫四十。如今前往揚州各營，大兵都在前後進發。單叫俺柳誓帶領三百孩兒軍，沿著河邊行走，護衛這拉縴的婦女。每日只行十里，吩咐帳下輕健，須要離開一丈之遠，徐徐引夾不得有違。（衆應介）謹依軍令。（繞場緩行介）

【前腔】（合）用不著晁生智囊，陳平計良，花榮神箭可穿楊。逐金蓮，任倘佯，金風漸起裙飄蕩。紅綃軟皺冰紗亮，癡魂不離萬裩襠。許遥看禁緊幫。

（衆）禀上大將軍，行得太慢，都瞌睡了。（生）許你們歌舞而前。（各舞旗、舞刀、舞槍繞場介）

【南普天樂】（衆合）畫龍舟高多丈，睁雙眸遥瞻望。金蓮大，金蓮小，都没遮藏。是誰家女子妻房。呀，自三旬以上，農商窈窕娘，和初笄閨秀，共有千行。

（生）刀槍都舞過了，許你們一進一退，更迭反走，分爲十隊，一路遊嬉。（衆繞場往復介）

【北朝天子】（生）看嬌嬈艷粧，觸孩兒劣腸。柳般腰拽得如弓樣，坡陀欹側致春趺亂蹌。令旁觀魂都喪。幸朱繩帶將，憑灣斜登降，那椿那椿那那椿。任踏開依然舊樣，只金蓮應發脹，只金蓮應發脹。

（衆）禀上大將軍，那岸邊的殿脚走入松林都坐下了。孩兒們不能縱步，倒不如也坐一坐去罷。（生）也就聽你。（各跪地介）

【南普天樂】（衆合）黑松林，開沙壤。近深溝，當横港。兵魚貫，兵魚貫，直抵中央。坐團欒，姑且乘凉。呀，儘吾王受享，温柔别有鄉。只軍人命苦，别女抛娘。

（生）你們動了火時，只這一窟冷泉，儘可解渴。（衆掬水介）

【北朝天子】（生）看嬌妖艷粧，觸機心劣腸。後一堆撅入青雲上，面前兩隻，似丁當佩囊。既消魂難無恙。滿鞋的汗漿，弓灣裏怪癢。似香似香似似香，要聞時除非共帳。只寒泉能醫想，只寒泉能醫想。

（雜起行介）只那先起來走的就是萬歲爺，前日賞他金子的吴絳仙、韓俊娥，大將軍可瞧見麽。

【南普天樂】（衆合）覷吴仙西施樣，覷韓娥昭君相。非如那，非如那，兩個邊旁。粉團花滚胖鑾長，呀，把觀音拜仰，終身免禍殃。若論功酬將，胖也無妨。

（生）坐坐就是半日了，到驛還有三里，竟跑他一陣罷。（衆繞場疾走下）

【北朝天子】看嬌嬈艷粧，觸多人劣腸。説教渠不用虚期望。歡呼勇往，到揚州地方。代封題，令舒暢。寡居兒刷將，道姑兒添上。一雙一雙一一雙，配將來齊銷怨曠。合知恩，休無狀。合知恩，休無狀。

詩

十萬玉勾休殉葬，只今難道不成塵。
錦帆天子狂魂魄，似在揚州冷笑人。

第十三齣　如汾

【女冠子前】（净、副净、丑、小丑濃施脂粉，籠藕襪，高跟鳳頭朱履上）（合）帝宫天上人難到，風月主把奴招。

（净）偶作傷風事，妖聲徹九霄。非惟不打夾，反叫進宫嫖。俺等一班非别，都是汾陽等處施骶菩薩也。有衣食不充，好穿好吃，無可奈何，此道賣錢的也有。年老寡居，親夫陽痿，飽暖思淫，收藏美少的也有。一時火動，情不能禁，越理業緣，三生莫解的，雖然幹起這件事來，總比那循規蹈矩的堂客迥乎不同，大有講究。却也只悄悄魆魆背地裏做，誰知？若要不知，除非莫爲。一個堂堂天子，遊幸到汾陽宫來。就有許多幫閒篾片替他打聽。現成一乘小轎竟來呼唤，三不知嚇個臭死。只道是事情發了，皇帝要殺。豈知扛進深宫，已有幾百個同伴在這裏了。相會起來，著實有趣。恰好時交伏暑，他不留你寸絲。今朝八月初一，纔得穿上衣裳哩。

【臨江仙尾】（三旦扮道姑，如前襪履上）（合）新歡只當復桃夭，秪因陳淡菜，可代貢苞茅。

（老旦）各位大孀都穿衣服了，恭喜恭喜。一位正嫖客，有嫪毐的家伙也罷了。連那幫嫖的柳狀元也是一樣，俺足足害了三日病哩！（丑）俺們要個位次，想不能彀。大家弄個龍種在肚子裏，回家去養下來，至不如也做個蝦王蟹將，比那狗脚强得多呀！（净）就是把老柳的種度了回去，怕不生個監生秀才呢。

【山花子】（小生軟翅帽、烏靴、小袖朱衣）（生唐巾、淺紅衣、朱履隨上）（合）淫娃四集齊喧鬧，滿堂笑語齊嘈。豈汾陽今日始招，本文宣鄴下群妖。女和男顏都不韶，衡年絜貌雖可嘲。何妨暫作鵬鷃交，夢幻世間，只合逍遥。

（生）再過幾天，就要放你們回家過節了。整整兩月相聚，也有毫厘眷戀之情麽？（净）你就殺我，我也不去了。

【大和佛】（净等七合）撤放閒言休絮叨，此一朝烏鴉，已入鳳凰巢。日連宵，赤身赤脚相瞻對，濃雲濃雨濟空枵。豈不見，人人説比新婚好，恨當初枉稱年少。似這般樣的深恩意灌，滿通身了，離一刻也無聊。

（小生）雖然如此，終有散場。誓願相逢，何妨再世。也就不必專執了。

【隔尾】（小生）團欒不覺分離到，一似秋來火氣消。（生）待我做首詩兒，奉送你們出宫便了。闡析真空贈阿嬌。

（老旦）一切爲歡之法，倒也都周遍了。既然勢不容戀，求萬歲再命一題，務盡畢生之興，柳先生意下如何？

【粉孩兒】（如前合）相逢處，莫將佳人輿掃。要新婚晏爾一般懷抱。誰叫你王公卿士天樣高，配奴儕野鬼山魈。豈不見詣鬱陂陀，墮五百無翼之鳥？

（小生）此時仍舊行事，就要留戀住了。你們各把出身細説一遍，結個後生緣罷。

【福馬郎】（丑）十載爲媒人便老。（净）還讓俺這食店主蓮花貌。（小丑）俺只爲郎興販，害相思，因此上把容焦。（副净）終日把翁瞧，爬灰老復難翹。

（老旦）原不是詩禮之家，所以和俺們一樣没人來拘管哩！

【紅芍藥】（老旦）怪不得氣未冲霄，斬伊頭似無佩刀。也不識玄霜幾經擣，被何人掘翻情竅。（旦）到如今錯認新郎作舊交，剛抬頭便把玉郎頻叫。（小旦）這供詞是你賊口親招，非别個玷清名，把奇謗私造。

（生）來歷是知道了，再把各人身上合該得意之處，誇説一遍。倘有未遇知音所在，等我來搜尋遺卷。

【耍孩兒】（副净）後面一團肥且皎，三十斤何止，獨有俺這件堪搔。（净）弓鞦惟在下，笄大綿花裊。（丑）呀，俺兩奶勝似羊酥泡。（小旦）我那答先清妙。

（老旦）這般説來，也都是這嫖客賞鑒再三的了，没有遺卷。

【會河陽】（老旦）肥姣如儂，客曾面獻。如綿似笄伊行寶，非唇即鼻來，親手持輭翹。（旦）那答妙渠，舌本纔相擾。（小旦）那人曾把你葫蘆拗，那人曾把我葫蘆咬。

（生）各人有件把長技，也該自叙一番留爲别念。

【縷縷金】（小丑）我會品紫藤簫。（副净）儂與他人別，後邊騷。（丑）我不須他動，百方相套。（净）俺金蓮能使竅翻濤，挑龜立時蹻，挑龜立時趙。

（老旦）若説這點點本事，俺們出家之人也不讓你。

【越恁好】（小旦）莫説是暫時歡好，暫時歡好，不比鳳鸞交。就不要中宮假號，通房寵也塗椒。（旦）已拚了名兒不向金榜標，誰索你封妻廕誥。（老旦）外人笑，聽他在背後把便宜討。夥中笑，不怕你對面的譏彈巧。

（小生）今日這席説話，比往日更加有趣。往日是零支，今日是總結；往日叫願死，今日偏要活；往日齊呼亂喊，今日淺斟低唱。無奈古語所云：樂不可極，信乎有之。每人賜金千兩，將去買鞋面布。自今已後，不必復相思也。

【紅綉鞋】（小生）今宵還要成交成交，休教辜負良宵良宵。（生）看月影上花梢，譙已歇，市無哮，願千秋萬歲相遭相遭。

【尾聲】（小生）原生不動還伊好。（生）肉樣蓮花最堅牢。（净等）恨不得高排聳列，儘你去噉筭睃盆嫖到老。

詩

做夢原應柳夢梅，這回異夢更喧豗。
只粧正德來衣局，不識隋煬已惡猷。

第十四齣　選美〔一〕

【普賢歌】（小生傅粉，箭衣武巾上）河東姊婿有名聲，幫駕千牛術最精。三月到潁城，看過幾千名，若教挈到真高興。

小可爲何來到此地？只因王世充具奏，請將壽、亳、潁、蔡良家女子選備後宫。這個狗骨頭分明要借此因由，好弄人家婦女。娘陪了他，就免了女。萬歲也猜得著，恐怕他把上等人物倒自己受用了。差俺姐夫柳狀元携帶家眷來此，把老王選定的嚴加揀擇，就著俺同了他來。他又聽了家姐的主意，大積陰功，把那人家不願和些已經聘嫁的一概發回。所以人人感戴，没有一家不供了他的長生禄位。只得王世充一個愁眉怒眼。咳，這也顧不得他哩！

【前腔】（副净冠帶上）淮徐汝蔡有傾城，十個三雙入眼睛。皇帝没正經，奸臣騙打丁，惟憎柳瞽來操柄。

門上的，只説王世充老爺親自到此，請狀元去復眼。（小生）刺史請候一候，待我請家姊丈出來。（副净）他有欽差重臣印信，俺自然該伺候，只煩千牛快些去説。（小生下）

〔一〕美，底本作『女』，據目録改。

【水紅花】(生)名家姊妹太娉婷，我也太多情，豈不勝二喬相並。(旦)良家閨女縱輕盈，我和你這惜花心，且放過幾園紅杏。(小旦)況且墻花路草，多半泛蕁常英，何能一一擅奇馨也囉！(小生復出)狀元今日有些家務，失於迎接，就叫小弟相隨驥尾先去一看。(副净笑介)想是令姊夫人要他陪著吃飯哩。哈哈哈哈！ 豈不聞先公後私這一句話麽？(同下)(雜扮院子上)禀上老爺夫人，外邊來了一位晋州八字店六十老婆婆，説是老爺的至親哩！(旦)從來未見來往，到底是誰？(生)是我姑娘生的嫡親表姊，不曾有兒，就寡居了。快些請出轎來，領到後花園住下。就把我這十來個男女，交他老人家照管。揀個日子過繼一男一女給他。(雜應下介)

【前腔】(旦)令姑遺下老閨英，爲什麽舊時親不見你頻頻通信。(生)男兒枉博四方名，竟聽他守堅貞獨挨孤另。(小旦)既是無夫少子，不厭彼此相姘，自今願與結深盟也囉。

(院子又上)蓟州平公子特來禀候。(生)且送到客店裏住了。(雜下又上)崔舅爺在雁蕩山差王老志捎個書來。(生接看介)原來他得了仙女爲妻，竟傳授了個隱形之術。且能頃刻萬里，到處潛遊。

(旦)和俺弟子豈不是一對兒。

【前腔】(小旦)桑哥有法取飛瓊，俺崔倰又能逃境。(旦)儂伊永合併横裎，弟和兄也堪爲證。

(生)只慮朝中化及后妃要喫伊驚，除非與你便藏形也囉。

(旦)這話怎麽説法？(生)非不報國，無處報起。我看宇文述的兒子是個色鬼，動不動把人家男女硬討了去。不日就有異变，我若具本致仕，上邊斷乎不准。必須掛冠肥遁，同去尋崔舅去。只有今日是俺和你在隋朝遭際一場，唱的團圓好戲也。

詩

柳彧曾經上諫書，俳諧歸誓豈容誣。

文臣無可酬恩遇，惟有修仙待鼎湖。

鬧華州

鬧華州目録

第一齣　叙鬧

【西江月】（末上）豈必持書橐筆，戲場始許稱生。操家有力又添丁，也勝孱然少靚。衆欲田莊婦孺，遂之可效忠誠。莫憂當日畏居名，只要其人心肯。（問答照常）

【鳳凰臺上憶吹簫】唐李忠臣，窮而多力，題詩罏肆高樓。有奇媛，遇赦可作伊儔。更詫三原孟媪，年七十尚産生彪，端合使先歸嫪李，助抱衾裯。封侯纔如所願，爲國家驅寇，死豈能憂。論田莊婦女，孰不貪求。鄉里子須教膝席，遊坊曲只算消愁。稽青史，德宗時世，實掠華州。

詩

納老媪的終得嬌妻，李世忠力能致福。
犯不韙的猶嫁雄夫，高奇媛美應免族。
稱大夫的復叫小娘，張御史老會生兒。
嫖私窠的忽掠多姣，老勃薩送來羊肉。

第二齣　題肆

【意難忘】（生箭衣風帽上）飽殺侏儒，嘆英雄未遇，望米如珠。長貧焉可忍，姑近酒家胡除。故我换新吾，除是遂雄圖。幾許人改軀换貌，不賴詩書。

〔減字蘭〕元陽太壯，眠到三更將額撞。不遇雞皮，無處能容我措施。除非萬女，逐日分消。無積貯方得安寧，洗脚登床小太平。小生李忠臣之子，雙名國士，表字世忠。只因幼失雙親，所以僅知數字。有萬夫不當之勇，無一日可飽之牛。麥鈇杖夜行千里，追得龍駒。羊踏壁手握雙軀，擊成石粉。大聲喝賊，則兩盗俱亡。長戟剔人，而半天擲下。壯士拽吾兩乳，不動如山。平居挽象，倒行地上之虎。無奈此身閒空，惟有飲酒蠲愁。幸賴知己當爐，竟肯頻頻賒貰。今朝屋裏八木俱無，又待去斟酌哩！

【醉扶歸】悔當年活不把親描塑，恨如今死不得見規模。似這等聲容笑貌總成虚，竟饒你有一日呵，兒曹娶媳將誰乳。空教人夢魂如絮繞空廬。欲報本，無尋處。

（小丑上）清明時節雨紛紛，有酒無錢欲斷魂。李相又來喝哩。咱娘早吩咐過，只有你來不消會鈔，竟請上樓呢！（生）小店官，回聲令堂，只消春笋兩根、葫蘆一掛、豆腐一作、牛肉餛飩八十、乾燒酒三罈便了。（丑應下，携酒上）

【前腔】（生且飲且唱）夢中屢有人相遇，問他徵驗待何如。肯教窮淚撲疎疎，頻來姑以賓爲主。

妖嬈似肯共樓居，不言欲睡君須去。

想小生這們一條漢子，父母已不能孝順了，再不出些力氣報效報效國家，豈不枉然壯健。况且先君當日取名叫做忠臣，著實有些意思。從他節度蔡州，被遼西李希烈逐出，朝廷即命希烈鎮蔡。經數十載，家寄絳州。又見希烈叛逆抄家，差强吾意。

【皂羅袍】誰是王侯風度，論衛青當日還出人奴。只傷今日正窮途，到何時妖妻驍妾光門户。暮春寒鎖，瓊漿在壺。筭根難飽，燒牛在爐。又何妨步兵歸去當昏暮。

小生細想，做英雄的就是一心以取樂爲事，也要把這性命權且置之度外。先拿出一腔熱血，答了朝廷恩典，方纔得遂所欲。正所謂一舉而兩得者也。既然立定主意，一點不可游移。

【前腔】放出眼光如炬，驗宵人君子消息盈虚。既難重進老萊居，須提馬革沙場去。曾聞得孩提真樂，榮華反輸。須知道兒童竹馬，又不如王侯命車。要拿主意休煩慮。

多年古老的事也不必説，就是本朝的史思明、田承嗣，難道他還不曾快活？倒底不是咱李忠臣的來泒，不是咱李國士的心事那。（起行介）你看這壁是新粉的，且等咱題詩一首，以明吾志。（拍案介）店小二取筆墨來。（小丑上）這是咱娘画眉的筆。（生）通身透開，將就用罷。（作題壁介）（小丑念介）名忠須實做忠臣，難道汾陽不是人。袖裏屠鯨斬蛟手，埋没青鋒二十春。有趣有趣！老嫗小兒都解説得出哩！

【醉翻袍】〔醉扶歸〕醉時或見娘和父，醒時依舊嘆身孤。莫道我空空四壁器全無，家如斛律方爲富。這春蛇秋蚓，柔毫不粗。黑雲墨瀋，淋漓至趺。王孫醉也誰疼護。

（作醉欲倒）（小丑扶介）李相這個樣子，今夜不能回去了，就咱後屋去，權且擠膿一宵罷。

【前腔】此中甚喜無迷誤，眼中又覺物模糊。重身幸得你輕扶，憐伊尚有生身母。他年富貴，將榮易枯。千金酬報，賒翻勝沽。平生不解欺人故。

（小丑）他年待我爲卿相，報你千金與萬金，久已成了套話了。李相還説他做什麽。咱娘有這酒店，每日賺出的利錢彀買柴米有餘。每日剩下的酒肉，還把肚皮脹裂哩！

【尾聲】如今且撥開雲霧。（生）大夢醒時，小夢始甦。（小丑）試看後蘷前言合也無。

詩

韓蘄賒飲立殊勳，岳鄂題詩受栲根。
水滸大都工剽史，誰知驢耳李將軍。

第三齣　伴道

【臨江仙】（旦上）頻見銅駝荆棘裏，出宫聊共林栖。蹈空幸免禍機。隨奇思，曾犯險，回首暫相依。

〔添字怨〕幼作貂璫小姐，思向長秋作耍。這明知故縱，好官家怎酬他。情性玄虛太過，剩得妖嬈梟娜。殘生免死尚心多，奈心何。奴家高力士脚女。遭世翻覆，未獲于歸。三十過頭，一身無偶。歷盡亂離之苦，妄貪宮禁之安。幸免刀砧，放來山野。只得權投德觀，與女巫知白結爲姊妹。從前不想嫁了，如今雲房寂寞，倒時常復起凡心哩！

【前腔】（小旦脂粉艷服扮道姑上）繁飾濃粧王母髻，金蓮一樣弓鞋。雙鸞珠滿色深緋。唐朝雌道士，德觀久名馳。

高姐姐，眉頭不展，却是爲何？（旦）愚姊回思當日，酒肉林中養大奴婢，海裏爲家。如今承你的愛，邀俺同眠共宿。雖然著錦穿綾，仍舊頂珠戴翠。爭奈伊蒲素供，難拓胃腸；弟子扶持，未能臂指。所以不無欝欝耳。（小旦）你爲何不把那亂離光景來寬解他？

【玉山供】〖玉抱肚〗兵興時世，衆佳人盡憂禍危。你那在襁褓還是先年，怎不憶受艱辛有如前日。〖五供養〗（旦）蒼皇猶記，平静了又生他計。說起平生事總攢眉，剛纔無患又孤恓。

（小旦）就是你這番虚險，亦復千古所無，要算拾著性命的哩！

【前腔】仁慈皇帝不嗔伊，尊稱至戚。沛綸音寧容千假，加慰諭冀有真時。（旦）矜愚愍弱，没半點雷霆威意。

（小旦）你那時憑何本事得免天怒呀？（旦）止不過一味哀求。說那北魏時候，所親下世。直求狀貌相類之人，與之相對如母子，晏好若夫妻。也不過聊免悲思而已，豈有别措手處？

【玉抱肚】粧妖呈媚，說女娘行誅夷不知。因自小在宮闈，覺其歡樂，圖借此問飢寒昵近容輝。

（小旦）上瞧來，嬌盻極，依依婉懿，貞芳未忍答。

據你心中主見，究竟要想個什麽結果呢？（旦）老於俺的，俺不願嫁；小於俺的，未必願娶。再過三年，也戴上道冠罷！

【前腔】龍鍾將至，我何能看他涕洟。俏兒郎也類嬌娃，又嫌儂大了些兒。（小旦）只除非詩句納征衣，或有個壯士無家要覓伊。

（旦）一向慣了，又最心高。衣食艱難的人，我也不能隨他。容貌猥蠢的人，我也不願配他。十分倒有九分，還要上你這路呢！

【前腔】方剛年歲，處艱難如何附依。若伊行貌太凡庸，作鴛鴦未可同栖。（小旦）恁刁難三十老姨姨，自恃回天有異姿。

不如竟就和你妹子做了夫妻罷！你久在宫中，必知對食之法。況且愛做丈夫就做丈夫，愛做妻小又做妻小，豈不比那嫁人還强十倍。（旦）且喜你是餘千尉王立嫂、進士崔慎思姑，兩家都有女俠。

【前腔】（合）聞言私喜，俊龐兒朝看暮窺。説風流僅缺些須，儘多情不嫌瓜李。拚終年唇舌學狐狸，换喫雞頭剥笋衣。

（小旦）説雖是這等説，千假怎及一真。只好權宜，還非久計。

【尾聲】世間好事無妨礙，可稱兒纔稱佳婿。（旦）且和你互把金蓮蹴玉池。

詩　玉真諸主已星冠，肅遣妖巫祀岳壇。
德觀濃粧被驅逐，高娘合與共盤桓。

第四齣　寇氛

（丑紅面執槍上）小將名爲兩脚狼，誰信家婆就是娘。衝風直進無攔阻，全憑手裏一條槍。（小丑黑面執槌上）小將名爲無義虎，誰信家婆就是女。鬔髮蓬鬆似亂毛，一個瓜槌能作主。（末青面執勾上）小將名爲獨眼熊，嫂嫂姨姨叫老公。槍頭有個湾勾子，帶住妖精不脱空。（外緑面執丫上）小將名爲猢猻狗，姐姐常將媳婦吼。金剛不壞是丫乂，乂得屎流漿似酒。

【杏花天】（内吹打、放砲、吶喊開門）（副净黄面扮党項王，領衆從中門出介）小夷一嘯中原鬧，搶他家黄袍作罩。夷中最穢邀天照，老勃薩惟貪戲嬲。

孤家，党項国王老勃薩是也。立国羌胡之間，通路山谷之内。無人相制，有天縱容。因見回回、吐番和他唐朝結親，幫那李家殺賊，得了多少子女玉帛，好不增長威風。十分羡慕於彼。叵耐中國主兒欺俺器甲鈍弊，女不與俺爲妻，事不請俺去幹。不免掃洞而出，擾他一個發昏。只今已到鳳翔，且借這鄜塢爲家，倘得闖進宫殿，（笑介）哈哈哈哈哈哈，還有什麽人兒不叫俺摟著哩！

【北粉蝶兒】（王唱衆合）法重休撓，須記得法重休撓。恃軍威把唐家弄倒，稍失錯千里分毫。

憑著咱黑騰騰殺氣兒，把乾坤籠套。一任那險城池鐵裹銅包，經不得咱忽喇喇一聲飛砲。

（副净點將介）兩脚狼。（丑）有。（副净）〔一〕無義虎。（小丑）有。（副净）獨眼熊。（末）有。（副净）猢猻狗。（外）有。（副净）個個歡天喜地，勇往而前。有逐獸分肉之心，無龜伸鱉縮之意。孤好不快活也。

【南泣顔回】（王唱衆合）何用費焦勞，不怕那兵微餉少。看蜂屯蟻聚，人人慮閒憂飽。更喜的是貪財嗜色，破堅城似渴馬奔池沼。咱這猛王師不慣行仁，單靠個殺字兒奉行天討。

（副净）兩脚狼過來。那唐國的富家單會驕傲，與你一枝令箭，先去搜他老少婆娘、標致子弟。（丑）得令。（副净）無義虎過來。那唐國的官吏單會苛細，與你一枝令箭，先去搜他老少婆娘、標致子弟。（小丑）得令。（副净）獨眼熊過來。那唐國的書獃單講假學，與你一枝令箭，先去搜他老少婆娘、標致子弟。（末）得令。（副净）猢猻狗過來。那唐國的窮人單會詐騙，與你一枝令箭，先去搜他老少婆娘、標致子弟。（外）得令。

【前腔換頭】（王唱衆合）心高，恨不把全担上肩挑。何况彈丸輕小，只靴尖一踢，把華嵩變做池沼。有城池到手，却將來做生葱大蒜和盆搗。把威名播向中原，誰人敢顧妻兒，自塗肝腦。

（副净）子女是第一件，玉帛也就是第二件了。兩脚狼去時，捆帶金珠錦緞；無義虎去時，捆帶玉器

〔一〕『副净』二字，底本無，據文意加。後兩處同。

古玩；　獨眼熊去時，追求傳奇小説；　猢猻狗去時，訪問潛藏大户。（衆）一一如令。

【普天樂】（王唱衆合）富民多，堅城少。　重資繁，開門早。　這是行兵訣，行兵訣不爽分毫。　怕什麽腐陳倉糗積山高。　看長驅直搗，呼聲沸似潮。　儘唐家金帛不彀扛挑。

（副净）兩脚狼往這邊攻，無義虎就抄那邊去。　獨眼熊和這邊殺，猢猻狗就把那邊掩。　給他一個呼應不暇。（衆）小將知道。

【前腔】（王唱衆合）少聲援，心偏小。　靠鄰封，城難保。　這也是行兵訣，行兵訣不爽分毫。　怕什麽水中舟，萬櫓齊摇。　等援兵來到，頭枯額已焦。　儘崑岡玉石，不彀焚燒。

（副净）還有一件要緊吩咐：你們大凡殺過醜人，都要把他四肢解下醃熟，捎回本國嗄酒下飯，不可暴殄天物。　内中有那男人鞭子好，婦弓脚壯實奶蓬，一概送來孤家自用。（衆）吼！

【北石榴花】（王唱衆合）俺這裏一聲鼉鼓萬靈嚎，少不得斧鉞倩渠膏，只争些遠近和遲早。　似無窮餓鳥，没數飢獒，眼睁睁等待那人羊到。　要曉得會齋僧臟腑須抛。　只把這肥肥實實醃藏好，勝於取狆犬腿蹄糟。

【撲燈蛾犯】俺待要割人鞭，當做鹿筋燒。　煞强似臭淋腥肚肺猪身討。　若説到嫩金蓮，更比珍饈好，瓠似奶十分肥皎。　肯學那蠢山王不餐陰户，把新鮮淡菜浪遺抛。　何必要死人頭常充飲器，只諸般充庖，行酒彀貪饕。

（丑）號令俱已明白，小將們飛奔前去也。（繞場三匝）（飛跑下）

【尾聲】（合）笑官兵無宿飽，噪庚癸怨聲如豹。盼不的俺大隊臨城心暗禱。

詩

山川滿目盡軍麾，正是驍雄遂欲資。
只有麻衣人似鬼，無門向火淚交頤。

第五齣　募勇

【字字雙】（丑扮太監上）雖然無卵勢偏强，欺相。今來奉旨選金剛，爲將。頭如搗蒜下司忙，升帳。呵脬捧屁總誇香，敢抗。

咱家司禮監魚寵。只因党項放肆，夥了吐谷渾各國人馬殺過邠岐，現在鳳翔騷擾。主上差咱就這三原縣裏坐著，察院到處大張曉諭，召募四方敢死之夫，堪爲大帥，願與交鋒者。咱家借此名目，需索各官禮物，檄取百姓供給。文官上自節刺，下至州邑，武官上自總統，下至團遊，誰敢不來抱脚？其實好耍子也。左右吩咐巡捕大開轅門，放那應募等人進來參見。（雜）有。

【前腔】（生、副净、小丑、外、末同上）（生）猢猻隊裏有山王，雄壯。（副净）留心短棍與長槍，閒撞。（外）青年使氣老愁僵，難强。（末、小丑）要逢稚子打千雙，在上。

（丑）你們都是想做將官的麼？（副浄）全望公公抬舉。（丑）如今察院面前有這五丈的澗，要你們跳將過去。（小丑、末臨視，摇頭）（外起勢復止）（副浄高跳，滚倒）（生飛千直過介）（丑）還有一輛九條水牛拉不動的車子，要你們拉他上堂。（小丑、末拉，反跌翻）（外拉不動）（副浄拉，行寸步）（生一手扳拉，自左至右介）（丑）這條漢子纔是漢子。

【大迓鼓】諸人一樣長，都能攮飯，敢自誇張。如何大半纍堆樣，只這書生不可當。氣斂容端，何曾亂蹌。

（小丑）這是上等力氣纔幹得來的事。就是從古以來也數不出一兩個人。求公公略加俯就。（丑）只夾著這石獅子，跳過西邊矮墻去罷。（小丑、末挾獅不動）（外挾起復置）（副浄挾跳，纔高一尺）（生一踊即過介）（丑）放著這一條粗如屋柱，長可倍尋的篾絲骨漆裏槍，要你們提一提，舞一舞。（小丑、末提不動）（外蹲踞提起）（副浄立提不舞）（生提連舞弄介）（丑）真正英雄！有何話説。

【前腔】（生）曾聞魏氏王，石獅能挾，也跳高墻。羊家阿侃稱梁將，會弄松粗十丈槍。既有前人，休説異常。

（丑）你這人姓甚名誰，何方人氏？（生）小生名字叫李國士。先父忠臣，汴州節度。自淮西入朝，次於潼關。聞周智光反了，也曾率兵討賊〔一〕的。（丑）國士、忠臣恰又合著國姓，以後成了大功，何難附

〔一〕賊，底本作『敗』，據意改。

入屬籍。宗人府的玉牒，少不得你一名哩！

【字字雙】（净濃施脂粉、籠藕襪、高跟鳳頭朱履上，覷介）當年曾事郭汾陽，功上。授爲御史大夫張，豪暢。六旬還可嫁新郎，生狀。男中未見恁高强，心蕩。

（内）張大夫生什麼狀？（净）狀元之狀。（内）方纔拉車跳墻，你都看見了麽？（净）不都看見又不贊他高强了。（丑）怎麼這個所在，婦人都敢走來？再把你試一試。要把他來托在手掌，方算奇才。（净退，不肯介）（丑）不過借你顯他本事。既然敢來擁擠，這個却又何妨？（生半跪，高伸一掌）（雜暗以曲鐵附生衣袖）（净跨椅上立）（雜遮掩如式介）（衆）果然托住。奇哉，怪哉！

【大迓鼓】（丑）金蓮一大雙，托來只當絹做綢裝。也由净琬當時尚，真在羊公掌上蹡。無證之言，非吾所臧。

左右，把這一班狗頭都撳出去。咱家連夜表奏，即授李國士爲武狀元，掛權將軍印，統領官兵出禦党項便了。（雜應撳介）

【前腔】年輕力縱强，豈能如此肉鼎輕扛，况乎美似潘安樣。（生）這般謬贊未能當，全仗金貂，增予色壯。

詩　衡力如棋鮮幸人，矧當衆目怎偏親。
寧同方寸千秋事，屈殺英雄没處伸。

第六齣　媒合

【夜行船】（老旦裙背上）漸減紅顔將白髮，從來古不敢嗟呀。忽遇奇材全消妄，念我待做尊菩薩。

奴家滿瑩娘，在這三原曲中薄薄有名。任你王孫公子，但是相處過的，誰不説俺多姿而畜情，妓中之麟鳳。咱這曲中規矩，不帶賣頂好春藥，起得痿陽的客便少了一半。越是有錢有勢的，越靠著我們的藥。呀，近來忽然到了山西一位少年，身有華衣，囊無實物。咱見他堂堂一表，面似玉盤，也不和他計論了。誰知纔三五日，竟不能當。細加盤問，説在河南相州，把富樂院裏整百妖精都降服了，纔來此地。只得把東西南北、城裏城外的三五十個屈突干，都邀了來做個救兵，替俺接應，剛剛得保無恙。曉得婦人這件，也有個甘飢厭飽的時候。連那吃素修行的事，咱也做得來哩。稟氣與別人不同，行運也就與別人不同。昨日恰遇招募，竟去中了一個狀元，更替俺家做體面。呀，倒要拿出幾兩蓄積，大酒大肉待他幾天，再送出去纔好。

【尾犯序】（生上）心口自稽查，人類之中，何目堪加。恁許多姐姐姨姨都向俺，甘孤願寡。況且終非長久之計。哼哈，雖不要拈針刺綉，雖不要拋梭織錦，原要個司茶管米，老婦代當家。大娘早膳没有？（老旦）正要等俺家婆起來同吃哩！

【前腔换頭】（丑裙背上）他何曾想抱這琵琶，爲把人憐，要將身嫁。所幸頭巔没絲兒銀髮。非是要收迷攘失，非是要尋張就李，只爲油瓶少，蓋合著並無差。

（見介）姐姐恭喜賀喜！新嫂子出奇的標致呀！（老旦）咱邀來嘗新的兄弟，都是些屈突干。你雖然在這道中，却不當官又搭做媒，所以不曾請得。（生）你們打的市語，怎麼我全不懂？（丑）咱這京師坊曲有個俗例，趕著各家嫖客，把他當個女人，倒叫嫂嫂、嬸嬸。學那突厥之法，叔伯都要嘗新。（老旦）且説今朝來意，却是爲著何事？（丑）嗔你因咱做媒，便不相請。要來奪你買賣，替咱這個嫂嫂，做個長遠媒人哩！（老旦）不過扳扯狀元，你且通名道姓。（丑）説將出來，奢遮得狠哩！

【前腔】三原張孟家，御史官高，却是笄珈。甫過三旬，弱兒夫休也。前日在考棚中，看見狀元英勇美皕。情願倒貼家私，權且請將過去，做個老伴哩。非誇，説不但携衾薦枕，還不止鋪床叠被，也儘可司炊主爨，决不是空把碗兒拿。

（老旦）就是縣南董店那個先嫁張督，續嫁潘老，都被怠死。假充男子爲將拜官的孟還童了不成？（丑）年紀雖已六十，他自信百齡鉄穩。若是男子壽源只得六七十歲，還可以齊眉偕老，一同過世哩。又説頭髮一根不白，肉皮一絲不皺，都是狀元親眼見過的。

【前腔】云非閒笑耍，血氣充盈，原可矜誇。不叫你枉負虚名，反受無窮真罰。（老旦）評察。不爲要憐孤恤寡，不爲要扶危拯難，分明要謀歡獻媚，復養好哇哇。

（生）人物果然齊整，年紀也慢些論。他的命犯孤鸞，已經剋殺兩個了。我怎麼去當灾？（丑）他正爲著凡人血氣敵他不過，只有你去可以到頭。所以過了二十餘年，滿天下人不嫁，忽然要嫁起你來哩！（老旦）難道叫個未滿二十的人，和那祖母似的堂客結起頭髮來麼？（丑）他說不吃交杯，不拜天地，只當替你做個管家老嫗，隨營照顧你身。出兵回來，聽憑聘取正配呀！

【梁州賺】性極賢達，若將雛儘堪爲大。力自剛强，心如白面，無機詐。（老）休訝，從此後罷。提咱家人，全要周全孤寡。只要藤抱熱瓞可成瓜，怕甚麼卵認生，雞難哺鴨。

（低語介）你這本錢，若娶個年紀一般的，斷斷不能定情。不如將錯就錯便了。（生）我等朝廷命下，就要血戰沙場。萬一陣亡，徒然多事。（丑）他也說過，不肯白白屈你。陣上的事，再没别個及他熟諳。他隨你去，一定成功哩！我朝功臣杜伏威，被人追急了，還虧西門君儀之妻背著他走。你若走時，除他，背你不動。

【鮑老催】别無報答，保君性命求笑納。天教結義勝結髮，男多貌，女有才，均豪俠。（生笑介）合來一對金剛薩，把雙龕併做交歡榻。誰换水，誰燒蠟。

（丑）他還說得絶妙！昨日那個瘟太監便是媒人，好端端叫你托起他來。你既然提過他脚，他就是你掌上之身。你便要賴他，也不容你賴哩！

【前腔】請君細察，奇緣凑合難當耍。（生）你不説到這裏便罷，説著那金蓮時，休怪他慌，連我也興不可遏了。教人怎不馳意馬。搓酥手，擘朱唇，候乾鮓，紅鸞儘向肩頭掛。如飛樹起秋千架，恨不得身投汊。

（老旦）原來夫人儘有得把二婚做，只要預備眼睛。像盛唐馬周的賣餅婦，南唐宋齊邱的賣粉媪，豈不妙哉！

【尾聲】（老旦）這回學得勾人法，脚當眼不愁瞎。（丑）只怕他到了夜裏呵，意亂心慌手眼花。

詩

戲上都教生覓旦，今偏演個女邀男。
不愁嫪毐無相匹，只向雞皮隊裏探。

第七齣　婚老

【縷縷金】（净濃施脂粉、籠藕襪、高跟鳳頭朱履上）媒婆去即回衙，教我於今夜便牽馬。迎郎騎已經打發。兒夫却更貌如花，接來當菩薩，接來當菩薩。

（生策馬上）（雜進稟介）稟上大夫，新郎已到門了。（净）快請進來。（生揖，净深福介）那日冒昧唐突，非干卑人之事，乃是太監兒戲。大夫女中男子，想不見怪。（净）這班没卵狗頭，與他撇拗做甚。倒是踹污尊手，心裏不安。

【前腔】（生）身充博，勝嬌娃，願拚綿力做生涯。莫道年相遠，更加浹洽。襯裙玉笋况堪誇，須容褪鞋襪，須容褪鞋襪。

（净）實在雖做夫妻，可以不必居名。只算出兵之時，不及婚娶，帶個老婆子做伴。况且兵凶戰危，萬一替你先養個把，也没有什麼不好。

【前腔】論妍媸，讓嬌娃，津液原如舊，可生芽。只要頻澆灌，嫩枝必發。見人不必認渾家，云將娶阿媽，須他伴阿媽。

（生）南齊褚澄是個名醫。他説道：老陽少陰，老陰少陽，皆有子之道也。况且有年紀的堂客，情更深濃，曉得丈夫冷熱。後來即使别娶，實在工夫，先儘著你便了。

【撲燈蛾】後來雖嘴饞，先來有成法。莫論做妻房，就是那販菜擔蔬，也要分個先後，也專心報答。情短少包管增加，不勤勞甘心領駡。願明明對人，説道是渾家。

（净）代宗以來，天下的婦人雖然以點渲之工分妍醜，六十來歲頭髮不白、皮膚不皺的女眷，天下却也儘多，到處都有。像咱續上了你這般樣一個少年美貌的丈夫，倒只怕千古無對哩！

【前腔】後來也莫争，先來也休霸。只這二三年，且讓區區承受也。你既有公平妙法，情短少長願增加，背原盟甘心領打。咱便拚個被人嗤，任憑對衆叫渾家。

（生）要知道四海之内，二十來歲男子與五十來歲女人明做夫妻的雖少，暗做夫妻的整千論萬也。不過見他頭髮未白，那想充正生脚色的，尤其只肯暗做，不肯明做哩！

【前腔】外邊做正生，暗地常私刮。不曾見孫曾，肯寫上他行狀也。有頭没尾良心喪，多負於他，致婆婆傷心欲殺。怎如儂光明正大算渾家。

（净）太史公有言，富貴而名磨滅不可勝記，惟倜儻非常之人稱焉。同年共歲，互相婚配的，百千萬億，如恒河沙，那個來管。咱和你共享百齡，生下兒女，不但傳揚海内，還要史册留名也。就和那男變女女變男，每胎生幾個的一樣呢！

【福馬郎】休得瞞人私刮答，行我堂皇法。年七八，性復發，争肯就自揪拿。只怕你頭小不如瓜，捻來只當握生茄。

（生）我和大夫年紀參差，是有一無兩的事。那些綢繆之法，也要把别人不曾做到的事，都做出來纔方相稱哩！

【前腔】躲懶些兒憑强拉，永奉閨中法。斷不至偏那搭，丢這搭。只今夜請詳察，指頭兒度你兩弓洼，一般尺寸並無差。

詩

只許枯楊壓海棠，不令三少續雛郎。
恐他説我亡公道，此劇聊爲快鬱腸。

第八齣　戰勝

【燕歸梁】（生戎裝引衆上）自謂途窮忽運通，婚老媪計無窮。再拚吾命去邀功，何慮不爵三公。

下官既權將軍，賊兵已犯畿甸。一切分營約隊，都賴老荆指揮。城下之盟，國家所耻。馬革之裹，臣子當然。只今起馬之時，就是下官殉難之日。吩咐將弁人等，賊兵只有短刀，咱這官兵盡使青龍偃月。賊兵只有紙甲，咱這官兵就靠鉄扣金裝。設使本官惜命，單叫你們拚死，這就難服衆心。咱却自做前鋒，只要你們隨後。伍長被殺，四卒俱斬。什長被殺，伍長俱斬。夾馳左右，先惑其心。不得有違，致失機利。賊兵掠去錢帛，奪將轉來，本官一毫不取，都賞你們去也。（衆）願依軍令。

【月上海棠】（净照常女扮雙刀兩條旗引上）雛老公非徒得個生人種，扣奴囊底智，足了蠢羌戎。笑新郎三十初婚，竟不使床間留縫。休胡哄，且養精神，立了奇功。

（生看旗念介）三原張御史，貞節李夫人。嫡嫡親親大夫娘子，你這對認旗兒先有趣起。（净）昨夜有四個寡婦，一個閨女，聞得咱在軍中，歃血赴義齊趕將來。一個是鄧州的，一個是鄭州的，一個是衛州的，一個是陳州的，一個是蔡州的。奴家如今帶了他們，抄出賊背，埋伏地道之中。只等官人趕殺過來，便出接應，管教殲其大半。功成之後，你又添了五個小哩！（生）俺的乖乖娘子呀，我也就迎上去也。（分下）（副净衆上）（生迎力戰介）

【啄木兒】（生、衆合）拚條命向前衝，血汗淋漓神氣湧。舞蛇茅直刺肝腸，鉄箍成要搗教空。歸家要把冤家弄，雌雄務趁陽光鬨，殺得你喪胆亡魂一道紅。

（副净）有本事的不必誇嘴，你死我活只在今朝。（又力戰介）

【前腔】（生、衆合）吁吁氣休算凶，撞入花心内自鬆。看將冒死當先衆，如毛捨命齊攻。這也是你弄人不得教人弄。紵繩將捆如搏粽，步落稽人一般毛孔。

（雜打引旗）（净領五婦照常女扮）（俱雙刀上，合戰介）（副净）長得好，胖得好，白得好，狠得好。

【歸朝歡】（净、五婦合）今朝是今朝，是伊該命窮，遇著咱女兵雌衆。交鋒處，交鋒處，看看淌膿。哼哼哼喘氣，如真似哄。只爲你聲容未接心先動，奴還未癢休言痛。早瞧見腦髓長流罷唧噥。

（净）只放鬆了一點兒，就被賊頭逃走了。也罷也罷，權且收兵。

詩

媪解幫夫勝稚鬟，爲囮又復善搓丸。

偏房驟集諸英傑，誰羨區區一木蘭。

第九齣　逐賊

【霜天曉角】（净引旗女扮上）摧枯拉朽，不放驚鴻走。有牝自能延壽，因其人肯收留。

奴家與俺官人約定夾攻華州，乃他父親敗智光後大掠之地。党項雖遁，把妻女搶將過來，何止數萬。已托了新來五妹，替俺守營，咱和丈夫連夜追趕。昨晚與他斷過，唐人婦女爲賊所掠者，一肌一容都留與他作妾，此外盡放寧家。外國家眷，只選上色數十，撥在各房弓脚使唤。其餘全賞營員，責令分俵軍士。請教看官，有理沒理？

【駐雲飛】（生衆上）上色難求，乍看妖嬈還露醜。不是如蹄瘦，就是鞋幫皺。嗏，滿面是憂愁，涕淚交流。只怕你選近身來，未必能將就。節婦誰人做到頭。

娘子見過硬探麼？夷人飛馬去了，家口輜重和那擄掠的婦女都在華州，離此只三十里路哩！（浄）如此快趕！（衆繞場介）（老旦並班外多人扮婦女上）小婦人們都是爲賊所掠的，求將軍爺爺救命。（生）一個一個在俺馬前走將過去。（雜走，生擇扯一邊介）俺不要的都往州衙裏去。已有文書著他各處掛榜，招人收領了。（衆婦應下）

【前腔】（浄）體態風流，要使男兒不自由。婦子邠岐舊，不至容顔陋。嗏，何必恁嬌羞。終不然粉黛胭脂，淡抹濃塗，襯不的龐兒厚。畢竟還低見面頭。

（老旦）爺爺獨把咱們扯在這邊，什麼意思？（浄）就把賊人遺下來的空馬，分給你們坐著隨咱回去，咱自救你。（老旦等作上馬介）（丑並班外多人扮夷婦上）男人反叛進來，不干我等之事，求將軍爺爺超生。（浄）一個一個在咱馬前走將過去。（雜走，浄擇扯一邊介）這幾十個許你仍舊騎馬，其餘棍打著走。

【小桃紅】（生）粉團面孔矮盤頭，只不見腰肢瘦也。若再輕盈，更惹閒愁。休嚇得淚難休。他將你水兒搓，脚兒收，鬐兒安，裙兒繫也。俺也就抱將伊，抱將伊，放入衾裯。

（浄）賊人已經去遠，輜重都在此間，也就算功成業就了。大小三軍和著凱歌竟就班師回去。

【下山虎】（生、净合）愛纖纖衆手，膩滑如油，捏著將人溜。洗腸潤喉，勝飲千杯蔗漿瓊酒。思想金蓮與玉勾，少停也上手。缺礬華汗欲流，嚥下珍珠，滚走盤不休。真個是内外齊將美味收。

（雜）將爺夫人這般寵愛你們，你們情願了麽？（老旦）到這時光，已是家亡人散。只要不遭殺戮，兼保性命，也就彀得緊了。别要説是恁的，就是差兩分兒，不比賊人將去還强幾倍麽？

【羅帳裏坐】（老旦、丑合）痛傷得免，危亡不憂。已拚了刀錐斧鉞，命懸人手。豈知今鬆，放我齊把生偷。敢期屬體惜温柔，解而踇將人咽嗅。

（生）一切粮食金銀，都著軍正分俵。俺久已分明號令，本官一絲不留。（衆）古語説道，愛熊而食之盐，愛獺而飲之酒，雖欲養之，非其道也。只有珠玉兩件，衆人用他不著。務求將軍收受，以表孝順之心。（生）俺待揀有用的進上去也。

【江頭送别】（衆合）雖言過錢和物，本官不收。但珠玉衆無庸，務求消受。三軍頂戴非虚謬，他年還願相酬。

【尾聲】（生）笑談僅把紅粧救。（净）老後深慚拙似鳩。（合）恨未得殺盡番蠻報國仇。

詩

必買功臣只[illegible]姕，所全者大六渾知。
責人爲死懲甘欲，除是承平出殺嬉。

第十齣　得配

【步蟾宫】（生花紅冠帶上）婚姻重疊歡難説，無一個不教殘缺。傷殘原舊總渾圇，只見人人安悦。

下官因孟氏來頭，又得了五個妖健壯妙的美妾。蒙朝廷格外之恩，許俺告假回籍。孟老娘也就收拾家業，隨俺回家。豈知京都德觀有那高公令愛赦出在内，聞得下官未娶正室，竟就自己尋來，請爲佳配。問問他的容貌，又比這六個更高，下官那有不受之理。已往寓所迎娶，想必鸞輿就到哩！

【前腔】（旦花紅彩轎、宫燈鼓樂上）隻身有影無人躡，若回頭增人淒切。鳳頭鞋踏著他狀元靴，纔免提跟磨滅。

（生）下官已類司空，小姐亦非幼穉。竟不必要那儐相贊勷，也不必學那拜天俗套，竟只照常行禮。過了三朝，再和後邊六個，同往公姑坟上燒紙上祭便了。（生揖，旦福）（又換轉對立揖福介）

【白練序】（生）只爲著妖氛難滅，禍福存亡總未決。那些時彼此同眠，夢魂兒欠十分寧帖。也不過同裩合著靴，性命相關戀。著些兮方囁，纔算俺百年妻妾。

（旦）也狠使得。小姐也是經過多少變端，受過多少驚嚇的人，索性不必害羞。大家説説，再去做親，請教好也不好？

【前腔】(旦)君心已放者，另打叠同瞑共絶。酥攤向被窩，勝於同穴。親人有這些，到那其間盡喚爺。誰先噎，便知彼窩窩，十分疼熱。

(生)今日這一段事，若不是小姐俯就，卑人怎麽來尋？也和先來的那個一樣，他説天下的事，雖屬天緣，也要各人自家會得作主哩！

【搗白練】(生)悶腸寬，愁擔歇。兩完全，没些欠缺。縱天心乖巧，帝心聰慧，也不可人心迂拙。

【前腔】(旦)意懸懸，愁切切。見回音，朱唇笑裂。看熊羆同夢，胞孕同懷，肚皮同凸。

(生)他們遜讓於你，你也要著實謙和，方纔可以持久。(旦)奴家千辛萬苦都受盡了，還有什麽事兒不知訣竅？

【前腔】儘譏嘲，憑扭捏。任稱呼，把人嫚褻。遣抛磚招玉，日爲梳髻，夜爲换屧。

(生)他們幾個，也還都是有趣人呢！(旦)不是有趣人，又不會自己來尋你了。

【前腔】(生)骨肉聯，朱陳結。分雖殊，恩情不别。莫錯疑輕慢，口稱踈遠，故分寒熱。

倒是卑人身上，雖然挣了一頂紗帽，其實一味粗蠢，萬一衝撞夫人，要求寬恕。(旦)豈不聞治世須文，亂世須武。朱泚等輩，不可勝誅。將來不是那酸丁的世界了。我要青蟲，怕没有麽？

【尾聲】任你粗頑情性劣，拚開弱口叫伊爺。(生)還有個唤母人兒先跨臬。

詩

生旦成婚語必莊，這回偶一反尋常。
只因閨閣生毛遂，若復拘拘便板方。

第十一齣　買莊

【雁魚錦】〔雁過聲〕（丑扮訟師上）慣走京師枉自忙，任王公、總識他門向。領將村市儈，教張望。吃他娘，用他娘，習書畫，曉棋雙。恰像俺是個生成的謝與王。只因窮走慣烏衣巷，豈知運忽衰，里中生莽將。區區蕭小，慣會鑽風拽線。挑唆爭訟，侵分財產。不想一個李大，竟復立了父功。平日那些罪過，都被他看在眼裏。如今他嫌舊居不好，另買了人家一個大莊居住。基邊有區區一點產業，只得搶先過去頂貢天臺哩。〔二犯漁家傲〕（副净扮市儈上）休忙，緩步行將，莫裝前日的喬模樣。將頭叩響，遲三刻恐惹鋃鐺棒。小子金自大，開個酒肉店，雖然不富，却是不用求人。又學個幾下拳棒，任你鄉紳士宦，不把放在眼裏。如今李家復出了元帥，説不得要去奉承他哩！蕭先生請了，也是到那所在去的麼？（丑）鄉有豪傑，衆人之光。他要點點產業，俺怎好要他錢？（小丑扮拳師上）見人傲然如目盲，教人幾分還秘藏。誰能賽過綿張，休更想。昂昂站立街坊，凝眸將人較短長。那李大老官呵，他不是不解事慣賣富的輕狂輩，也不是略曉事怕説話的迂腐腔。（丑）武二哥，連你也有到這裏來的日子麼？（小丑）大家都來，難道俺一個不到？〔二犯漁家燈〕（末扮館師上）書香右第三章，皋比絳帳，遍把朱門撞。次第門墻，從來不到，見也無言倘倘佯佯。誰曉得李大今日復得志了。儒冠悵惘，睹人威赫，自羞卑降。愁他叱罵書獃樣。列位到這門前，都是要進李府的麼？（丑）大家同去，不是用脚走得的呢？（衆膝行進介）（雜報）（生上）各位鄉鄰爲何賜顧？（丑）知道狀元買了莊子，也有來獻屋邊地的，也有來幫打掃的。（生）本都闔這衙城屋上用了紫白筒瓦，要把外墻刷成緑色。墻外周廊都畫上猛獸猛將，纔方厮稱。老蕭畫得畫兒，就替我邀兩個同道來畫畫罷。（小丑）等小的使個拳勢兒，叫他看了樣畫。（生）陳仲兄會抹紅硃，就是石緑也該會刷。（副凈）各色顏料都容小的買來。（生）你們這個走法，本都闔倒有些過意不去。（末）這是南齊舊例。湖州沈慶之的鄉里行，發市的蘇秦阿嫂有那金蓮可以賣俏，尚且蛇行匍伏，何况小的衆人狗馬之輩。〖喜漁燈〗（生）寒門事業從天降，只堪恨雙親不見已返天上。嘆驚魂不寧，惟向夢中尋老堂。萬般總是虚無障，却回想因緣非强，偏增了多少妻房。我曉得白雲皓雪無停相，彩鳳青鸞亦渺茫。〖錦纏道犯〗（丑等跪合）爲情况，興匆匆來投寶莊。誰知道妙論不尋常，把熱醍醐變做一服清凉。羡景宗華居一坊，好令我做官心癢。敬則浪輕狂。似這般賢達無誇誕，一定榮華得久長。（復膝行出）（生亦下）

【掛枝兒】（小丑搽粉曉脚上）是誰人置下了這無情的官杖，害的人好屁眼，破碎郎當。想著我少年時解褲襠，把人魂先蕩。一般兒熬痛楚，偏是那直棍子易承當。好教我想後思前，也忘不了那疼時的癢。

只因李狀元轎子出街，俺盤腿兒坐著指手做勢，就被巡檢老爺烏龜入的打了二十毛板。這樣惡人，叫他第二代就討飯纔好哩！（下）

詩
晚唐藩鎮至披猖，亂法傷倫破制防。
餙瓦畫墻渾細事，賢豪未免嫉鄉邦。

第十二齣　誕子

【齊天樂】（小旦執拂扮道姑上）不期赦後生奇福，萬事不期而足。纔得才郎，又生羆子，得隴無須望蜀。天人互逼使失計，嬌娘復遂私圖。既共衾裯，如何親者肯教疎。

貧道與高小姐庵中共枕三年，自從他那一日嫁了李將軍去，不上一年工夫就生了一胞兩子，而且都是男兒。似這非常大喜，没有舊日故人不來奉賀之理。所以不遠千里雲遊到絳，來此已是李府，且略等待則個。

【破陣子】（老旦裙背扮妓上）性急踏穿芒履，心慌怪殺，長途來賀生兒，宜慢走何事踉蹌。氣欲無因他是舊夫。

俺滿瑩娘自從李郎贅入孟家之後，不曾得與相會。聞得這個老婆纔得十月有零，一胞倒生兩子，還幫一個女兒，今年二月又是兒子一雙。因此借意賀喜，特來看看怪事。（見介）仙姑寶庵就在這裏麼？（小旦）敝刹長安德觀，來此做湯餅會。行首來從何處？（老旦）老娘三原土著，也是來賀這七十婆婆連生貴子的。（小旦）貧道賀的是高小姐正夫人剛纔三月，一胞兩子。那孟家老媪難道也還生育麽？

子。（老旦）去年三個，今年一雙。只不過是精血强盛，以致如此。豈不聞蜀李常在不知年數，到處娶婦生子。魯孔安國教張合妻，則八十六生一子。

【哭相思】（小丑脂粉、弓鞋扮村婦上）當日深情纔半吐，思再見傾肺腑。只恐怕多兒多佳婦，虛禮待無實補。

（老旦）又一位大娘來了。（小旦）是那裏人？（小丑）俺就是絳州城裏開酒樓的。二位聲音各別，貴鄉那裏，來此何事？（老旦）京師三原，都爲賀生公子。（小丑）俺本地人纔來，你們大遠的也都到了。

（小旦）貧道到了街頭，遇著一位大叔，就煩他去通報了，竟請同進去罷。（作行到介）

【忒忒令】（合）似這等易投胎，把娘來亂呼。一定是夙世少，今生償補。所以教已老不老，代人酬恩負。總爲子統呼，娘不教分，這纔得香馥馥芳名流萬古。

（丑濃施脂粉、珠翠艷粧、籠藕襪、高跟鳳頭朱履上）（相見介）仙姑從長安來，遠勞得狠。這二位因何到此？（老旦）敝處三原，狀元舊友，也是來賀生公子的。（小丑）俺自姓孫，就是城裏樓上的。狀元當初天天在俺店裏吃酒哩！請問奶奶是何親眷？（丑）生公子的是大夫人、二夫人，還有三娘、四娘、五娘、六娘都有喜了，在暗房裏照看産婦，不曾出來相接。俺就是七娘哩！（老旦）怪道尊腹也恁大了，大約又是三個兩個呢！（丑）俺不要他，倒是一年一個慢慢生好。（小丑）要這們的不難，原有一個講究。

【沈醉東風】（丑）他兩個表才能説來不誣，論節操也非卑污。何必個個是姑姑，始堪爲婦。産麒麟要娘强固，經期慮枯，香雲要烏，纔保得成孕，胎胎養汗駒。

（小丑）七娘這幾句話，説得萬分有理。血氣不旺，應變無才。饒他窈窕淑女，饒他二八黄花，在人家有什麽益處呢？

【園林好】（小丑）小哇哇良緣預圖，要窈窕肌消不顧。就算你含葩方吐，却未必頻産育會枝梧，頻産育會枝梧。

（老旦）就是姻緣晚合，也不是人情願如此。就像咱們一樣，自幼落劫一世風塵了呢。（丑）俺們遭世亂離，失其故偶，更不必説了。

【江兒水】（丑）便不重婚匹，憑何作券符。兵興以力防多露，貞淫未肯安天數。心神雖則司門户，却没個鎖鑰從頭交付。到如今縱守孤霜，誰信封疆如故。

（老旦）如今且到暗房裏去賀了兩位夫人，今夜却在那裏宿歇？（丑）狀元出去看跳馬了，要到夜暮纔回。仙姑和大夫人相識，就在大夫人床上宿了。行首和二夫人相識，就到二夫人床上去住。孫娘子不棄，與奴家抵足，何如？

【五供養】（小旦）你家這狀元呵，同流合污。矯矯神情，自異凡夫。雞群雖隱鶴，鳳德豈同烏。俺們見了他呵，怕相逢氣阻，先自失上元家數。就是無媒合，不肯自言疎。説不得的時候呵，也要做個替人搔癢老麻姑。

（老旦）休説七娘你們都是明婚正配，就是我輩之中，也個個情意交孚，只差未曾養得兒女。

【玉交枝】（老旦）伊行可妬，恁才郎教稱丈夫。只消愁貴兼憂富。厭膏粱却没個雙口重肚。山查麥芽奴早儲，怕傷脾中酒無尋處。這相逢歡娱倍初，這相逢歡娱倍初。

（丑）三原縣裏一個李媒婆，倒也跟了二夫人來了。你們若是貪他，一年來住半年去。孫娘子隔三五日就來，俺姊妹七個決没半句話説。

【川撥棹】（丑）從頭數，一家門都不醋。只因他忒煞憨粗，掠來人千百爲徒，况伊行來温舊書。

【餘文】（小丑）三人各把衷腸吐，無一個遺愁孤獨。（二旦合）倒好把萬幅春宫湊一圖。

詩　孟媪當年七十三，花容半點不曾殘。
重婚復産俱真事，肯學他人愛謊談。

第十三齣　封侯

【意難忘】（旦、浄冠帔同上）（合）肺腎幾穿，笑錦衾夜捲，玉笋明懸。佳兒懷抱裏，賢媳阿誰邊。婆且共舅同眠，教養許多添。似吾家，何須作佛，遠勝西天。

（浄）大夫人知道麽，昨日黄昏賫詔的魚公公已先差人來説，只在今日巳刻抬捧誥命到來。待天使的筵席，咱已叫他五娘一應安排停當了，所以催你早些起來梳洗。（旦）事事都要二夫人費心，妹子就像仙人一樣逍遥自在，倒反占先，這是那裏來的造化？（净）只爲咱多了幾歲，做大夫人怪不好意思的，有不得不奉讓之勢。

【銷金帳】精神强勉，争奈年相遠，故將伊翻掉轉。也是老天神力曲從君願，休疑爲你，爲你身兒更軟。又忒嬌柔叫的聲兒喘，把區區笑倚，笑倚只言力倦。

（旦）虚名外貌，我占先了。暗中實事，原都儘你，也是一樣。

【前腔】虚名實典，彼此應差遠。笑伊家睛不轉，只顧把來盤弄，不教奴見。金蓮欲舞，欲舞鞦韆似顫。唤子呼爹，故故將人騙。何時興減，興減腔兒改變。

（丑扮太監捧軸，人從上）快請老爺上廳。（生上，與旦、净排立介）（丑）聖旨下，跪聽宣讀。皇帝詔曰：國遭外侮，必資羆虎之臣。武爵偏崇，俾在文章之上。爾忠臣之子，國士姓同仙李。忱似丹葵，効死攖鋒。世能却敵，散金酬衆，使盡歸心。信兩代之奇才，况至誠之不貳。因其喜動惡静，是用封爲闊侯。妻高氏，念父與夫皆輸藎悃，封一品侯夫人。副孟氏，封二品侯夫人。以女子而立功，舊勲久勒；不因夫而始貴，新績又昭。其令御史大夫如故。妾五人歃血赴義，佐媪克羌，並頎人郡君。嗚呼，爵止其身，未爲榮寵。滿門象服，方表恩華克用。還須賜嬪，况隆已赦之人。茂貞亦作親家，矧奬重婚之姥。豈徒報爾，於今時尚冀輔予於他日。欽哉謝恩。（生、旦、净同叩介）萬歲，萬歲，萬萬歲！（丑揖生介）新貴還記得表授狀元的時候麽？萬歲爺説原是咱家相與起的，所以如今賫詔還叫咱來。（生揖謝介）雖邀天幸且荷國恩，實由中貴知人之哲。（丑又揖介）二位夫人既還在此，咱家也要奉揖。（生）兩個山妻都是不消避人的，休説公公有如骨肉。（丑）若論大夫人家世，咱還是姪孫輩呢！（净）權請公公西廳用宴，狀元换過冠服自來奉陪。（丑）如此咱家先去。（拱介）請便請便。

（下）

【好孩兒】（合）奇歡忭，須教我狂呼欲顛。甚風兒刮得完全，把一家骨肉裹成圈。起深淵，上遥天，一齊配合無零件，一齊配合無零件。

（净）咱自挣的功名，雖然在女道中幾千年來數不出三五六個，却没有今日這聲二夫人叫得快活，搔著癢筋，等那婁逞見見也好。

【福馬郎】（净）老少相忘恩不淺，俺自把做娘面孔登時變。偶合法，無成憲，莫拘牽。但願得子比父尤賢，教人説跨竈撞樓烟。

（旦）做夫人雖不爲奇，和你這萬古以來第一個奇人相聚稱爲姊妹，認作正小，也是我一件平生願足的趣事。

【紅芍藥】（旦）拉你在身邊，將人共留戀。似這忘憂草，做得舊時萱。愛如水乳交情見。想著你當時當時悵惘斷琴弦，怎知有絶奇歡忭。到如今横陳一片，笑聲喧，充實却蹁躚。

（生）就是他那五個，都合脾胃，總會生養。也難得張家姐姐做媒，俺有了這歃血五果毅，猶如主公抱著姊妹五學士哩！

【紅衫兒】（生）歃血來前，三婦兩女總堪憐。仗此人説合紅絲一穿。不但是年可當頭，論功勞，亦合讓先。誰個得似俺神仙，一半泉途結鬼緣。

（旦）那德觀的道姑，還有多少好的。咱已叮囑老周，叫他每年帶幾個來。

【縷縷金】（旦）同來到，可留連。睍枕睥幃，際並香肩。只當清平世，不曾遭變。大家入火肉生蓮，憑伊覷兩片，憑伊覷兩片。

（生）京師坊曲許多屈突干都托瑩娘來約我，此番進朝面謝，也還要去走一遭哩！

【越恁好】（凈）解愁釋怨，解愁釋怨，忘藥病皆痊。金蓮無數，齊教捧共安眠。如今纔識緣非淺，若做了那狗脚驢王也，人倫反覺非常賤，人倫反覺非常賤。

今夜没有别議，等相公陪了太監回來，要吃一個盡醉。把從來不曾放出的量都要放出，醉了就睡，總不許動。

【紅綉鞋】（合）相看勝似登仙登仙，如今不比當年當年。兒漸大，結良緣，親未老，尚歡然。叫世人要信由天由天。

【尾聲】（生）牲牢忙備酬神願，這造化從來未見。（旦、凈）把幾個粉樣碎人家，凑得鏡樣似的圓。

詩

團圓多半一妻夫，脚色原來没空餘。
似恁淋漓從未見，要知唇舌任張鋪。